三菱UFJリサーチ&コンサルティング
地域金融機関の**将来経営計画**

五藤靖人

株式会社きんざい

はじめに ……………………………………………………………………………………… 002

第Ⅰ章　地域金融機関を取り巻く環境変化

1. 決算にみる地域金融機関の状況 …………………………………………… 010
（1）コア業務純益の減少 ………………………………………………………… 010
（2）貸出金利の低下 ……………………………………………………………… 012
（3）健全性の向上 ………………………………………………………………… 014

2. 日本経済の中期見通し ……………………………………………………… 016
（1）日本経済の成長率 …………………………………………………………… 016
（2）市場金利の動向 ……………………………………………………………… 017
（3）個人部門の動向と金融サービス需要 …………………………………… 018
（4）企業部門の動向と金融サービス需要 …………………………………… 020
（5）環境変化と地域金融機関への影響 ……………………………………… 022

3. 金融規制の潮流変化 ………………………………………………………… 023
（1）自己資本比率規制は2019年まで段階的に厳格化 ……………………… 023
（2）金融監督・検査はモニタリング対象範囲が拡大 ……………………… 024
（3）金融機関自身のリスク管理への取組みを重視 ………………………… 025
（4）金利リスク管理の重視 ……………………………………………………… 026
（5）顧客保護や取引の安全性に関する規制は厳格化 ……………………… 026

4. まとめ …………………………………………………………………………… 027

第Ⅱ章　経営管理を支える収益管理制度

1. 収益管理制度の必要性 ……………………………………………………… 030
2. 収益管理制度に関する「誤解」…………………………………………… 031
（1）収益管理制度は赤字取引の切捨てツールではない …………………… 032
（2）必ずしも大規模な収益管理システムは必要ではない ………………… 033
（3）収益管理制度は業務に活用しなければ意味がない …………………… 034

3. 地域金融機関に必要な収益管理制度 …………………………………… 035

（1）収益指標：リスク・コスト調整後収益･････････････････････････････････035
（2）粗利益を管理する個別スプレッド制度･･･････････････････････････････037
　❶ 制度の概要･･037
　❷ 制度の特徴･･038
　❸ 制度高度化に向けた取組み･･･040
（3）信用リスクを管理する信用コスト制度･･･････････････････････････････042
　❶ 制度の概要･･042
　❷ 制度の特徴･･043
　❸ 制度高度化に向けた取組み･･･046
（4）経費を管理する原価計算制度･･････････････････････････････････････048
　❶ 制度の概要･･048
　❷ 制度の特徴･･050
　❸ 制度高度化に向けた取組み･･･054

4. 収益管理制度の活用･･056
（1）部門管理における活用･･058
（2）営業店目標管理における活用･･････････････････････････････････････060
　❶ 収益ベースの営業店目標･･･061
　❷ 収益ベースの営業店業績評価･･･････････････････････････････････････062
（3）顧客採算管理における活用･･063
（4）プライシング管理における活用････････････････････････････････････065
（5）商品管理における活用･･067
（6）収益構造分析における活用･･069

5. まとめ･･070

第Ⅲ章　経営管理を支えるリスク管理制度

1. リスクの認識・評価･･･075
（1）手法の概要と課題･･075
（2）リスク対比リターン指標への活用･･････････････････････････････････077
（3）リスク対比リターン管理の指標････････････････････････････････････077
（4）RORAによるリスク対比リターン管理･････････････････････････････079

2. リスクのコントロール･･082
（1）部門別のリスク資本管理･･082

- (2) 収益目標設定との連動 …………………………………… 084
- (3) リスク・カテゴリー別のコントロール ……………………… 086
  - ❶ 信用リスク ………………………………………………… 086
  - ❷ 政策株式リスク …………………………………………… 087
  - ❸ 銀行勘定金利リスク ……………………………………… 089
  - ❹ その他リスク ……………………………………………… 091

3. 検証・モニタリング …………………………………………… 092
- (1) 統合ストレス・テストの背景 ……………………………… 092
- (2) 統合ストレス・テストの特徴 ……………………………… 093
  - ❶ リスク横断的なストレス・テスト ………………………… 093
  - ❷ 蓋然性の高いストレス・シナリオ ………………………… 094
  - ❸ 自己資本充実度の検証の目的への利用 ………………… 095
- (3) 統合ストレス・テストの実務 ……………………………… 097
  - ❶ 実施サイクルと事業計画への活用 ……………………… 097
  - ❷ 市場リスクの影響度評価 ………………………………… 098
  - ❸ 信用リスクの影響度評価 ………………………………… 098
  - ❹ 大規模自然災害の影響度評価 …………………………… 099
  - ❺ ストレス・テストの報告と活用 …………………………… 100

4. まとめ ………………………………………………………… 103

第Ⅳ章　「自分自身」を知るNII分析

1. NII分析の特徴 ……………………………………………… 107
- (1) 将来の期間損益を対象とした分析 ………………………… 107
- (2) 金利シナリオに応じた残高変動予測 ……………………… 108
- (3) 債券ポートフォリオを合算した資金収益 ………………… 110
- (4) リスク・リターンの分析 …………………………………… 111

2. 経営管理におけるNII分析の活用 ………………………… 113
- (1) 目標設定における活用 …………………………………… 114
- (2) 施策検討における活用 …………………………………… 116
  - ❶ 預貸金施策の検討 ………………………………………… 116
  - ❷ 債券施策の検討 …………………………………………… 118
- (3) リスク分析における活用 ………………………………… 120

- (4) モニタリングにおける活用 ········· 122
- **3. NII 分析手法の構築** ········· 123
  - (1) 流動性預金 ········· 125
  - (2) 定期預金 ········· 127
  - (3) 事業性貸出 ········· 128
  - (4) 住宅ローン ········· 130
  - (5) 債券ポートフォリオ ········· 131
- **4. まとめ** ········· 132

第Ⅴ章　「地域」を知るエリア分析

- **1. エリア分析のポイント** ········· 136
  - (1) 定量データを用いた客観的な評価を行うこと ········· 136
  - (2) 目的に応じたエリア単位を設定すること ········· 138
  - (3) 複数の観点から分析を行うこと ········· 139
- **2. エリア分析の観点** ········· 141
  - (1) 地盤力 ········· 141
  - (2) 将来成長率 ········· 143
  - (3) 競合度 ········· 150
  - (4) 開拓率 ········· 151
  - (5) 収益性 ········· 152
- **3. エリアの総合評価** ········· 153
  - (1) 二次元マトリクスによる評価 ········· 154
  - (2) 各指標の加重平均による評価 ········· 155
  - (3) 多変量解析を利用した評価 ········· 156
- **4. エリア分析の活用** ········· 158
  - (1) 経営計画策定におけるエリアの需要予測 ········· 159
  - (2) 新規出店戦略検討における活用 ········· 162
  - (3) 店舗再編検討における活用 ········· 164
  - (4) 営業店職員配置最適化における活用 ········· 167
  - (5) 営業店目標管理における活用 ········· 168
- **5. まとめ** ········· 169

第VI章 「顧客」を知る収益構造分析

1. 収益構造分析のポイント……174
(1) 顧客を分析軸とした収益構造分析……174
(2) 時系列変化に注目した分析……176
(3) 収益管理制度に基づく分析……176

2. 収益構造分析のフレームワーク……178
(1) 部門別分析……179
(2) 顧客属性別分析……181
　❶ 個人先の収益構造分析……181
　❷ 法人先の収益構造分析……183
(3) 取引形態別分析……185
　❶ 個人先の取引形態別分析……186
　❷ 法人先の取引形態別分析……189
(4) 累積収益構造分析……191
　❶ 累積収益構造分析とは……191
　❷ 累積収益構造分析の手法……192
　❸ 累積収益構造分析のポイント……192
　❹ 収益性区分の特性分析……195
(5) 収益性区分の遷移分析……197
　❶ 累積収益構造の変化……197
　❷ 収益性区分の遷移……198
(6) 他のデータと組み合わせた分析……199
　❶ 渉外活動分析……200
　❷ 顧客満足度分析……201
　❸ エリア分析……204

3. 収益構造分析に基づく経営管理……204
　❶ Plan　計画策定……205
　❷ Do　営業店収益管理……206
　❸ Check　計画進捗状況のモニタリング……207
　❹ Action　改善施策の策定……208

4. まとめ……208

第VII章　経営分析を活用した経営計画の策定

1. 将来収益計画の策定 ……………………………………………………… 212
　(1) マクロの経済環境・金融サービス需要を予測する ……………………… 213
　(2) 地域の金融サービス需要を予測する …………………………………… 215
　(3) 地域金融機関の預貸金残高計画を策定する …………………………… 216
　(4) 地域金融機関の収益計画を策定する …………………………………… 217

2. 顧客戦略の策定 …………………………………………………………… 218
　(1) 個人戦略 …………………………………………………………………… 219
　(2) 企業戦略 …………………………………………………………………… 221
　(3) 公共戦略 …………………………………………………………………… 223

3. 再編戦略の検討 …………………………………………………………… 223
　(1) 顧客基盤の拡大 …………………………………………………………… 224
　(2) 経費の削減 ………………………………………………………………… 225
　(3) 地域内プレゼンスの向上 ………………………………………………… 226
　(4) 地域内競合状況の緩和 …………………………………………………… 227
　(5) リスクテイクの拡大 ……………………………………………………… 228

4. おわりに …………………………………………………………………… 229

地域金融機関の将来経営計画

はじめに

　地域金融機関経営への注目度がかつてないほど高まっている。

　長引く低金利や資金需要の低迷など厳しい外部環境が続いていることに加え、人口減少による地方社会・経済の衰退が現実のものとして将来に対する懸念が強くなってきている。一方で、中小企業に対する円滑な資金供給やコンサルティング機能の発揮など、地方経済の活性化に向けて地域金融機関に期待されている役割は引き続き大きい。現在検討されている「地方創生」の政策においても地方社会・経済創生のけん引役としてさらに大きな役割を担うことが期待されている。

　こうした厳しい経営環境と期待役割の大きさから、地域金融機関の経営状況や連携の動きが注目されており、特に足元の経営状況よりも将来の市場の縮小に対する経営戦略への関心が高まっている。金融庁でも金融モニタリング方針において「短期のみならず、5～10年後を見据えた中長期的にも持続可能性の高い経営戦略を策定・実行していくことが重要である。」（出所「平成26事務年度金融モニタリング基本方針」平成26年9月金融庁）とし、地域金融機関の中長期の経営方針やビジネスモデルに監督上も注目していくことを示している。また地域金融機関の「再編」をキーワードにした報道記事に触れる機会も多くなってきた。

　これに対して地域金融機関側でも、地域金融機関によって差はあるものの、経営計画の策定における金融機関内の議論が活発化しており、将来に向けてより戦略的な計画策定を目指す取組みがみられるようになっている。特に、これまでの3年程度の計画に加えて10年などの長期計画を策定したり、総花的で拡大基調を前提とした従来型計画から、外部環境をふまえた現実感のある計画へ軌道修正したりする動きがみられる。

　こうした地域金融機関の経営計画策定や経営管理の高度化に向けた取組みに対して、筆者もコンサルティング・プロジェクトなどを通して支援させてもらっている立場から、地域金融機関の将来を左右しうる非常に重要な取組みだと考えている。地域金融機関ひいては地方経済の活性化のためにも、まだ一部の金融機関にとどまるこうした高度化への取組みがより多くの地域金融機関に広がっていくことを願っている。

ただし、そのためには単に経営計画策定の技術を導入したり、新しい経営管理システムを構築したりするだけではなく、地域金融機関の意識や体質から変えていく必要がある。筆者が常日頃地域金融機関の経営層や担当者と接するなかで、多くの地域金融機関において経営計画策定や経営管理の高度化への障害となっていると感じる共通的な課題が三つある。

第一に、「金融機関内での経営状況に対する共通認識の低さ」があげられる。たとえば、特定の商品や顧客層、営業エリア内の特定地域などの収益性や将来性に対して、経営者間や本部部署間、担当者間でまったく異なる認識を有している場合がある。もちろん経営に関して多様な意見があることは重要なことであるが、問題は「事実」に対する認識の相違である。ある商品の収益性は高いのか収益性に課題があるのか、ある地域の経済地盤は将来成長が期待できるのか衰退の早い地域なのか、といったような基本的な事項に対する認識が異なっている場合、スタート地点が違いすぎて将来に向けた経営計画に関する議論ができない。経営計画は、ただでさえ金融機関内の多くの組織が参加して策定するものであるため、有効な議論を行うためには、地域金融機関として「重視する価値観（＝経営理念等）」と「現在の経営状況に関する認識」をしっかりと共有しておかなければならない。

第二に、「短期的な事象に左右されやすい傾向」があげられる。金融商品はどうしても市場環境や経済環境に影響を受けやすく、半期などの短期でみると収益や残高の増減は比較的大きい。これまでの計画や他金融機関との違いを打ち出そうとしすぎるあまり、こうした短期的な動きをとらえて足元伸びている商品を経営計画の中核施策に据えたり、足元の伸びがずっと継続することを前提とした計画を策定したりすると、外部環境に過度に影響されやすい経営基盤となってしまう懸念がある。同様に昨今の人口減少や地域金融機関経営をめぐる一連の報道などに対しても、まるで「経営危機」であるかのように拙速な判断を下すことは非常に危険である。経営のスピードアップは重要であるが、5年や10年の中長期経営計画を策定する際には、足元の動向に左右されすぎないよう、長期的な時系列変化をもとにしっかりと将来を予測することが必要である。

第三に、「金融機関の収益に対する意識の低さ」があげられる。これまでの預貸金残高（ボリューム）重視の経営からは転換しつつあるものの、さまざまな

レベルの意思決定に際して、収益性を評価したうえでそれを重視した判断を行うことが定着しているとは言いがたい。決算上の金融機関全体の財務会計収益への意識は強いものの、特に管理会計上の商品別収益や営業店別、顧客別収益などは、実績を把握するための指標としての役割が強く、計画策定などの意思決定においては十分に活用されていない。たしかに地域金融機関は、地域貢献や地域のインフラとしての公共性も役割として担っているため、必ずしも収益性が最も重要な判断指標というわけではない。しかし継続的に地域に対して貢献するためには、一定の収益性を確保し、地域経済を支える重責を担うだけの体力が必要である。株式会社である地方銀行はもちろんのこと、非営利法人である信用金庫、信用組合についても同様であり、将来計画においては「どこで（商品・顧客層・地域等）、どのように収益を確保するか」ということを議論することが必要である。

ここにあげた三つの課題は、世の中の多くの企業が陥りやすい課題ではあるが、特に地域金融機関の場合には地域や顧客に特有の要因に左右されやすいためか、これらの課題を抱える傾向が強い。さらにいうと、これらの課題には、多くの地域金融機関に共通する背景・要因があると考えている。それは「定量的・客観的な経営分析が十分に行われていないこと」である。

多くの地域金融機関の内部には、多数の顧客との長期にわたる取引データがあり、そこから計測される収益やリスクに関するデータがある。しかし、こうした収益・リスク管理データが経営管理において十分に活用されているとは言いがたい。大規模なシステム開発を行って、収益・リスクを計測する仕組みは整備されている金融機関も多いものの、そのデータを多様な切り口で分析し、計画策定における現状分析や将来予測、計画策定後のモニタリングにまで活用できている事例は限定的であると感じている。

収益・リスク状況の定量的・客観的分析が十分に行われていなければ、地域金融機関内でも人によって経営状況に対する見方に差が生まれて、共通認識は生まれない。経営計画の柱となる将来予測がないため、足元の短期的事象に左右されやすくなり、過度に悲観的になったり楽観的になったりしやすくなる。そして、そもそも経営管理上の指標として重視されないため、金融機関全体での収益に対する意識は低調なままになってしまう。もちろんこれだけが原因ではないが、先にあげた課題の多くの部分はこうした経営分析と活用が不足して

いることに起因していると感じている。

「地域金融機関」と「データによる定量的・客観的分析」というと、地域貢献や地域密着型の経営方針と相反するイメージを感じるかもしれない。しかし筆者は、地域とともに生きる地域金融機関こそ、いま、こうしたしっかりとした経営分析が必要だと感じている。一つの理由は、地域や顧客の動向がダイレクトに経営成績に反映しやすい収益構造であることであり、もう一つの理由は都市部や海外に軸足を置くメガバンク等と比べて、先行して地域経済の縮小の影響を受けると考えられることである。また、地域金融機関は、これまで長期にわたる比較的安定した取引基盤があることから、将来の予測に活用しやすいことも理由としてあげられる。

こうした定量的・客観的な経営分析の必要性・有効性は徐々に認識されつつあるものの、取組みの状況は地域金融機関によって異なる。すでに分析業務を定例化して経営計画策定やモニタリングに活用しつつある地域金融機関がある一方で、計測された収益・リスク情報が単に帳票に表示されるだけで終わってしまっている地域金融機関も多い。さらには、そもそも収益管理制度・リスク管理制度が十分に整備されておらず、分析に必要な収益・リスク情報が十分に把握できていない地域金融機関もある。経営分析には一定の分析データ、分析技術、そして分析結果に基づく判断力が必要であり、継続的な分析を行っていないと身につけにくいものである。

● **本書の構成**

本書ではこうした問題意識のもと、地域金融機関が定量的・客観的なデータ分析を活用して経営計画の策定や経営管理の高度化に取り組むにあたって、より適切に自らの経営状況を把握するための一助となるよう、三菱UFJリサーチ＆コンサルティングがこれまでコンサルティングを通して取り組んだもののなかから、地域金融機関にとって重要性の高い経営分析手法や活用方法について紹介している。

まず第Ⅰ章では、地域金融機関を取り巻く外部環境の現在と将来予測される変化を整理している。外部環境の把握は将来経営計画策定の前提であり、予測される環境変化によって利用するべき経営分析の手法も変わってくる。特に、将来の環境の変化については、三菱UFJリサーチ＆コンサルティング調査部

で公表している「日本経済の中期見通し（2014～2025年度）」（2015年2月）を利用して、経済・金融市場の中長期の予測を行っている。

　第Ⅱ章、第Ⅲ章では、経営管理インフラとして必要な収益管理制度、リスク管理制度について記載している。収益・リスク状況の経営分析には、商品や顧客の収益状況を適切に把握するための制度・システムが不可欠である。十分に制度構築が行われていない地域金融機関では、経営分析の前にまずこうしたインフラ整備から取り組む必要がある。また、本書では、すでに一定の収益・リスク管理制度を整備している地域金融機関にも参考になるよう、さらなる制度高度化に取り組む事例や経営管理における活用に取り組む事例も紹介している。

　第Ⅳ章から第Ⅵ章では、将来の経営計画策定や経営管理高度化に向けた経営分析手法を三つ取り上げ、分析の手法や分析のポイント、分析結果の活用方法について記載している。

　経営分析において定型的な手法は存在せず、自らの置かれた環境と重視する経営理念によって適した分析手法を使い分ける必要があるが、本書では三菱UFJリサーチ＆コンサルティングのコンサルティング事例から、多くの地域金融機関に共通して有効性が高いと考えられるものを選び紹介している。

　三つの分析手法はそれぞれ分析の対象・目的が異なる。第Ⅳ章では、顧客との取引を通した「自分自身のバランスシート（資産・負債）」を対象としたNII分析、第Ⅴ章では「地域」を対象としたエリア分析、そして第Ⅵ章では「顧客」を対象とした収益構造分析を取り上げている。それぞれの分析に独立して取り組むことも可能であるが、地域金融機関の収益・リスク状況に大きな影響を与える「地域」「顧客」「自分自身のバランスシート」の3要素を網羅的・整合的に分析することにより、複雑な地域金融機関の経営状況を適切に把握することが可能になる。

　第Ⅶ章では、終章として、経営分析結果に基づく地域金融機関の経営計画の策定や経営管理高度化について記載している。経営分析の結果をどのように判断するか、それに対してどのような施策を打ち出すかは、当然ながら地域金融機関によって異なる。地域金融機関ごとに経営分析結果は異なり、地域金融機関の数だけ経営計画がある。本書では、多くの地域金融機関に共通する課題であり、経営分析の活用範囲が特に大きい分野として「計数計画の策定」「顧客戦略の策定」そして「再編戦略の検討」を取り上げ、分析結果の活用と検討の

【図表 本書の構成】

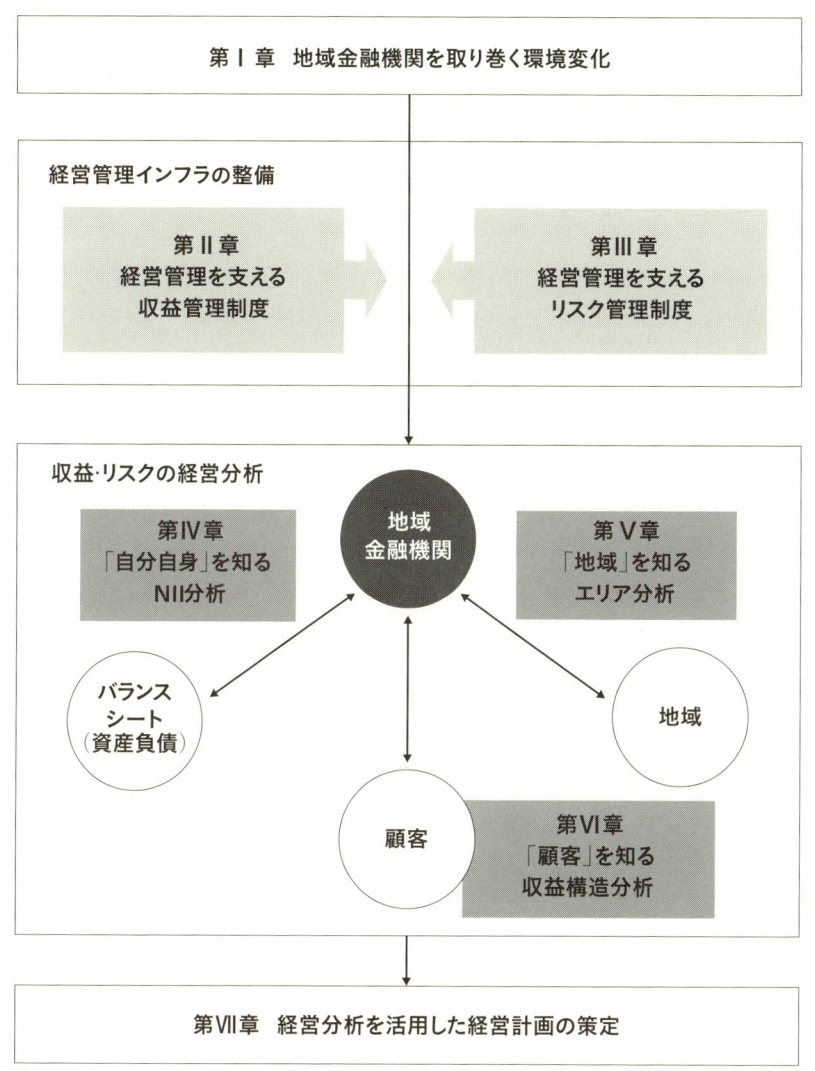

ポイントを整理した。

　なお本書では、実際に経営分析に取り組み、経営管理に活用する地域金融機関等の具体的な活用事例をあわせて紹介している。これらの事例は、三菱UFJ

リサーチ&コンサルティングが行った複数の地域金融機関の事例を総合して作成したものであり、特定の地域金融機関の事例を指すものではない。また地域金融機関の収益やリスク状況の傾向に関する記載も、特定の地域金融機関の収益・リスク構造を表すものではないことに留意をお願いしたい。

第 I 章 地域金融機関を取り巻く環境変化

地域金融機関にとって厳しい経営環境が続いている。地方を中心に景気の低迷が続き、金融緩和による低金利も長期化の様相を呈している。金融機関間の競合も依然として厳しい。

　こうした環境は、地域金融機関の経営にも当然に大きな影響を与える。経済や金融市場の環境変化によって預貸金取引残高や金利水準、有価証券運用収益や与信費用など、さまざまな側面から複雑な影響を受ける。もともと金融機関は外部環境の変化に影響を受けやすく、経済環境や金融市場の動向によって残高や収益は変動しやすい。

　このため、金融機関経営においては、自らを取り巻く経営環境を適切に把握することがきわめて重要である。特に将来の経営計画の策定においては、自らを取り巻く経営環境の「現状把握」に加えて、将来の環境変化を「予測」し、経営に与える影響を「分析」することが必要不可欠であり、すべての経営分析の前提となる。

　本章では、地域金融機関の経営計画に大きな影響を与える「財務状況」「経済環境」「金融規制」の三つの環境について、現状を整理し、将来の方向性について予測を行う。

1.決算にみる地域金融機関の状況

　まず地域金融機関の決算資料を用いて、過去から現在にかけての収益環境の変化を確認しておきたい。なお本項では、地域金融機関として、地方銀行（一般社団法人全国地方銀行協会加盟行）、第二地方銀行（一般社団法人第二地方銀行協会加盟行）、信用金庫、信用組合の各業態を対象とし、業態ごとの合計決算計数を利用している。

（1）コア業務純益の減少

　地域金融機関の収益をみるうえでは、「コア業務純益」が最も重視されている。損益計算書における業務純益や経常収益は、一般貸倒引当金や国債等債券関係損益など、時期や金融機関により変動の大きい項目の影響が大きい。このため、これらの項目を除外することにより、「金融機関の本来的な収益性」を表す指標としてコア業務純益が利用されている。

コア業務純益＝業務粗利益（資金収益＋役務収益＋その他業務収益）
－国債等債券関係損益－経費

　地域金融機関のコア業務純益は、減少が続いている。平成18年度から比べると約25％の減少となっており、そのまま地域金融機関の収益性の低下を表している。地方銀行、第二地方銀行、信用金庫、信用組合のいずれの業態でもコア業務純益は減少が続いており、地域金融機関に共通する課題といえる。

　コア業務純益は、主に資金収益と役務収益からなる業務粗利益と経費の差によって算出される。このうち経費については、各金融機関の努力により人件費や店舗運営費などを中心に減少傾向が続いている。コア業務純益の減少は、業務粗利益の減少が要因であり、なかでも預貸金および有価証券の資金収益の減少が主な要因となっている。

　預金・貸出取引および有価証券による余資運用を主要業務とする地域金融機

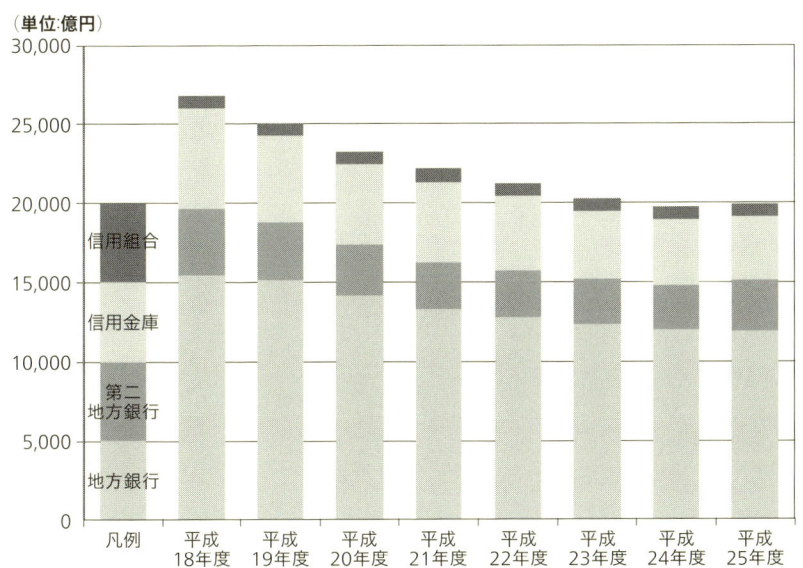

【図表Ⅰ-1　コア業務純益の推移】

(出所)全国地方銀行協会「地方銀行決算の概要」(各年度)、第二地方銀行協会「第二地銀協地銀の決算の概要について」(各年度)、金融図書コンサルタント社「全国信用金庫財務諸表」「全国信用組合財務諸表」(各年度)より三菱UFJリサーチ＆コンサルティング作成（一部推計値を含む）

関にとって、資金収益の減少は収益の根幹に関する非常に大きな課題である。将来の経営計画策定においては、いつ、どの水準まで資金収益の減少が続き、どのようにしてこの資金収益の減少を食い止めて再び増加に転じさせるか、という点が、最も重要な検討課題となるだろう。

(2) 貸出金利の低下

資金収益の減少のうち、特に影響が大きいのが預貸金資金収益の減少である。顧客との預貸金取引によって得られる収益であり、地域金融機関の粗利益の大半を占める、最も重要な収益である。

預貸金資金収益は、「預金・貸出金残高」と「預金・貸出金金利差(利鞘)」とを掛け合わせることで算出される。このうち地域金融機関の預金・貸出金残高は堅調な拡大が続いている。個人金融資産の増加や住宅ローンの増加を背景

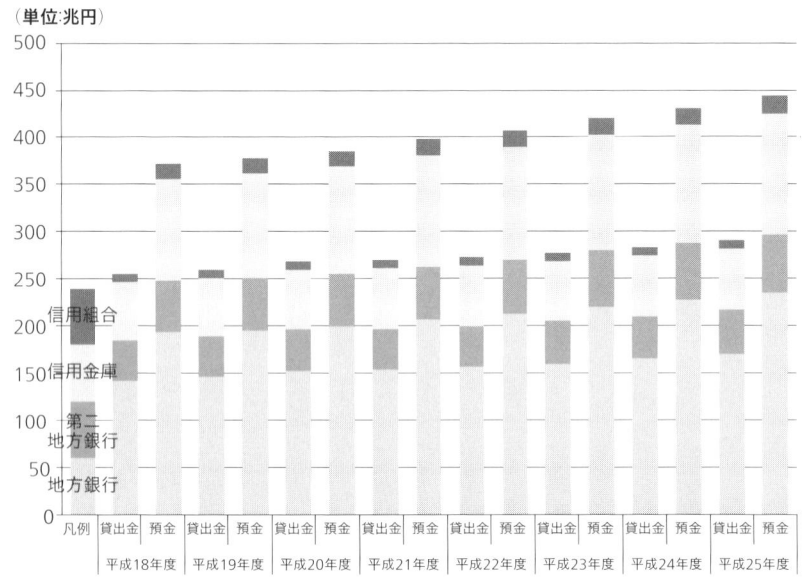

【図表Ⅰ-2　預金・貸出金残高の推移】

(出所) 全国地方銀行協会「地方銀行決算の概要」(各年度)、第二地方銀行協会「第二地銀協地銀の決算の概要について」(各年度)、金融図書コンサルタント社「全国信用金庫財務諸表」(各年度)、信用組合中央協会「全国信用組合主要勘定」(各年3月末)より三菱UFJリサーチ&コンサルティング作成

として、預金・貸出金ともに年1～2%程度の残高増加が続いている。

　残高増加の特徴として、地方銀行などの規模の大きい業態のほうが規模の小さい業態よりも増加率が高い傾向にある。また、貸出金残高よりも預金残高の増加率のほうが高く、預貸率（預金残高に対する貸出金残高の割合）は低下が続いている。

　預金・貸出金残高の増加は、預貸金資金収益に対してはプラスに作用するため、預貸金資金収益の減少は預金・貸出金金利差の縮小が要因である。特に、貸出金利の低下が継続しており、預貸金資金収益減少の最大の要因になっている。

　貸出金利は、金融緩和による市場金利の低下や景気後退による資金需要の低迷、金融機関間の競争の激化などを背景として、大幅な低下が続いている。地域金融機関の各業態ともに低下幅は大きく、まさに地域金融機関に共通する最重要課題といえるだろう。ピーク時の平成19年度と比較すると約0.7%の低

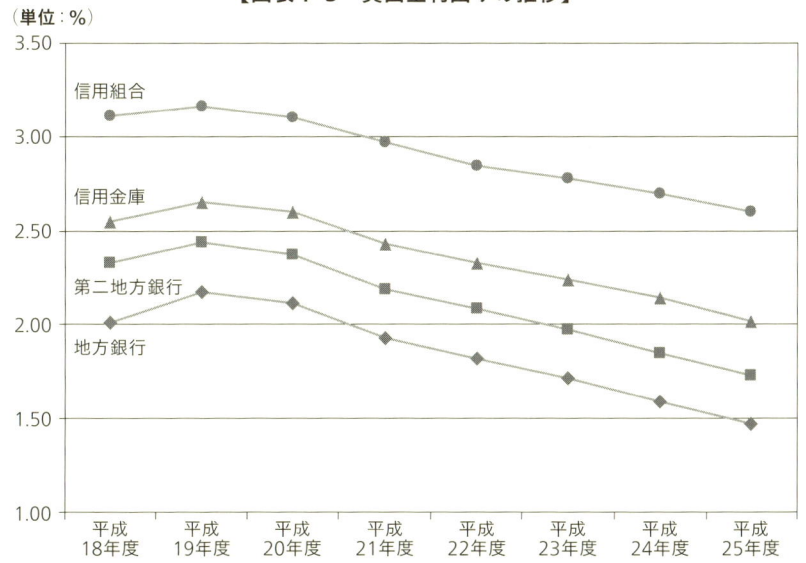

【図表I-3　貸出金利回りの推移】

(出所) 全国地方銀行協会「地方銀行決算の概要」(各年度)、第二地方銀行協会「第二地銀協地銀の決算の概要について」(各年度)、金融図書コンサルタント社「全国信用金庫財務諸表」「全国信用組合財務諸表」(各年度)より三菱UFJリサーチ＆コンサルティング作成

下となっており、地域金融機関全体の貸出金が約300兆円とすると、単純計算で年間約2兆円の減収効果になっている。

　一般的に貸出金利は、市場金利との連動性が強く、市場金利が再び上昇に向かえば貸出金利も上昇傾向に転じ、地域金融機関に収益増加効果をもたらす可能性は高い。しかし、足元の経済環境からすると金融緩和政策は長期化する可能性が高く、市場金利の上昇時期は不透明である。経営計画の策定時期にあたる5〜10年の間には、大きな金利上昇効果は見込めないだろうと筆者は予想している。現在は貸出金利の低下を預金・貸出金残高の増加で補っている状況であり、逆に将来的に預金・貸出金残高の増加が止まり、減少に転じた場合には、預貸金資金収益の減少はさらに加速する可能性が高い。

　このため、現在の継続的に貸出金利が低下している局面が、いつまで、どの程度の水準まで続き、預貸金資金収益にどのような影響を与えるかを適切に分析・予測することが必要であり、継続的な貸出金利の低下をどのように食い止めるかという検討が将来の経営計画において非常に重要である。

(3) 健全性の向上

　厳しい収益環境が続いている地域金融機関であるが、金融機関としての健全性は低下しているわけではない。逆に健全性は向上している。

　金融機関の健全性を表す指標として「自己資本比率」をみると、おおむね上昇傾向が続いている（平成25年度は国内基準行にバーゼルⅢが適用され、それ以前と自己資本の定義等が異なるため単純比較できない）。自己資本比率は金融監督上の基準としても利用されており、地域金融機関の多くが該当する国内基準行は4％以上、国際統一基準行は8％以上が求められるが、各業態の自己資本比率平均値はこの水準を大きく上回っている。個別の金融機関によって状況に違いがあるものの、業界全体としては健全性が十分に確保されている状況といえるだろう。

　収益性と健全性が相反する傾向を示している主な理由としては、一つには収益性の低下がまだ緩やかであり、健全性に影響が出る水準（赤字決算など）には至っていないという点があげられる。もう一つは、信用リスクが低水準に抑えられていることであり、貸倒引当金繰入れの減少や過去に積み立てた引当金の戻入れなどにより与信費用が大きく減少して、コア業務純益以外の部分で収益を押し上げている点にある。

つまり地域金融機関の財務状況としては、全般として、足元の健全性に大きな懸念はないものの、本来的な収益性の低下が継続している状況である。短期的な経営上の懸念は大きくないものの、収益性の低下が将来的にも続く可能性は高く、継続的に経営体力が低下していく厳しい環境であることには変わりない。また、収益力の低下が加速したり、経済環境や金融市場の大きなショックが発生したりすると、本来の収益力がすでに低下傾向であるだけに、経営上大きな問題に直結する懸念がある。

【図表Ⅰ-4　自己資本比率の推移】

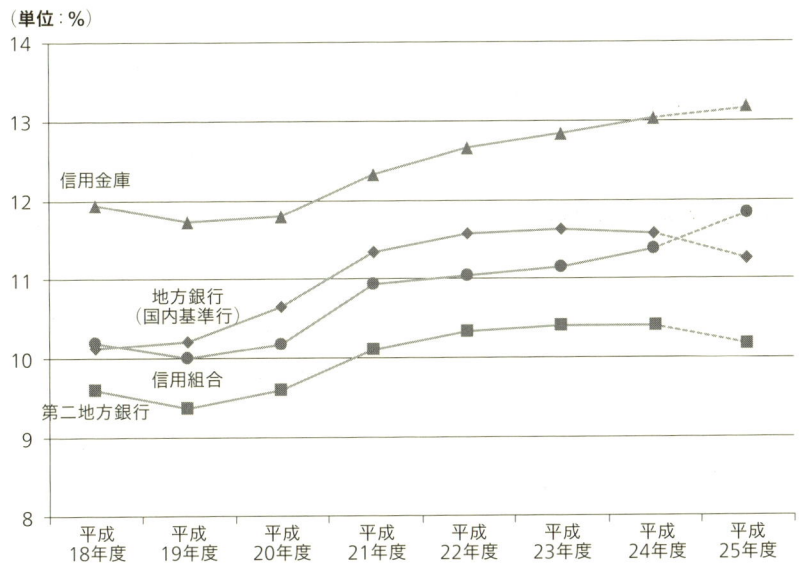

(注)平成25年度はバーゼルⅢ基準のコア資本に基づく自己資本比率であり、時系列で単純比較できない
(出所)全国地方銀行協会「地方銀行決算の概要」(各年度)、第二地方銀行協会「第二地銀協地銀の決算の概要について」(各年度)、金融図書コンサルタント社「全国信用金庫財務諸表」「全国信用組合財務諸表」(各年度)より三菱UFJリサーチ&コンサルティング作成

2.日本経済の中期見通し

　財務状況にも表れているとおり、地域金融機関の収益性・健全性は経済・金融市場などの外部環境に左右されやすい。現在の財務上の課題をふまえ、将来の経営計画を策定するためには、外部環境に関する将来の見通しを共有することが必要である。

　たとえば、経済の長期低迷が予測されるなかで貸出金残高の高い伸びを期待した計画や、低金利の継続が予測されるなかで貸出金利の大幅な上昇を期待した計画がむずかしいように、外部環境をふまえた計画策定を行わなければ、経営計画が現実には機能しない。将来の経済環境予測は予測者によって異なるものの、少なくとも経営計画を策定するうえでは金融機関としての一つの予測を定めて、その環境下での各商品や地域等への影響度を検討していく必要がある。

　本項では、三菱UFJリサーチ＆コンサルティング調査部が公表している「日本経済の中期見通し（2014〜2025年度）」（2015年2月）に基づき、筆者の予想を加えたうえで、地域金融機関経営に大きな影響を与える経済環境の見通しについて記載する。

　なお、三菱UFJリサーチ＆コンサルティング調査部では、「日本経済の中期見通し」を年1回公表している。最新時点の情報に基づく予測は、三菱UFJリサーチ＆コンサルティングのホームページ（http://www.murc.jp/thinktank/economy）を参照していただきたい。

（1）日本経済の成長率

　日本経済の実質GDP成長率は、今後2025年にかけて、平均すると年率1％に満たない水準の緩やかな成長にとどまると予測している。

　底堅さを維持する海外経済の成長による輸出関連需要やそれに伴う企業の設備投資、実質所得の増加に伴う個人消費の増加などが経済成長をけん引していくことが予想される。一方で、人口減少や段階的な消費税の引上げが景気へのマイナス要因としてあげられる。人口減少による住宅投資の減少や、労働力人口の減少が成長の制約条件となり、社会保障制度改革や財政再建政策も個人消費の減少圧力となる。

【図表Ⅰ-5　実質GDP成長率の中期見通し】

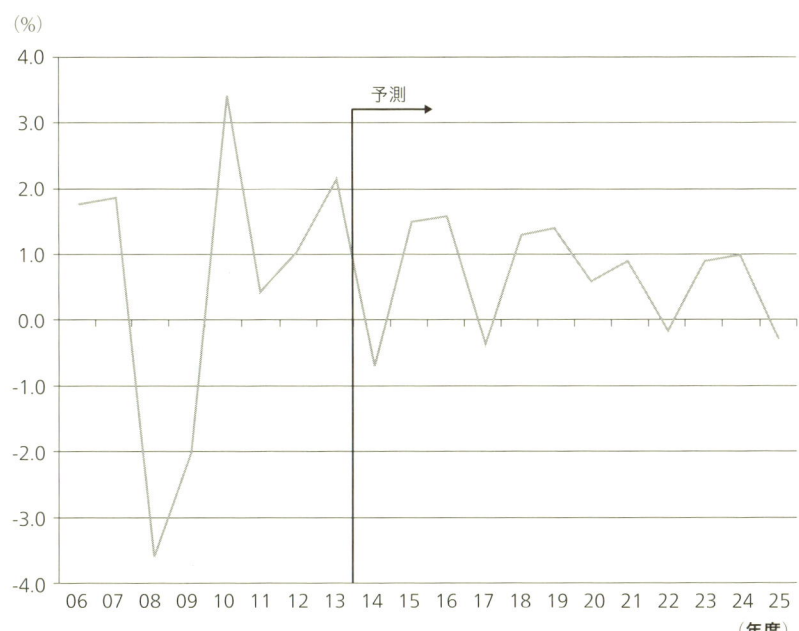

(出所) 三菱UFJリサーチ＆コンサルティング調査部「日本経済の中期見通し (2014 〜 2025 年度)」(2015 年 2 月) より作成

　結果として日本経済は、消費税増税による小幅なマイナス成長を含め、実質GDP成長率は低い伸びにとどまる可能性が高いと予測している。特に東京オリンピックの2020年以降で成長率は鈍化する可能性が高い。

(2) 市場金利の動向

　緩やかな伸びにとどまる経済状況を背景に、金利も低位安定を予測している。
　日本銀行の金融緩和政策によるインフレ目標2%の達成はむずかしく、また国債買入れ施策の限界を迎えることから、2020年までににいったん量的緩和政策の解除されることを予測している。しかし、成長率が低位にとどまることから、金利が継続的に上昇することはむずかしく、いったん上昇した金利は再び低下に向かうことを予測している。
　長期金利も、短期金利と同様の動きが考えられる。消費税増税や社会保障制

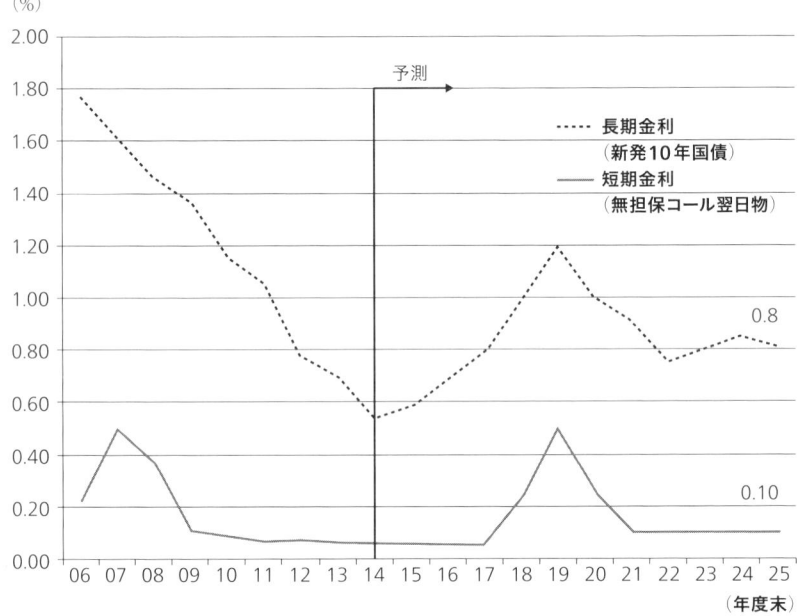

【図表 I-6 長短金利の中期見通し】

(出所)三菱UFJリサーチ&コンサルティング調査部「日本経済の中期見通し(2014～2025年度)」(2015年2月)より作成

度改革の進行を前提とすると、財政危機による国債暴落に至る可能性は低いものの、国債発行残高は1,000兆円超に至ることが予測され、引き続き財政や国債金利の上昇に対する懸念は残ると考えられる。

(3)個人部門の動向と金融サービス需要

個人部門の将来予測を行ううえで最も影響が大きいのが「人口減少・少子高齢化」である。日本の人口は2009年から減少に転じており、今後も減少が確実視されている。2025年には、現在の人口から約5%、約600万人減少し、1億2000万人前後となることが予測されている。

人口の年齢構成も大きく変化する。高齢化が進展し、65歳以上の構成比は現在の25%程度から、2025年度には30%程度まで上昇することが予測されている。

【図表 I-7 人口動向の中期見通し】

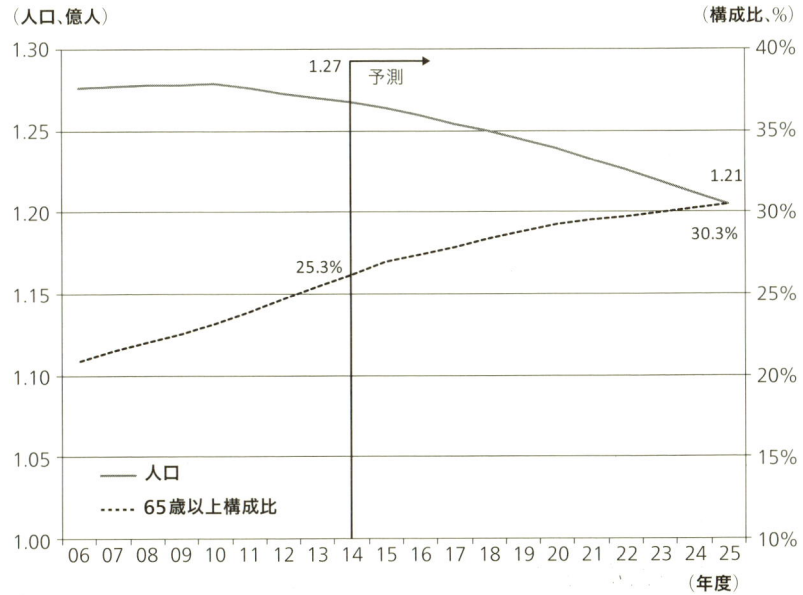

（出所）総務省「住民基本台帳」、国立社会保障・人口問題研究所「日本の将来人口推計（平成24年1月推計）」より三菱UFJリサーチ＆コンサルティング作成

　こうした人口動向の変化は、経済活動や金融サービス需要（預金取引、貸出金取引など）にも影響を及ぼす。
　個人預貯金（個人にとっての金融資産）は、個人所得の緩やかな増加や経済成長による金融資産の増加などの効果があるものの、人口減少や少子高齢化の影響で減少に転じることが予測される。特に、高齢化によってこれまで積み上げた金融資産の取崩しが進展することから、2013年度から家計部門の貯蓄率はマイナスに転じており、家計部門の貯蓄投資バランスはこれまでの貯蓄超過から投資超過（赤字）へと転じるだろう。
　個人貸出金（個人にとっての負債、借入金）も同様に減少傾向が予測される。住宅投資の減少から、個人向け貸出金の中心である住宅ローンも緩やかに減少する。一方でその他の個人向け貸出金（事業性貸出や消費者ローン）については、経済成長に合わせて緩やかな増加で推移すると予測している。

【図表Ⅰ-8　個人預貯金・貸出金残高の中期見通し】

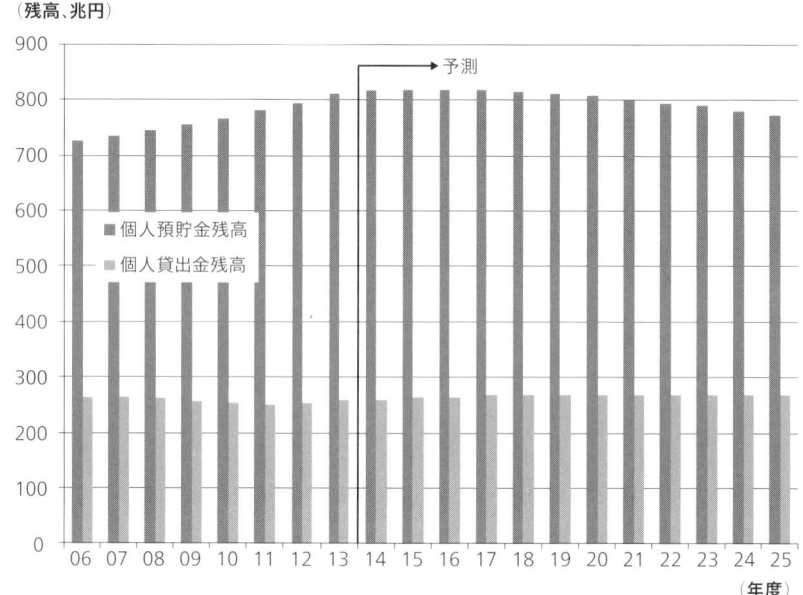

(出所)三菱UFJリサーチ＆コンサルティング作成

　三菱UFJリサーチ＆コンサルティングでは、全国の個人預貯金残高は2025年度には現在と比較して約5%程度の減少、全国の個人貸出金残高についてはほぼ横ばい～緩やかな増加と予測している。

(4) 企業部門の動向と金融サービス需要

　企業は、将来の経済成長のけん引役として期待される。長引くデフレやリーマン・ショックを経て収益力や財務体力が強化された企業は、堅調な世界経済成長や金融緩和政策に支えられた輸出や設備投資により、売上高、経常利益の増加傾向が続くと予測している。

　ただし、国内の人口減少やグローバル競争の激化などにより、企業収益の成長は緩やかなものにとどまる可能性が高い。また、企業部門は一様ではなく、企業規模や業種によって成長性には大きな差が生まれることが予測される。全般的には、大企業や輸出型製造業、高齢化関連業種では高い成長が見込まれる

一方、その他の業種では実質 GDP の成長率並みか、それを下回る成長率となる見込みである。

企業の金融サービス需要も、企業規模や地域により差が拡大していくことが想定されるが、企業全体としての預金・貸出金残高は増加傾向が続くと予測している。企業預金は、経常利益の拡大や法人減税の影響により、高い成長が続くことが予測され、個人に代わる資金余剰主体として個人部門や公共部門の資金不足をカバーする存在になると考えている。企業向け貸出金は、低金利の調達環境や設備投資需要により GDP に連動した成長が予測される。ただし、すでに企業の手元流動性が高い水準にあることから、資金需要の成長率は GDP 成長率を下回る水準で推移することが予測される。

三菱 UFJ リサーチ＆コンサルティングでは、全国の企業預金残高は 2025 年度には現在と比較して約 40% 程度の増加、全国の企業貸出金残高については約 5% 程度の増加と予測している。

【図表 I-9　企業預金・貸出金残高の中期見通し】

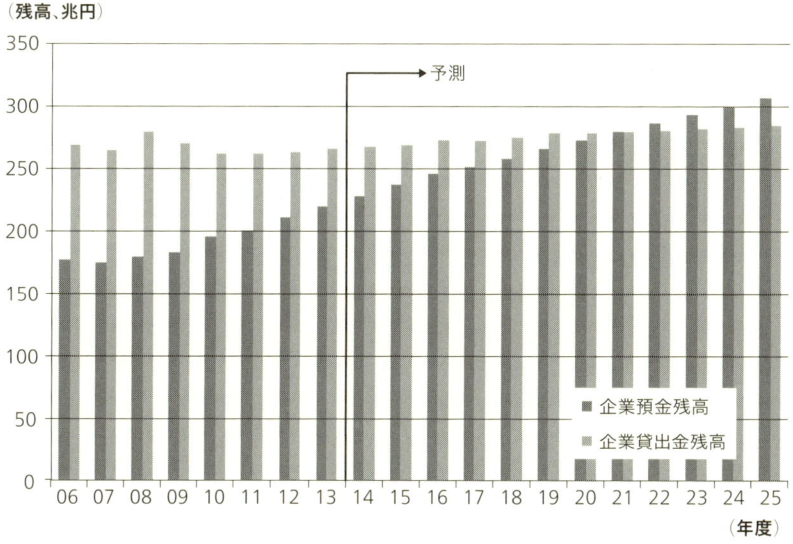

(出所) 三菱 UFJ リサーチ＆コンサルティング作成

(5)環境変化と地域金融機関への影響

こうした経済環境の変化は、地域金融機関経営にも大きな影響を及ぼす。

まず第一に、個人部門の需要縮小に対して、個人に対する戦略は大きな転換を迫られる可能性が高い。これまで預金調達取引や住宅ローン取引が個人取引の柱になっていたが、いずれも今後縮小傾向が続くことが予測されている。特に住宅ローン取引については、住宅ローン取引対象人口の減少に加え、経済全体の住宅投資の減少もあり、新規貸出は地域によっては大幅な減少が予測される。こうしたなかで、これまでのように量的拡大を目的とした推進戦略は、効率性や収益性の低下により行き詰まりを迎える可能性が高い。

ただし、個人取引全体が縮小していくわけではない。地域によっては人口自体が増加する場合もあるし、65歳以上人口の増加を背景に高齢者向け金融サービスなどに対しては逆にニーズが拡大するだろう。つまり、個人取引はこれまでのマス取引から、地域や対象顧客層などに応じたきめ細やかな推進戦略が必要となると考えている。地域金融機関は個人取引においても個々の先に応じたリレーションシップ・バンキングに強みがあり、こうした環境変化にいち早く対応することによって、縮小する個人部門からでも収益性を確保するためのビジネスモデルを経営計画のなかで検討していく必要があろう。

第二に、企業取引の重要性はいっそう高くなる。日本経済は今後、所得面や税制面において、個人から企業への資金シフトが進むことが予想され、金融機関が日本経済とともに成長していくためには、企業の金融サービス需要を取り込めるかどうかが鍵になるだろう。これまで住宅ローンがけん引してきた貸出金は、企業貸出取引にシフトし、企業預金取引は個人預金に代わる重要な資金調達手段として位置づけられるだろう。特に預金取引については、日本経済がプラス成長を維持する限りは個人や企業の全体の預金量は減少しないと予測しているが、人口減少による個人預金の流出が懸念されているなかで、企業預金の取り込みが地域金融機関の調達基盤を安定化するために必要な取組みとなると予想している。

第三に、資産・負債の内容の変化があげられる。上記の個人から企業へのシフトに代表されるように、地域金融機関の資産・負債が表面上同水準の残高を維持できたとしても、その内容・構成は大きく変化する。個人取引のなかでも若年層から高齢層へ、住宅ローンから消費者ローンへ需要はシフトしていくだ

ろう。企業取引のなかでは、内需型業種から輸出型製造業へ、中小零細企業からより規模の大きい企業へのシフトが予想される。このため、同じ資産・負債の水準であったとしてもそこから得られる収益性や景気・金利等から受ける影響度の大きさ（感応度）も変化する。単純に残高だけを管理するのではなく、中身がどういった特性をもつ資産・負債で構成されているかを適切に把握・分析することが重要になるだろう。

最後に、格差の拡大があげられる。日本経済全体の見通しとしてはこれまで述べたとおりであるが、当然ながら、地域による差や業種や企業規模による差があり、将来的にその差は拡大していくと予想している。都市部と地方で人口の増減率に大きな地域差があり、人の多い地域にさらに人が集まるように、地域によって個人の預貯金残高・貸出金残高の増減率は大きく異なるだろう。地域偏在や企業規模偏在の大きい企業取引は、個人以上に格差が大きくなると考えられる。地域金融機関の将来計画策定においては、日本経済全体の将来見通しに基づき、地域ごとに将来の見通しをもつことが必要である。

3.金融規制の潮流変化

金融機関経営は金融規制の動向にも影響を受ける。具体的な国際金融規制の議論は専門書に譲るが、地域金融機関経営において影響の大きい金融規制の方向性について、以下の5点に整理した。

(1)自己資本比率規制は2019年まで段階的に厳格化

バーゼルⅢが国内基準行にも2013年度決算（2014年3月決算）から導入され、リーマン・ショック以降の金融機関の資本関連規制改革は一段落している。地域金融機関の多くが採用する国内基準行は、国際統一基準行のように段階的に最低所要自己資本比率が上昇する予定はないものの、以下の制度の厳格化への対応は予定しておく必要がある。

一つは、経過措置の範囲が縮小していくことである。バーゼルⅢ導入時点ではコア資本に算入が可能な劣後債や優先株は、段階的に算入可能な範囲が縮小されていく。またコア資本からの調整・控除が必要な項目についても、段階的に控除割合が拡大することになっており、国内基準行のコア資本は、その構成

内容によるが、現時点の水準からは段階的に縮小していく方向にある。地域金融機関は、自らの資本計画を適切に管理するとともに、資本水準の低下が想定される金融機関はそのスケジュールに向けて、収益・内部留保などの確保を進めておく必要がある。

　もう一つは、流動性関連規制の導入である。国際統一基準行については、2014年度決算（2015年3月決算）から「流動性カバレッジ比率」の算出・公表が義務づけられ、2018年頃に「安定調達比率」に関する規制が導入される見通しである。国内基準行に対する導入・適用スケジュールは未定であるが、数年後には同様の規制が導入されると予想される。いずれの規制も安定的な預金調達基盤のある地域金融機関には厳しい規制となるものではないと考えているが、算出・公表のための事務・システム対応や、規制に基づく流動性リスク管理態勢の構築が今後求められる。

　最後に、自己資本比率規制の改正があげられる。具体的な改正スケジュールや改正内容は確定していないものの、バーゼル銀行監督委員会において、国際的に規制の改正が議論されている。改正の焦点は、「標準的手法におけるリスク・ウェイト」と「内部モデル採用時の資本フロア」となっており、特に地域金融機関にとっては標準的手法のリスク・ウェイトの改正による大きな影響が予想される。現在の選択制・外部格付準拠のリスク・ウェイトに対して、法人向け与信における債務者の財務状態や住宅ローンの保全率・返済負担比率などの指標に応じたリスク・ウェイトが検討されている。2015年初現在では市中協議文書であり確定したものではないが、基本的に所要自己資本は増加する方向での規制改正が予想される。規制の議論の方向性を注視し、影響度の分析や必要な資本対応などの検討を前もって行っておくことが望ましい。

（2）金融監督・検査はモニタリング対象範囲が拡大

　これまでリスク管理の規定や手続面が中心であった金融監督・検査は、金融機関のリスクに対する姿勢や金融機関のビジネスモデルなど、その対象範囲を拡大する方向にある。すでに平成26年度の金融モニタリング方針では「中長期的に持続可能性の高いビジネスモデルの構築」（金融庁「金融モニタリング基本方針の概要（平成26事務年度）」（2014年9月））が対象となっている。国際的なリスク管理の議論の方向性からすると、金融機関のリスク・カルチャーやリス

ク・アペタイトに関しても、いずれモニタリング対象として含まれていくだろう。

　これまでのように具体的な評価項目ごとの「できている・できていない」で評価する監督・検査とは異なり、各金融機関のリスク特性に基づき、経営管理・リスク管理上の課題を、当局と金融機関とのコミュニケーションのなかで明らかにしていく手法が模索されている。

　こうした動きに対して、金融機関としては、単に形式的な規定や管理の制度・手続を整備するだけでなく、経営管理・リスク管理の仕組みが実効性をもって運用されているか、発生したリスクの根源的な問題点（Root Cause）は何かといった点について、経営陣とリスク管理所管部署などでしっかりと議論することが必要となるだろう。

（3）金融機関自身のリスク管理への取組みを重視

　リーマン・ショック以降、リスク管理に関する規制は詳細・厳格化が進んでいる。規制当局が定めたリスク管理の基準を金融機関に一律的に適用する手法であり、金融システミックリスクを防ぐマクロプルーデンス政策による保守性の観点や金融機関間の比較可能性という点では優れているものの、金融機関自身のリスク特性に応じたリスク管理態勢という点では課題も残る。

　こうした観点から、金融規制の厳格化に加えて、金融機関自身のリスク評価・改善活動を重視しようとする動きも広がっている。

　一つは、ストレス・テストの高度化があげられる。ストレス・テストは、将来に起こりうるリスクに対して、金融機関の自己資本やリスク管理態勢の実効性・十分性を自らが評価し、リスク管理態勢の見直しなどに活用する手法である。不確実さを増す将来の環境変化に対するリスク管理手法として、今後のリスク管理の高度化において最も重視されている取組みの一つといえるだろう（詳細は第Ⅲ章参照）。

　もう一つは、金融機関の監査機能の拡充があげられる。金融機関のリスク管理態勢を、内部監査、外部監査、監査役監査などさまざまな監査を通してさらなる改善につなげていく取組みである。これまでのリスク管理に関する規定への適合性を中心とした監査に対して、リスク管理態勢自体が有効性・実効性を有しているかどうかという観点からリスク管理の機能全体を監査することが目

指されている。また、監査と当局検査の「協働」も目指されており、監査機能が充実している金融機関には当局検査の機能の一部を肩代わりして、役割分担するような取組みも出てくると考えている。

(4) 金利リスク管理の重視

地域金融機関の現在のリスク状況やこれまでのリスク管理への取組みを総合的に勘案すると、今後は金利リスク管理に関する規制制度の整備が進むと予想している。

これまで信用リスク管理は、格付・自己査定や大口与信管理、バーゼル自己資本比率規制における内部格付手法など、規制整備が著しく進んだ。一方、金利リスク管理については、銀行勘定金利リスクの評価・コントロールのむずかしさから、信用リスク管理ほどの統一された枠組みとはなっていない。

将来的な規制の枠組みを予想することはむずかしいが、現在のいわゆるアウトライヤー規制（金利変動に対する経済損失を自己資本の一定範囲内に抑制する規制）を各金融機関で比較可能なように詳細な統一基準を設定する方法や、明示的に自己資本比率に反映する方法、さらには期間損益アプローチ（金利変動が期間損益に与える影響度をリスクとして把握する手法）による規制の枠組みを新規に導入する方法などが考えられる。

地域金融機関は、財務状況でも述べたとおり、信用リスクは足元低水準にあり、将来の経済環境の見通しから考えても、今後は金利リスクの管理がリスク管理上最大の課題となるだろう。金利上昇により債券等に損失が発生する金利リスク（経済価値アプローチ）に加えて、金利変動により資金収益が減少する金利リスク（期間損益アプローチ）の両面での金利リスク管理の高度化が必要になると考えている（第Ⅲ章、第Ⅳ章参照）。

(5) 顧客保護や取引の安全性に関する規制は厳格化

社会的な要請を背景にして、金融機関取引における顧客保護や安全管理に関する規制は非常に厳しくなっている。取引全体を対象とした個人情報保護や反社会的勢力の排除、マネー・ローンダリング関連規制をはじめ、リスク性商品の販売における金融商品取引法や、インターネット取引におけるサイバー・セキュリティー規制など、関連する規制は多岐にわたり複雑さを増している。

各規制の目的や社会的な状況を勘案すると、将来的にもこれらの規制は厳格化され、対象範囲も拡大する方向に向かうことが予想される。少なくとも現状よりも緩和されることは考えにくい。

　こうした規制は事務・システム面の負担が大きく、その割に収益には結びつきにくいが、金融機関として対応は避けて通れない。必要な規制対応について十分に情報収集を行うとともに、可能な限り業界団体や複数の金融機関で協働するなどして、規制対応負担を軽減する取組みが必要になるだろう。

4.まとめ

　地域金融機関を取り巻く環境は、将来においても厳しさを増していくことが予想される。特に、現在多くの地域金融機関が課題として直面している資金収益の減少という傾向は、今後も継続することが予想され、人口減少・少子高齢化の影響を勘案すると、減少ペースが加速する可能性もある。

　一方で、すべてを悲観的にとらえる必要はない。2025年までの10年程度でみると人口減少や個人預金残高の減少ペースは緩やかなものにとどまるほか、日本経済の成長をけん引する企業部門の取引増加が、個人取引の減少のある程度の部分をカバーすることが期待される。個人のなかでも高齢者取引や消費者ローン取引など、成長が期待される商品・業務もある。

　また、日本経済全体の傾向と、各地域の状況は同一ではない。人口増加が続く地方もあれば、大きく減少が予想される地方や、逆にすでにこれまで減り続けており今後は横ばい水準で推移が予想される地域もある。地域への人口や企業の集積状況に応じて、将来の環境変化の方向もスピードも異なる。

　世間ではこうした環境変化に対して、極端な「悲観論」から「楽観論」までさまざまな将来見通しが語られているが、重要なことは、各金融機関が自らの地域を中心とした経営環境に関する将来の見通しをしっかりともつことである。たとえば、「人口減少→預金減少」という一般的に認識されている見通しでは十分ではなく、個人預金の減少に加えて企業預金の動向も反映した預金全体での調達環境を検討しなければならない。仮に預金が減少するとしても、どの時期にどの程度まで減少するのかまで見通しをもっていないと、減少を恐れるだけで対応施策をとりようがない。こうした観点からも、自らの分析に基づ

く将来の見通しをしっかりと定め、経営計画の基礎として共有することが必要である。

　地域金融機関の環境に関するもう一つの視点として、自ら地域の環境を変えていく「地域活性化」への取組みも非常に重要である。近年、地域金融機関と地方公共団体と連携し、地域活性化政策に取り組む事例が多くみられる。政策面でも「地方創生」がクローズアップされており、地域金融機関への期待する役割は大きい。地域活性化への金融機関の取組みが、いずれ金融サービス取引需要の拡大として、金融機関の利益に反映されるような「好循環」が生まれるような取組みが期待される。

経営管理を支える収益管理制度

第 II 章

不安定化する経営環境のなかで適切な経営判断を行うために最も重要なものは、自らの経営状況に関する正確な情報である。金融機関がどの顧客・エリア・商品等でどれだけの収益を得ており、そのためにどれだけのリスクをとっているのか、またそのリスク・リターン状況は改善に向かっているのか悪化傾向なのか、といった足元の経営状況を適切に把握できていなければ、将来に向けてどこにどれだけの経営資源を配分していくか判断ができない。

　こうした情報を把握するための制度が、「収益管理制度」と「リスク管理制度」すなわち「管理会計制度」である。いまや地域金融機関においても必須となる制度であり、多くの地域金融機関で制度の整備も進んでいるが、現実には適切な収益・リスク評価ができない制度となっていたり、経営管理において十分に活用されていなかったりするなど、課題を抱えている金融機関も多い。

　本章では、このうち「収益管理制度」について、地域金融機関において必要とされる制度の概要や経営管理における活用方法について述べる。

1.収益管理制度の必要性

　収益管理制度の目的は、金融機関の収益状況を適切な単位・サイクルで把握し、経営管理に必要な収益情報を提供することにより、金融機関の収益力向上に向けた取組みを促進することにある。収益重視の経営管理を行うためには必須となる管理会計制度である。

　過去には、地域金融機関では収益管理制度が重視されているとはいえない状況が長らく続いていた。大きな要因としては、「一定規模の貸出残高・預金残高を確保していれば収益は確保できる」というボリューム（＝残高）第一主義が根強く続いてきたことがあげられるが、「地域貢献」や「公共性」という地域金融機関特有の経営理念が強調されすぎて、収益性を度外視するような取引が行われてきたことも要因の一つであろう。

　しかし、バブル崩壊や金融危機、それに伴う金融規制の変更などをきっかけとして、地域金融機関にも「収益重視の経営」が定着してきている。預金・貸出残高の維持・増強や地域貢献などの目的意識自体が大きく変わったわけではないが、長期的・継続的に預金・貸出取引を拡大し、地域経済に貢献し続けるためには金融機関自身に安定した金融サービスを提供する力が必要であり、そ

のためには金融機関自身の収益性を確保する必要がある、という認識は一般化してきた。これは非営利法人の信用組合や信用金庫でも同様であり、非営利法人であっても適切な収益性を確保することではじめて、会員・組合員に対する継続的なサービス提供が可能となる。信用組合や信用金庫でも収益管理制度の構築・高度化に取り組む事例は多い。

　収益重視の経営では、収益管理制度を利用して、金融機関の収益状況を適切に把握することが必須となる。最終的に必要となる「収益」は、決算で外部に公表される財務会計上の収益（＝経常利益など）であるが、金融機関全体の財務会計上の収益は経営上の「結果」としての収益であり、目標管理や業績評価、経営判断に利用するためには、情報の還元サイクルも遅く情報量も不足している。経営管理においては、足元の収益状況に基づいた適切な判断により、収益向上へ能動的にコントロールしていく必要があり、そのためにはより詳細な収益情報（＝顧客セグメント別、地域別、商品別等）を適切なタイミング（＝日次、月次等）で把握できることが必要である。

　収益管理制度は、それ自体が収益を向上させるものではないが、収益状況の分析・評価、収益改善に向けた施策検討、モニタリング、業績評価など、収益重視の経営管理におけるさまざまな分野で活用されるべき、最も重要な管理会計制度である。管理会計と財務会計という違いはあるものの、同じ収益を対象とする制度であり、収益管理制度を経営管理において適切に活用することで、結果として財務上の収益も拡大することが可能となる。

2.収益管理制度に関する「誤解」

　地域金融機関では2000年頃から収益管理制度の整備・高度化の動きが広がり、これまで多くの金融機関で収益管理制度・システムが導入され運用されてきた。一方で、依然として収益管理制度が十分に構築されていない金融機関や、制度としては運用されているものの経営管理において十分に活用されていない金融機関も多い。

　こうした収益管理の導入・活用が進んでいない大きな要因として、収益管理制度に関するさまざまな「誤解」がある。以下では、その主なものを三つあげて考察したい。

（1）収益管理制度は赤字取引の切捨てツールではない

　地域金融機関で収益管理制度の導入や活用が進まない最大の原因は、「収益管理制度の導入により、赤字の顧客や赤字の営業店が発生し、取引を大幅に縮小せざるをえなくなる」という懸念であろう。

　収益管理制度は、顧客や営業店の取引状況による実態収益を算出することが目的であるため、過大な経費や大きな信用リスクにより赤字の顧客や赤字の営業店が一定数発生する。これは、どんなに収益性の高い金融機関であっても同じであり、取引や経費の状況が顧客や営業店で一定でない以上、収益性の高い顧客・営業店と赤字の顧客・営業店が発生するのは金融機関の収益構造上やむをえない状態なのである。

　収益管理制度自体は赤字を赤字として実態で算出するが、それがすなわち取引縮小・解消をするべきという意味ではない。たしかに、赤字顧客の取引を解消し、赤字店舗の統廃合を行えば、短期的な収益改善効果は発生するかもしれない。しかし、取引解消により長期的な関係は清算され、将来の成長基盤となる預金・貸出取引が剝げ落ちるほか、1先当りの負担経費が増加することによってこれまで黒字の取引も赤字化する可能性がある。場合によっては地域経済との関係が悪化するなどのレピュテーショナル・リスクが発生する可能性もあり、安易な取引縮小はデメリットのほうが大きい場合も多い。

　地域金融機関にとって、こうした赤字顧客・赤字店舗は、安易に取引縮小・解消するべきではないが、一方で漫然と取引を継続することもできない。まずは「赤字がどの程度なのか」「赤字の原因は何か（構造的な要因か、一時的な要因か）」等の情報を把握したうえで、「赤字のコストを負担しても取引継続する意義はあるか」「赤字の縮小・解消に向かうために何が必要か」などの検討を行い、取引継続の是非や将来の収益改善に向けた施策を判断するべきである。収益管理制度の役割はこうした実態把握や検討に向けた判断材料を提供することにある。検討の結果として同じく取引継続という判断になったとしても、漫然とした取引継続と、赤字の程度・要因を認識し解消に向けた検討を行ったうえでの取引継続は異なり、将来の収益力の差として生まれてくる。こうした取引の実態把握と検討を積み重ねることで少しずつ赤字取引の程度を縮小していくべきであり、地域金融機関における収益管理制度の適切な利用方法といえるだ

ろう。

　地域金融機関の目指すべき「リレーションシップ・バンキング」は、「長期的な取引関係に基づく収益性の改善」を目的としており、長期的な取引関係のなかで最終的に金融機関と顧客の最適な関係を模索していく必要がある。どんな企業や地域でも状態のいい時期・悪い時期を繰り返しており、現在赤字の取引でも、赤字だからという理由だけで安易に取引縮小するのではなく、長期的な視点による収益改善の取組みが必要である。これは収益管理制度や収益重視の経営となんら矛盾するものではない。

（2）必ずしも大規模な収益管理システムは必要ではない
　一般的に収益管理制度では、日次や月次で収益情報を各営業店・本部に提供するため、情報システム会社等に委託開発した「収益管理システム」が利用されている。収益管理システムでは大量の取引データから収益を定期的に算出し、各営業店・本部で閲覧可能とするため、システム投資は比較的大規模になりやすい。機能のパッケージ化やシステム共同化も進んでいるものの、金融機関ごとのカスタマイズ部分も大きく、投資負担は大きい。特に中小規模の地域金融機関にとって、この収益管理システム構築の費用的な負担が大きく、収益管理制度整備へ二の足を踏む要因になっていることが多い。

　しかし、特にこうした中小地域金融機関にとっては、汎用的な収益管理システムは自らの業務内容や規模に比べて過大な機能となっていることが多い。たとえば、複雑な金利タイプの商品を取り扱っていなければ、スプレッド管理における商品別の仕切りレート設定機能は簡素にすることが可能であり、本部組織が複雑でなければ原価計算における本部経費の配賦機能も簡素にすることが可能である。収益管理制度・システムは本来自らの業務内容に合わせて構築する必要があり、汎用的なパッケージ・システムについても、各機能が自らの規模・業務内容にとって必要かどうか、費用対効果も含めて検証する必要がある。こうした必要な機能を事前に「要件定義」することによって、収益管理システムの必要機能を限定し、投資負担を抑制することも可能になる。

　またIT性能の飛躍的な向上により、一般的なパソコンでも収益管理システムの多くの機能を代用できるようになっている。一般的な表計算、データベース管理ソフトを利用して、顧客情報データ・取引情報データ等を加工し、収益

管理に必要な情報を算出することも可能になっている。大規模な収益管理システムに比べれば、取扱い可能なデータ量や自動化処理、処理速度等の面で劣るものの、逆にパソコンの一般ソフトを利用しているため分析や機能変更の柔軟性、取扱いのたやすさは優れており、何より構築費用の抑制が可能となる。こうした費用対効果を考慮して、収益管理の必要機能の一部や、次期システム更改までの暫定的対応等も含めて、パソコンベースの「収益管理ツール」を利用する金融機関はふえてきている。

(3) 収益管理制度は業務に活用しなければ意味がない

　収益管理制度は多くの金融機関で導入されており、多額の投資を行って収益管理システムを構築している金融機関も多い。しかし、実際に収益管理制度を利用している金融機関の声として、把握した収益情報が十分に経営管理において活用されていない事例が非常に多い。収益管理システムから多数の収益関連帳票が出力されているものの営業店での業務運営や顧客取引交渉に生かされていなかったり、金融機関の各種会議で収益状況が報告されても特に議論の対象にならなかったりする状況が多くの金融機関でみられる。

　こうした状況の要因としては、金融機関全体の収益管理に対する問題意識の低さやシステム能力などの要因もあるが、多くの地域金融機関の要因は「収益管理の情報を業務に活用する制度が未整備であること」と考えられる。必要な情報基盤はそろっているものの、それを使いこなす体制が不十分な状態ともいえる。

　収益管理制度はそれ単体で独立して運営されるものではなく、金融機関での既存の各制度と連携する仕組みが必要である。たとえば、営業店予算管理・業績評価制度は収益管理制度と連携して収益ベースの予算策定・業績評価を行うことにより、営業店での収益に関する意識は飛躍的に高くなる。貸出金利のプライシング制度は、収益管理に基づく目標収益・経費・信用コストを反映することにより、より精緻で合理的なプライシング制度となる。さらに、リスク管理制度と組み合わせることによって、収益・リスクを統合的に管理し最適なリスク・リターン・バランスを目指す統合リスク管理に利用することも可能である。

　収益管理制度は、決算として公表される財務会計と異なり、収益を算出して

報告することに意味があるわけではない。活用度に課題のある地域金融機関の多くが、収益管理システムやデータ管理などの収益を算出するための仕組みづくりに注力しすぎるあまり、それを活用するための既存の制度の見直しや高度化まで手が回っていないという状況に陥っているように感じる。収益管理制度は「収益管理システム開発が完了すれば終わり」ではなく、むしろシステム稼働後に、いかに金融機関内に収益管理制度を定着させ、役職員を教育して収益情報を活用できるようにするかのほうが、より時間と労力を必要とするものである。稼働後の対応にも、ヒト・モノ・カネの適切な投資を行う必要がある。

収益管理を活用した営業店管理・顧客管理については、具体的に事例も含めて本章の後半で再論したい。

3.地域金融機関に必要な収益管理制度

収益管理制度を経営管理に活用するためには、まずは必要な単位・必要なサイクルで収益を算出し評価できる仕組みが必要である。管理会計である収益管理制度では、財務会計と異なり唯一絶対の決められた収益算出方法があるわけではない。制度の考え方によって収益算出方法が異なり、収益の見え方も変わってくる。金融機関のインフラとして定着・活用されるためには、金融機関の管理したい項目や収益の考え方を反映した収益管理制度を、金融機関自身が考えて構築する必要がある。外部ベンダーが構築した収益管理システム・パッケージを十分な検討もないままそのまま利用していては、算出される収益情報への理解も深まらず、金融機関内でも活用度は上がらない。

本項では、地域金融機関で一般的に利用されている収益評価の仕組みについて、その特徴や活用上の留意点などを中心に整理する。

(1)収益指標：リスク・コスト調整後収益

「リスク・コスト調整後収益」は、顧客取引によって得られる粗利益から、経費・信用コストを差し引くことにより算出される。表面上の収益から取引に必要なリスク・コストを控除した「実態収益」「正味の収益」を表す指標である。金融機関によっては、EL控除後管理損益、RACAR（Risk And Cost Adjusted Return）などと呼ばれていることもある。

金融機関の収益管理は、預金・貸出残高を中心とする業容管理からスタートし、粗利益による管理、経費を控除した業務純益による管理と変遷して、信用リスク管理の高度化とともに「リスク・コスト調整後収益」が導入された。現在では多くの地域金融機関でこの指標が採用されている。

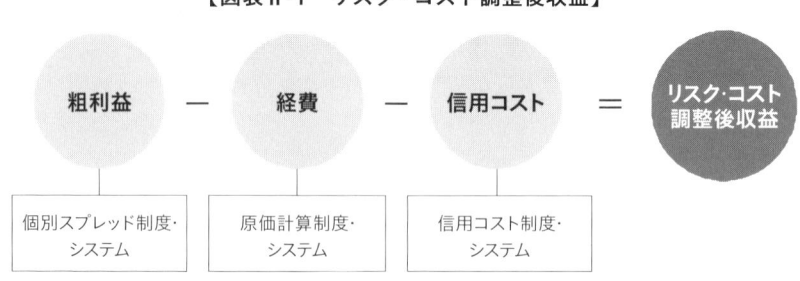

【図表Ⅱ-1　リスク・コスト調整後収益】

粗利益 － 経費 － 信用コスト ＝ リスク・コスト調整後収益

個別スプレッド制度・システム　　原価計算制度・システム　　信用コスト制度・システム

（出所）三菱UFJリサーチ＆コンサルティング作成

　リスク・コスト調整後収益の特徴は、取引にかかる経費や信用リスクを調整し、金融機関として獲得している実態収益を表している点にある。財務会計でいうと、業務粗利益から営業経費、与信費用を控除した経常収益に近い概念である。このためリスク・コスト調整後収益を拡大させることが、すなわち金融機関全体の財務会計上の収益を拡大させることにつながっており、金融機関全体の経営計画や収益計画に基づいて営業現場をコントロールするために利用しやすい指標となっている。営業店などでの収益評価をリスク・コスト調整後収益に一本化することにより、営業店でのリスク・コスト調整後収益拡大に向けた取組みを金融機関の収益への貢献として評価しやすい。

　もう一つの特徴は、収益の要素が「粗利益」「経費」「信用コスト」の三つで構成されており、その内訳も把握できる点にある。たとえば、リスク・コスト調整後収益が減少したときに、粗利益が減少したのか、経費や信用コストが増加したのか、その要因も含めて把握することができる。どんな要因でも収益が減少していることには変わりはないが、どの要因で収益が減少しているのかによってとるべき対策は大きく異なる。逆にいうと、単純にリスク・コスト調整後収益の増減だけを把握するだけでは不十分であり、経営管理に活用するため

にはその要因分析を含めて適切に収益状況を把握する必要がある。

リスク・コスト調整後収益は、個別スプレッド制度、原価計算制度、信用コスト制度の三つの制度から構成される。次項では、各制度の概要と近年の高度化の取組みについて述べたい。

(2)粗利益を管理する個別スプレッド制度
①制度の概要

個別スプレッド制度は、預金・貸出から得られる資金収益を評価する手法である。地域金融機関の粗利益の大部分は顧客との預金・貸出による資金収益で構成されているため、その収益性を評価し、望ましい取引の金利水準を検討するために非常に重要性の高い制度である。

個別スプレッド制度は、預金・貸出取引における顧客との取引金利（＝対顧金利）に対して、各取引期間に応じた市場金利を原則とする仕切りレート（TP；Transfer Pricing とも呼ばれる）を設定して、対顧金利と仕切りレートの「スプレッド」により、収益を算出する。この仕切りレートを、商品や取引期間、金利変動タイプ等に応じて取引ごとに個別に設定することから「個別スプレッド制度」と呼ばれている。

対顧金利と仕切りレートの差が預金・貸出のスプレッド収益として、営業店・顧客に帰属する収益である。営業店や顧客の収益性評価における資金収益は、このスプレッド収益により計算される。スプレッド収益は、仕切りレートである市場金利に対する超過利益を意味する。貸出の場合は、同期間で市場運用に資金を回した場合に得られるだろう収益（＝市場金利）に対して、それを上回る金利で顧客に貸し出していることに対する収益であり、預金は市場から資金調達する費用（＝市場金利）よりも低く調達できていることに対する収益という意味合いをもつ。

また、金融機関内の資金の仕切りでいうと、営業店は、貸出仕切りレートで本部から資金を調達して顧客に貸出を行い、逆に顧客から調達した預金を預金仕切りレートで本部に預けている、と解釈することもできる。本部にとっては預金の仕切りレートで調達し、貸出の仕切りレートで営業店に資金拠出しているため、預金・貸出の仕切りレート差による部分は、営業店収益ではなく、本部ALM部門に帰属する収益となる。

【図表Ⅱ-2　個別スプレッド制度の概要】

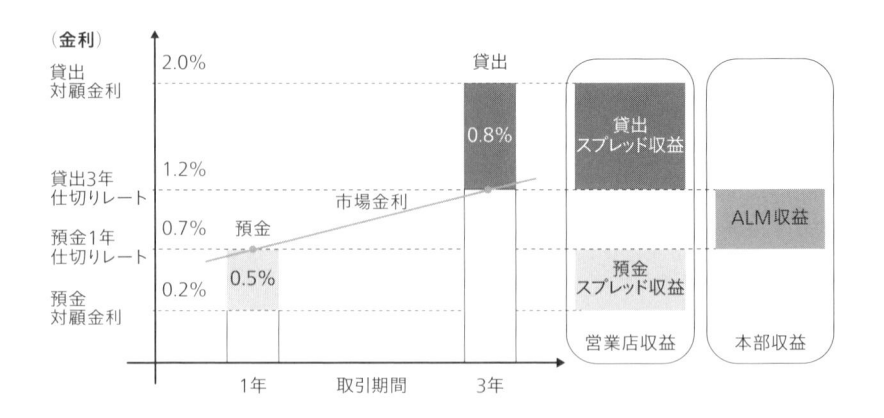

(出所)三菱UFJリサーチ&コンサルティング作成

②制度の特徴

　こうした個別スプレッド制度は、現在多くの地域金融機関で採用されているものの、中小規模の地域金融機関では依然として残高管理や、すべての預金・貸出を単一の仕切りレートで評価する「総合本支店レート管理」が利用されている例もある。すべての金融機関で個別スプレッド制度が最適というわけではなく、むしろ小規模金融機関においては仕切りレート運営に関して負担が大きくなる課題もある。しかし、取引の収益性や営業店の収益拡大努力を適切に評価するという点においては、個別スプレッド制度は優れた制度である。その特徴は以下の3点に整理することができる。

a) 商品・期間に応じた仕切りレート

　単一の本支店レートによって収益評価する方法では、預金も貸出も、短期取引も長期取引も必然的に一つの仕切りレートで評価することになるため、商品や取引期間によって収益性がゆがんでしまう。端的にいえば、預金取引では短期で調達するほど調達金利が低いためスプレッド収益は大きく評価され、貸出取引では長期貸出を行うほど貸出金利が高くなりスプレッド収益は大きく評価される。このため、営業店としては収益性を高くするためにできるだけ短期預金・長期貸出を推進するインセンティブが高くなるが、金融機関全体としては大きな金利リスク・資金流動性リスクを抱えることとなる。また、営業店にお

いて顧客との金利交渉を行う際に、単一の本支店レートによる管理では仕切りレートが取引条件によって一定であるため、その取引条件ではどの程度の金利とするべきなのか営業店で判断できず、結果として金融機関としての適正金利の確保がむずかしくなってしまう。

　個別スプレッド制度は、商品・取引期間・取組時期等により、対応する市場金利を原則とした仕切りレートを取引明細別に適用するため、取引条件に応じた適正なスプレッド収益を算出することが可能である。短期貸出であっても長期貸出であっても、その取引期間に応じた仕切りレートで評価されるため、仕切りレートに対するスプレッド収益をどれだけ確保できるかが問題となり、特定の商品・期間の取引にシフトするというゆがんだ収益インセンティブは働かなくなる。顧客との金利交渉を行う際には、顧客の状況や取引条件に応じた適正なスプレッド収益を確保するべく、当該取引に適用される仕切りレートを参照して見込みスプレッド収益を試算しながら適切な金利水準を設定することが可能になる。

b) 取組時点固定の仕切りレート

　単一の本支店レートによる管理では、市場金利の変動に合わせて仕切りレートは変動する。このため、営業店で取り組んだ預金・貸出は、市場金利の変動に合わせて取組み後に収益が変動してしまう。

　これに対し個別スプレッド制度では、原則として仕切りレートは取引の取組時点で固定される。取組時点以降市場金利が変動したとしても、変動金利取引の場合には次の金利更改期まで、固定金利取引の場合は取引終了まで仕切りレートが固定され、一定のスプレッド収益が計上される。

　この二つの方法では、取引時点以降の市場金利変動によるスプレッド収益の変動を顧客や営業店の収益性評価に含めるかどうかの違いがある。単一の総合本支店レートでは、取引内容が変わっていないにもかかわらず、市場金利が変動すると営業店や顧客の収益は大きく変化する。金利変動リスクを営業店の収益責任として課している状態といえる。

　個別スプレッド制度では、取組み後の市場金利変動による収益変動は、個別の営業店が責任をもつのではなく、金融機関全体の金利リスク管理としてALM運営でコントロールする。営業店や顧客の収益は、市場金利の変動にかかわらず取引終了まで（変動金利の場合は金利満期の終了まで）同一の収益評価と

することで、営業店の収益責任は取組時点のスプレッド収益に限定される。

　このように個別スプレッド制度では、営業店収益から金利リスクを排除し、市場金利変動によらない、本来の営業店・顧客の収益力を評価するための制度である。

c）本部ALM部門での金利リスク集中管理

　個別スプレッド制度において取組時点以降の金利変動リスクが営業店から解放された裏側には、金利変動リスクを本部で集中管理する仕組みが必要である。これがALM（Asset Liability Management；資産負債総合管理）の果たすべき役割である。

　ALM部門には、預金・貸出の仕切りレートで仕切られた収益（営業店のスプレッド収益分を控除した残余部分）が計上される。これは預金と貸出の平均取引期間の長短差に基づく収益であるため、一般的に「長短ミスマッチ損益」と呼ばれている。この長短ミスマッチ損益は、固定金利や変動金利、預金・貸出など非常に多くの取引から発生する合成損益であり、取組み後の市場金利変動により大きく変動する。ALM部門における金利リスク管理は、この長短ミスマッチ損益の金利リスク特性を把握したうえで、有価証券運用のポジション調整や市場でのヘッジ取引により、金融機関全体の資金収益の安定化を図る必要がある。

　金利リスク管理の詳細については「第Ⅲ章　リスク管理」において再論したい。

③制度高度化に向けた取組み

　個別スプレッド制度は、制度の導入以降も、多様化する商品・サービスや金利環境の変化などに合わせて、適切なスプレッド収益が算出できるよう制度の見直し・高度化に取り組む必要がある。個別スプレッド制度が定着している地域金融機関では、以下のような高度化への取組みがみられる。

a）商品別の仕切りレート設定の高度化

　個別スプレッド制度では、スプレッドを算出するための仕切りレートをいかに適切に設定できるかが適切な収益評価のための最重要要素である。前述のとおり、仕切りレートは取引の期間に応じた市場金利を原則とする運営が一般的である。これに対して、明確な期間概念のない商品、たとえば流動性預金やプ

ライムレート連動の変動金利貸出などに対する仕切りレートは、金融機関により考え方が異なり、さまざまな手法での試行錯誤が続けられている。

流動性預金は、商品設計上はすぐに引き出されてもおかしくない資金であるため、短期市場金利（無担保翌日物金利等）を仕切りレートに設定する方法もないわけではない。しかし、一般的には流動性預金には決済用資金等として金融機関に滞留する「コア性」があるため、一部を長期調達資金として収益評価する考え方が定着している。具体的な収益評価方法としては、流動性預金の滞留部分を「コア預金」として算出し、コア預金の期間・金額に応じて対応する期間の市場金利（長期金利）を加重平均して、流動性預金に対する仕切りレートを設定する手法などがある。

流動性預金は金融機関における残高構成が大きいため、この仕切りレートをどのように設定するかによって、特に預金残高の大きい営業店の収益評価や純預金先の顧客収益評価がまったく違ってみえる結果となる。流動性預金の収益性・価値をどのように評価するかは、収益評価においても金利リスク管理においても非常に重要となる事項であり、金融機関全体での議論・検討が必要である。

b）仕切りレート設定・運営の精緻化

仕切りレートは、取引の収益を適切に評価するため、商品・期間等の取引条件に応じた適切なレートを設定することが望ましい。金融機関の商品の多様化やIT処理能力の向上と合わせて、地域金融機関の仕切りレート設定は精緻化が進んでいる。これまで商品や期間による区分が中心であったが、近年では以下のようなより細かい単位での、仕切りレート設定への取組みが広がっている。

- 同じ期間の貸出でも期日一括返済と元金均等返済の仕切りレートを区分
- 同じ商品性でも顧客に対する優遇金利水準によって仕切りレートを区分
  （同程度の収益が確保できるように仕切りレートを優遇金利分調整）
- 同じ期間でも調達商品と運用商品で仕切りレートを区分

ただし、仕切りレートは細分化することが必ずしも望ましいわけではないことに留意する必要がある。仕切りレート運営負担の増加も勘案する必要があるほか、営業店で対顧交渉にも利用するため複雑な体系にしすぎないことも重要である。

また、仕切りレートは市場金利に対する超過収益を評価するため、「原則と

して市場金利」とする方法が一般的である。一方で、現実には市場金利での調達が行われるわけではなく、調達環境によって市場金利と実際の金融機関の調達金利が乖離することも多い。この差も適切に収益評価に反映させるため、実際の調達プレミアムを賦課した運営を行う金融機関もある。特に調達環境に左右されやすい外貨資金の仕切りレートなどではこの方法をとる金融機関がふえている。

c) 役務収益把握の高度化

個別スプレッド制度は粗利益のうち資金収益を管理する制度であるが、金融機関のサービス多様化により、粗利益に占める役務収益の割合が増加してきている。資金収益を取引・顧客・営業店単位で把握するように、役務収益についても顧客・営業店単位で把握することにより、たとえば預金・貸出取引は少ないが投資信託等で大きな収益貢献のある顧客の把握や、必要経費に見合わない役務収益サービスの見直しなど、総合損益での収益管理を目指す金融機関がふえている。

役務収益を顧客・営業店単位で適切に把握することは、多くの地域金融機関で課題となっている。システム機能や業務フローの面で、データとして把握できないことが多いためである。また役務科目によって違いがあり、預金・貸出関連の手数料は適切な単位で把握ができるものの、サブシステムを利用する投資信託・保険収益が把握できなかったり、全行管理の銀行間為替手数料が把握できなかったりすることが多い。

役務収益把握の高度化に向けては、多数ある役務科目ごとの現在の管理状況について課題を整理し、要因や金額により優先順位付けをしたうえで、科目ごとの対応を継続していく必要がある。対応は非常に多数の科目で多岐にわたるため、システム開発により把握レベルを向上させるほか、手登録での収益データ作成、取引件数などの収益代替指標などによるみなし処理などを利用した対応も必要である。

(3) 信用リスクを管理する信用コスト制度
① 制度の概要

信用コスト制度は、与信取引で発生する信用リスク見合いの費用を算出する制度であり、信用コストを収益から控除することで信用リスク考慮後の実態収

益を算出することを目的としている。

　信用コストは、貸出や外為、支払承諾などの与信取引を対象に計算される。与信取引の顧客（＝債務者）に対する「デフォルト率」と、与信取引の保全状況に基づく「回収率」に基づき、以下のように算出される。

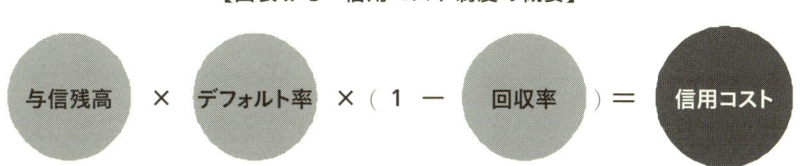

【図表II-3　信用コスト制度の概要】

与信残高 × デフォルト率 ×（１ － 回収率）＝ 信用コスト

（出所）三菱UFJリサーチ＆コンサルティング作成

　デフォルト率は、倒産確率やPD（Probability of Default）と呼ばれ、債務者がデフォルト（債務不履行）になる確率を表す。一般的に、債務者に付与された信用格付ごとに、1年間でデフォルトに達する確率を過去データから推計して、平均的な予測値として利用する。

　回収率は、与信残高のうちデフォルト時に担保や保証などを通して回収が見込まれる割合を表す。デフォルト時損失率を表すLGD（Loss Given Default）に対して、「1－回収率＝LGD」の関係にある。

　信用コストは、与信残高にデフォルト率、1－回収率を掛け合わせていることから「現在の与信残高に対して、1年間のうちにデフォルトして回収できずに損失となる金額」を平均的な予測値として計算していることになる。このため、信用コストは平均ロス、期待損失、EL（Expected Loss）などとも呼ばれている。なお景気悪化等による信用リスク損失の変動（ぶれ）は、非期待損失やUL（Unexpected Loss）と呼ばれ、信用リスク管理制度により別途計量化・管理が必要である。

②制度の特徴

　信用コスト制度は、信用リスク見合いの負担を反映した実態収益を把握しようとする収益管理上の制度であるが、信用コストの増減を通して債務者の信用状態や取引の信用リスク量の変化を把握するという点において、信用リスク管

理の観点からも重要性の高い制度となっている。

a）財務会計との違い

信用リスク損失に対する財務会計上の仕組みとして、貸倒引当金がある。貸倒引当金は与信残高に予想損失率を掛け合わせることによって将来発生が予想される貸倒損失に対する備えを算出する仕組みであり、将来の損失発生を確率的に予測している点で信用コスト制度と貸倒引当金の類似性は高い。そのため信用コストを「みなし引当」と呼ぶ金融機関もある。しかし、貸倒引当金と信用コストは管理目的や計算方法が異なるため、一般的に計算された水準は一致しない。

最も大きな違いは、貸倒引当金が将来損失に対する「備え」として資金を準備しておくという考え方であるのに対して、信用コスト制度は将来損失に対応する「費用」が発生しているという考え方をとっているという点にある。例えていうと、貸倒引当金が将来損失に対する準備金の積立てであるのに対して、信用コスト制度は将来損失を「保証料」を支払うことによってカバーしようとしている。このため計算方法においては、貸倒引当金が期末残高に対して必要な引当金と、前期までの引当金の過不足分を調整する方法であるのに対して、信用コストは日々の与信残高に対して費用として経過計上するという違いがある。「保証料」であるため、その債務者がデフォルトせず完済したとしても、貸倒引当金のように戻りはなく、信用コストが返金されることはない。

このほか、予想損失率とデフォルト率の推計方法や、すでにデフォルトした先の取扱方法など計算方法に違いがあり、貸倒引当金と信用コスト額は異なる。これは管理目的の違いによるものであり、健全性確保のための将来損失に対する十分な備えの確保を目的とする貸倒引当金と、信用リスク考慮後の実態収益把握を目的とする信用コストの違いといえる。管理目的が異なるため、信用コスト制度を貸倒引当金と比較したり、財務会計と管理会計の一致を求めたりすることは、逆に信用コストの指標としての使いやすさを損ねてしまう懸念がある。経営管理においては、こうした目的の違いを理解し、それぞれの利用目的に応じて指標を使い分けることが必要である。

b）顧客・取引の信用リスク状況を収益に反映させる

信用コストは、適用されるデフォルト率・回収率により金額が変化する。
デフォルト率は一般的に、債務者に付与された信用格付に応じて適用される

ため、格付が異なれば信用コストの額は大きく異なる。同じスプレッド収益の貸出であった場合、高格付先でデフォルト率が低ければ信用コストは小額で、粗利益から信用コストを差し引いた収益も大きいが、低格付先で高いデフォルト率が適用される場合には非常に大きな信用コストとなり、収益性が低く、場合によっては実態赤字の取引となる。また同じ債務者でも、信用状態の変化によって格付は定期的に見直しされるため、貸出を行った時点では高格付で信用コストが小さく高い収益性だった先でも、信用状態の悪化により格下げされ実態収益が赤字化するケースも発生しうる。

一方、同じ信用状態の債務者に対する与信でも、担保や保証の状況に応じて回収率が異なる。回収率は、取得している担保や保証を評価し、デフォルト時の回収見込み額に応じて算出する。信頼性の高い担保・保証があり、回収率が高い取引は低格付先であっても信用コストは小さくなり、収益性も向上する。与信は企業の実態把握が基本であり、担保や保証に頼らない与信の拡大には取り組んでいく必要があるが、取引の信用リスク状況や収益性を客観的・定量的に把握する信用コスト制度においては、担保・保証の回収価値を適切に評価し、信用リスク削減手法として利用することが望ましい。

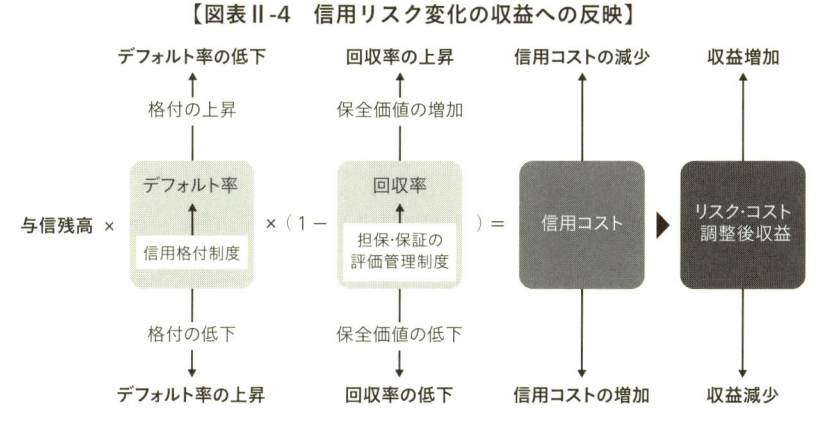

【図表Ⅱ-4　信用リスク変化の収益への反映】

与信残高 × デフォルト率 × (1 − 回収率) = 信用コスト ▶ リスク・コスト調整後収益

- デフォルト率の低下 ← 格付の上昇
- デフォルト率の上昇 ← 格付の低下
- 回収率の上昇 ← 保全価値の増加
- 回収率の低下 ← 保全価値の低下
- 信用コストの減少 → 収益増加
- 信用コストの増加 → 収益減少

デフォルト率：信用格付制度
回収率：担保・保証の評価管理制度

(出所) 三菱 UFJ リサーチ＆コンサルティング作成

c) 信用リスク管理制度との連携

　前項のとおり、信用コストは格付に基づくデフォルト率、保全状況に基づく回収率を利用して算出され、収益評価に反映されるため、金融機関の信用リスク管理における「信用格付制度」や「担保・保証管理の仕組み」が収益管理のうえでも非常に重要な制度になっている。

　信用格付制度においては、格付が債務者の信用リスクの大きさを判別できるように適切に設計され、債務者の実態把握・審査において適切な格付が付与されている必要がある。また、格付ごとの平均的なデフォルト率も過去のデータ等に基づいて推計されている必要がある。

　回収率についても、担保や保証の価値を定期的に評価するとともに、価値の低下や回収にかかる費用等を反映して、回収見込み額を算出する仕組みが必要である。

　こうした仕組みは信用コスト制度いかんにかかわらず金融機関の信用リスク管理として必要な業務であるが、収益管理に活用することで重要性が増す。基盤となる信用リスク管理の仕組みが不安定では、算出される信用コストやリスク・コスト調整後収益の信頼性が低下し、収益が意味のない数字になってしまう。収益評価にゆがみが出ないよう、適切な信用リスク管理制度運営が必要である。適切な信用リスク管理制度のもとで営業店が収益改善を目的とした信用コストのコントロールに取り組むことにより、営業店における取引や顧客の信用リスクに関する意識が向上し、信用リスクのモニタリングや改善活動などへの取組拡大も期待することができる。

③制度高度化に向けた取組み

a) 与信条件の精緻な反映

　信用コスト制度の最大の目的は、「信用リスクに応じた貸出金利設定（＝プライシング）」にある。顧客の信用状態や与信条件（期間、返済方法、保全条件等）に応じて信用リスクには差があるため、それに応じた適切な貸出金利を確保しなければならない。

　このため信用コスト制度には、与信条件に応じて信用リスクの水準を適切に算出することが求められ、可能な限り与信条件の違いを反映した精緻な算出を行うことが望ましい。このうち特に重要なものが「与信期間」と「保全条件」

である。

　一般的に、与信期間が長いほど顧客の信用状態の変化に関するリスクが大きくなる。そのため、同一顧客の貸出であっても、短期貸出よりも長期貸出のほうが、信用リスク・プレミアムとしてより高いスプレッド収益を確保する必要がある。信用コストの算出においても、同一格付に対して貸出期間ごとのデフォルト率の大きさを定量化し、案件ごとの与信期間に応じて長期与信ほど信用コストが大きく算出されるようにすることが望ましい。

　保全条件については、わが国独特の「根保全」という取引慣習がある一方で、預金担保や保証協会保証など特定与信のみを対象とした保全もある。こうした保全条件の違いに対して、根保全の複数案件への按分や保全の与信案件へのひも付けを適切に行い、案件の回収リスクを信用コストに反映できる制度とすることが望ましい。

b) パラメータ管理の高度化

　信用コストは、デフォルト率と回収率に応じて算出されるため、その設定水準に大きく依存する。デフォルト率、回収率は、金融機関ごとに過去データに基づいてリスク管理部署が設定することが一般的であり、自己資本比率規制の精緻化（バーゼルⅡ・バーゼルⅢ）に合わせて、デフォルト率、回収率の管理高度化への取組みが広がっている。

　バーゼル自己資本比率規制では、内部格付手法を採用する金融機関に、デフォルト率等の信用リスク・パラメータを自行推計することが求められる。地域金融機関の大半はより簡素な標準的手法を採用するため、規制上直接求められるわけではないが、内部格付手法の最低要件として求められるパラメータの推計手法、検証手法、データ管理などを目標として、自行のパラメータ管理の高度化に取り組む事例は多い。

　特に地域金融機関においては、自行内の過去データからデフォルト率を推計する場合に、過去データ期間やサンプル数の限界から、デフォルト率の過小評価や不安定化の問題に直面する場合が多い。これに対して、自己資本比率規制で求められる過去データの蓄積や外部データの活用、保守的な調整などを適切に行うことにより、信用リスク管理としての適切な評価と収益指標としての利用しやすさを両立させるようなパラメータ管理に取り組むことが必要である。

c)リテール与信の信用コスト管理

　信用コスト制度は、これまでは主に事業性与信先に対する制度として実施されてきた。一方で、住宅ローンや消費性ローンなどの「リテール与信」（＝小口分散化された比較的均一のリスク特性を有する与信）は、関連会社等の保証が付与されていることもあり、信用コスト制度の対象外とする金融機関が多かった。

　しかし、保証を行う関連会社が保証料では十分に損失をカバーできないケースや関連保証会社に対する金融機関の支援負担の発生などもあり、これらのリテール与信についても信用コスト管理の対象とする動きが広がっている。バーゼル自己資本比率規制で、内部格付手法採用行に「リテール・プール管理」の概念が導入されたことも要因の一つといえる。

　リテール与信の信用コスト管理では、与信商品や延滞状況等に応じたデフォルト率を適用することが望ましい。財務会計上ではデフォルトが発生したとしても関連会社の保証代位弁済により金融機関単体の損失は限定される場合が多いが、管理会計上は関連会社の潜在的損失懸念の増加を考慮して、関連会社保証を保証としてカウントせず信用コストを算出する。これにより、リテール与信についても信用コスト考慮後の実態収益ベースで収益性を評価することが可能となり、本部でのローン商品の金利設定や営業店での与信管理に活用することが可能となる。

(4)経費を管理する原価計算制度
①制度の概要

　原価計算制度は、取引に要する経費（コスト）を評価するための制度であり、粗利益から信用コストと経費を控除することによって、取引から得られる実態収益（＝リスク・コスト調整後収益）を算出する。

　粗利益や信用コストが預金・貸出等のそれぞれの取引に伴って発生し、取引や顧客に直接ひも付いているのに対して、特定の取引・顧客のために発生する経費というのはきわめて限定的である。金融機関の経費支出は、人件費や店舗スペースコスト、システム費用などの間接費が大半を占め、取引の発生にかかわらず大きな経費を必要とする装置産業である。こうした多様な取引を支える間接費を、合理的に各取引・顧客・営業店などに配分する仕組みが、原価計算制度である。

原価計算制度にはさまざまな手法があるが、特に間接費管理に優れた手法として「ABC原価計算」（= Activity Based Costing；活動基準原価計算）があり、地域金融機関においても広く利用されている。

　ABC原価計算では、金融機関全体で支出した経費を、金融機関サービスの利用度に応じて各取引や顧客に配賦する。預金・貸出に関する事務取引や融資審査、訪問など、金融機関サービスの利用が多い取引や顧客ほど多くのコストが配賦される仕組みである。

　ABC原価計算では、金融機関全体の経費支出を「コストプール」と呼ばれる各業務を担う機能に分類したうえで、金融機関が行う個別サービスを表す「アクティビティ」を経由して、取引や顧客にコスト配賦を行う。適切な経費配賦を行うためには、金融機関の組織や業務内容に応じたコストプール、アクティビティを設定したうえで、経費支出データやアクティビティ件数などの必要データを可能な限り精緻に把握することが重要である。

【図表Ⅱ-5　ABC原価計算の概要】

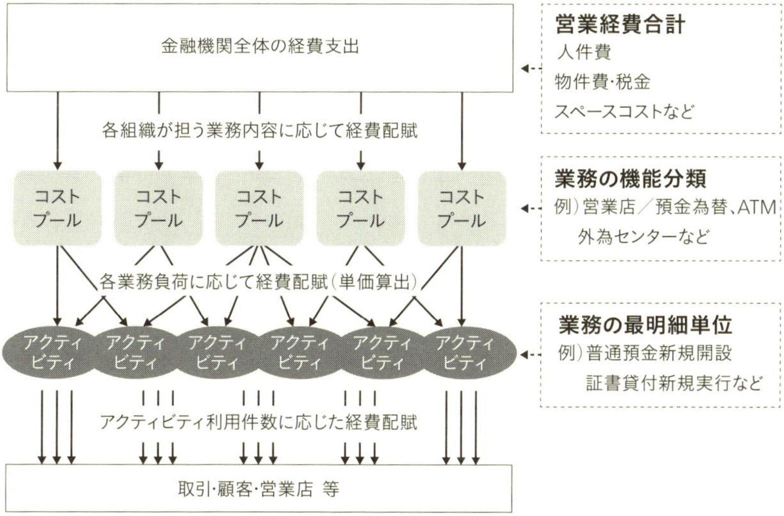

（出所）三菱UFJリサーチ＆コンサルティング作成

②制度の特徴

a）実際経費の配賦によるアクティビティ単価

　金融機関のサービス利用状況に応じて経費配賦するABC原価計算では、サービス利用状況の指標である「アクティビティ」の設定と単価算出が非常に重要な役割を担っている。地域金融機関では、商品体系や業務規模にもよるが、おおむね500～1,000程度のアクティビティに分類できる。

　アクティビティ単価は、実際に発生した当月・当期の金融機関の経費を、同期間の業務量に応じて配賦することで算出される。すなわち「かかった全体の経費を、処理した業務量で割る」ことにより、1件当りの単価を算出する仕組みである。ABC原価計算では、従前の原価計算で主流となっていた理論経費の積上げではなく、実際経費の配賦により経費を算出するため、配賦された顧客・営業店経費の合計と実際の発生経費が一致し、投下経費に対する業務量の水準によって単価が変化するという特徴をもっている。

　このため、月次や期次などでアクティビティ単価を算出し、その変化を分析することにより、業務量に対する経費投下水準の適切性をモニタリングし、各

【図表Ⅱ-6　アクティビティ単価の算出と分析】

商品	取引種類	当月単価	営業店	システム	事務センター	本部管理	前月単価	前期単価
普通預金	入金（営業店窓口）							
	入金（ATM）							
	入金（インターネット）							
振込	発信（営業店窓口）							
	発信（センター集中）							
証書貸付	実行（営業店窓口）							
	回収（営業店窓口）							
住宅ローン	実行（営業店窓口）							
	実行（ローンセンター）							
	…							

- 商品・取引内容・取引チャネル等に応じてアクティビティ設定（500～1,000程度）
- アクティビティ単価の相対比較・内訳分析により効率性改善の余地のある業務の抽出
- 時系列比較により稼働率・効率性の変化を分析

（出所）三菱UFJリサーチ＆コンサルティング作成

組織や業務の稼働率に問題がないか検証することが可能になる。

　また、アクティビティ単価の算出においては、アクティビティごとの業務負担の違い（1件当りの平均的な所要時間の違い）が単価に反映される。1件当りの所要時間が長いほどアクティビティ単価が高くなり、当該取引を行った顧客経費や営業店経費も大きくなる。これを利用して、アクティビティ単価を相対比較することで、非効率な業務を抽出し、さらには営業店・本部・システム経費などその業務のどの部分で非効率となっているか分析することが可能になる。

b）サービス利用に応じた顧客別経費

　顧客の経費は、当該顧客が当月利用したアクティビティごとの件数と、アクティビティ単価を掛け合わせて、積み上げることによって算出する。当月の事務取引や訪問など、実際に提供した金融機関のサービスに基づいた経費配賦であり、顧客経費の内訳や配賦基準が明確になっている。経費に課題がある顧客について、どういった取引要因により高コストとなっているかという要因分析

【図表Ⅱ-7　顧客別経費の算出】

アクティビティ	単価	当月件数	当月コスト
預金関連コスト			
普通預金　新規開設			
普通預金　入金			
….			
為替関連コスト			
振込　営業店窓口			
….			
融資関連コスト			
証貸　新規実行			
….			
….			
当月顧客コスト合計			

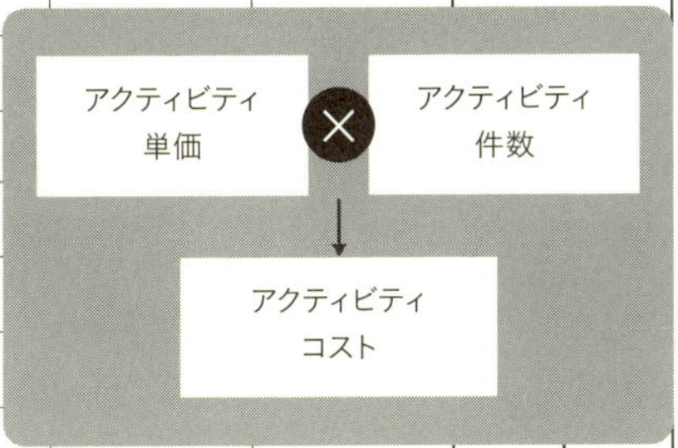

アクティビティ単価 × アクティビティ件数 → アクティビティコスト

（出所）三菱UFJリサーチ＆コンサルティング作成

と改善施策の検討が可能となる。

　ABC原価計算が導入される以前には、顧客の預金・貸出残高に応じた「残高経費率」により顧客経費を算出する方法が多く利用された。残高経費率による経費は残高が大きい顧客ほど大きくなるが、ABC原価計算では残高が小さくても事務取引件数の多い顧客や、逆に残高に比べて負担の小さい顧客など、実際の業務負担に応じた経費が算出される。平均的には顧客残高の差ほど経費の差は大きくないため、ABC原価計算では小口顧客ほど経費率が高くなり収益性は悪化する傾向が強い。ABC原価計算では、こうした経費構造の実態の把握・分析にも利用することができる。

c）本部経費の合理的な配賦による営業店別経費

　営業店経費を適切に算出し、粗利益・信用コストと比較した営業店別の収益性を評価することも原価計算制度の大きな役割である。営業店経費の算出においては、営業店で発生する人件費・物件費・スペースコスト等を適切に算出することに加えて（＝自店経営資源コスト）、本部等のコストをいかに適切に配賦するか（＝自店外経営資源コスト）という点が重要となる。

　自店経営資源コストの把握では、営業店での発生経費である人件費やスペースコストを、「実際発生経費」と「理論経費・標準経費」で把握する2通りの方法がある。金融機関全体で発生した人件費・スペースコストを営業店職員数や面積に応じて配賦する「理論経費・標準経費」方式では、営業店間の職員能力や店舗形態（賃借店、自行保有店）に左右されず公平な営業店経費算出が可能であるものの、実際に投下されている経費額は把握できない。近年では、店舗採算の適切な把握や営業店舗統廃合による経費削減効果の検討などの目的を重視し、実際にかかっている人件費やスペースコストを直接営業店経費として利用する「実際発生経費」方式が主流となっている。

　自店外経営資源コストは、ABC原価計算では顧客別経費を利用して算出される。すなわち、自店顧客が共通システムや本部センター等のアクティビティを当月どの程度利用したかにより、利用した分の単価×件数を基準にコスト配賦を行う。本部や共通システムを利用するほど、多くのコスト賦課となるため、公平性が高く、合理的な本部経費配賦が可能となる。

　加えて、顧客が複数の営業店で事務取引を行う「僚店間取引」についても、顧客の管理店からの事務委託・受託として、利用件数に応じた経費の付替えを

行う（僚店間取引調整）。自店顧客が他店で事務取引を行うケースが多い場合は利用件数に応じたコスト加算が行われる一方、自店を他店顧客が利用するケースが多い場合には、他店への付替えにより自店経費から控除を行う。主要ターミナル駅前の営業店などでは取引の大半が他店顧客のケースもあるため、収益の計上と経費の計上を営業店単位で一致させることにより、実態ベースの営業店の収益性を把握することが重要である。

【図表Ⅱ-8　営業店別経費の算出】

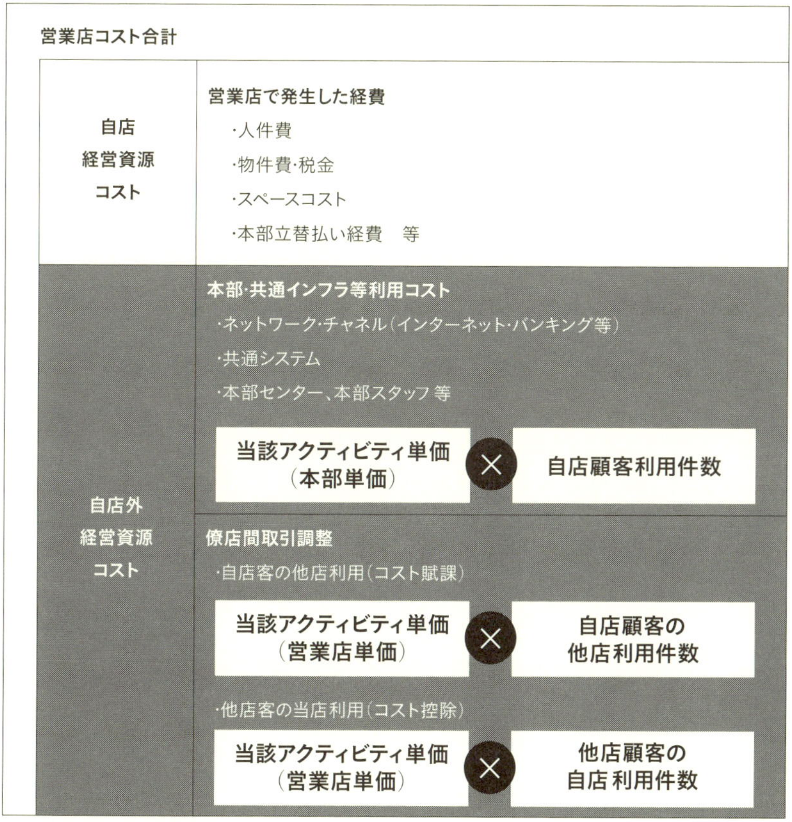

営業店コスト合計		
自店経営資源コスト	営業店で発生した経費 ・人件費 ・物件費・税金 ・スペースコスト ・本部立替払い経費　等	
自店外経営資源コスト	本部・共通インフラ等利用コスト ・ネットワーク・チャネル（インターネット・バンキング等） ・共通システム ・本部センター、本部スタッフ　等	当該アクティビティ単価（本部単価） × 自店顧客利用件数
	僚店間取引調整 ・自店客の他店利用（コスト賦課）	当該アクティビティ単価（営業店単価） × 自店顧客の他店利用件数
	・他店客の当店利用（コスト控除）	当該アクティビティ単価（営業店単価） × 他店顧客の自店利用件数

(出所)三菱UFJリサーチ＆コンサルティング作成

③制度高度化に向けた取組み

　原価計算制度が適切なコスト指標として金融機関経営管理で活用されるためには、各金融機関の組織や業務内容に合わせて経費配賦方法を定義し、制度構築後も組織体制等の変更に合わせて見直しを行う必要がある。構築時には大きな投資を行い、精緻な制度構築を行ったものの、こうした継続的な見直しが行われず、原価計算制度自体の活用度が低調になってしまった金融機関も少なくない。

　経費管理を重視する金融機関では、原価計算制度を金融機関に合わせて適切に運用するとともに、原価計算制度の活用度向上に向けて以下のような高度化にも取り組んでいる。

a）営業店ごとの稼働率を反映した店別単価

　ABC原価計算におけるアクティビティ単価は「経費と業務量のバランス」で算出されるが、この「経費と業務量のバランス」は営業店ごとに差があることが一般的である。業務量に比べて経費負担が大きい営業店や小さい経費で多くの業務量を処理せざるをえない営業店など、営業店の立地や特性によって営業店の稼働率はバラつきがある。

　こうした稼働率の差を反映したものが、アクティビティ単価の「店別単価」である。一般的にアクティビティ単価は、金融機関全体の経費を金融機関全体の業務量で配賦して算出するが（＝全店単価）、店別単価では、営業店ごとに、営業店の経費を営業店の業務量で配賦して算出する。同じアクティビティであっても、稼働率の高い営業店の単価は低く算出され、稼働率の低い営業店の単価は高く算出される。多数の営業店をもつ金融機関において、営業店稼働率は一定ではなく、それゆえに金融機関サービスは「一物一価」ではないのである。

　店別単価を利用することにより、営業店ごとの経費と業務量のバランスを把握することが可能になる。店別単価が高く稼働率が低い営業店は経費投下の見直し対象となり、逆に店別単価が低く稼働率が過度に高い営業店では業務が適切に行われる水準の経費投下が必要となる。店別単価の差には経費投下の要因と、業務量の要因があるため、その要因をふまえた対策が必要である。営業店ごとに店別単価にバラつきが出ることはやむをえないが、そのバラつきができるだけ少なくなるように、経費投下や業務量コントロール等の運営を行ってい

くことが望ましい。

　また店別単価は、地域ごとの収益性評価にも利用可能である。たとえば「県内営業エリアと県外営業エリアでの、個人顧客の収益性の違い」を分析しようとした場合、全店一律の全店単価を利用した個人顧客収益性の比較では不十分である。一般的に県外エリアは稼働率が低く、事務処理の店別単価は高くなる傾向があるが、全店単価では平均されて収益性が高く評価されやすい。地域ごとの実態の収益性を把握するためには、地域ごとの経費構造や稼働率を反映した店別単価による分析が必要なのである。

b）営業推進コストの適切な配賦

　ABC原価計算におけるコスト配賦において最もむずかしいのが「営業推進コスト」の配賦である。事務コストは、事務処理のための経費と業務量の関係が明確であるため、処理件数に応じて、事務を行った顧客に配賦すればよい。営業推進コストは、対象とする顧客の範囲や、配賦基準（件数、先数、残高等）が明確ではなく、金融機関ごとの考え方や取得可能なデータに応じて配賦方法を定める必要がある。

　近年では、営業店での訪問活動を管理するシステム（渉外支援システム等）などの導入が進み、訪問件数データの取得が可能になっている。このため、営業店の渉外活動に関するコストを、訪問件数を基準にして顧客に配賦する手法の利用がふえている。また本部の企画・推進コストについても、顧客に一律的に配賦するのではなく、各部署がターゲットとする顧客層（個人富裕層、住宅ローン見込み層、一定年商以上の中小企業など）を定義して、メリハリをつけたコスト配賦手法が利用されている。

　金融機関の経営資源が限定されるなかでは、限られた営業推進コストをどこに投下するかが重要な経営判断になってくる。そのためには、現状の経費投下状況とそれに対する収益性が適切に把握できるように、営業推進コストの配賦にはできるだけ納得性の高い手法が利用されることが望ましい。

c）経費削減との連携

　原価計算制度は、金融機関の経費構造の現状について非常に重要な情報を与えているが、これだけで経費構造が改善するわけではない。実際の経費構造の改善のためには、人員配置などの経費投下の配分を見直すなどして、経費支出の削減などの行動につなげていかなければならない。

望ましい活用方法としては、
①原価計算制度を利用して現状の経費構造を把握
②経費構造に課題がある顧客・営業店・商品・地域等の要因分析
　　（原価計算のコストプール、アクティビティ単価等の分析）
③経費自体の削減や投下配分の見直しを検討
④収益に与えうる影響度の考慮
⑤原価計算制度を利用して経費構造の改善をモニタリング
といった方法が考えられる。原価計算制度・収益管理制度を利用した分析・モニタリング機能を利用することで重要度の高い課題を絞り込み、経費の削減によって影響を受ける収益性低下を考慮することが重要である。

　地域金融機関でも経費削減に取り組む例は多いが、一律的な削減や、収益性との比較検討のない経費削減は、逆に金融機関の収益力を引き下げる可能性がある。経費投下は収益を得るための必要手段である。むやみに削減するよりも、収益性との比較によって経費支出を適正化し、いかに効率的に経費支出して収益を得るかという観点からの検討が必要である。

4.収益管理制度の活用

　収益管理制度は、顧客や営業店の収益の現状を適切に把握するためのものであり、制度を構築しただけで金融機関の収益力向上に結びつくものではない。収益力向上のためには、営業店の営業活動や顧客との取引交渉、本部の経営資源配分などにおいて、収益管理制度により算出される収益情報をもとに現状の課題を把握し収益性改善に向けた取組みが行われるように、各組織・職員の意識・行動を変えていかなければならない。

　そのためには、金融機関全体の収益管理に対する理解を深め、収益マインドを高めることが必要である。そのうえで、各組織・職員に収益力向上に向けた取組みを促すように、各組織の目標管理や業績評価などの、経営管理のさまざまな仕組みのなかで収益管理制度の活用度を高めることが望ましい。

　前述のとおり、収益管理制度の整備は進んでいるものの金融機関内での活用に課題を抱える金融機関は多い。その要因の一つとして、収益管理制度は導入したものの営業店管理やプライシング管理などの行内制度が依然として旧来の

残高管理や財務会計による管理が残っている事例も多くみられる。収益管理制度では実態収益が算出される一方で、普段の業務管理の仕組みで異なる指標が利用されていれば、収益管理制度の活用は進まず、実態収益の改善にも役に立たない。収益管理制度はそれ単体で利用するものではなく、既存の経営管理の各制度において活用されることによって、より一層重要な役割をもつ制度である。

以下では、経営管理における収益管理制度の活用上のポイントについて、金融機関における取組事例等を交えながら、整理したい。地域金融機関における

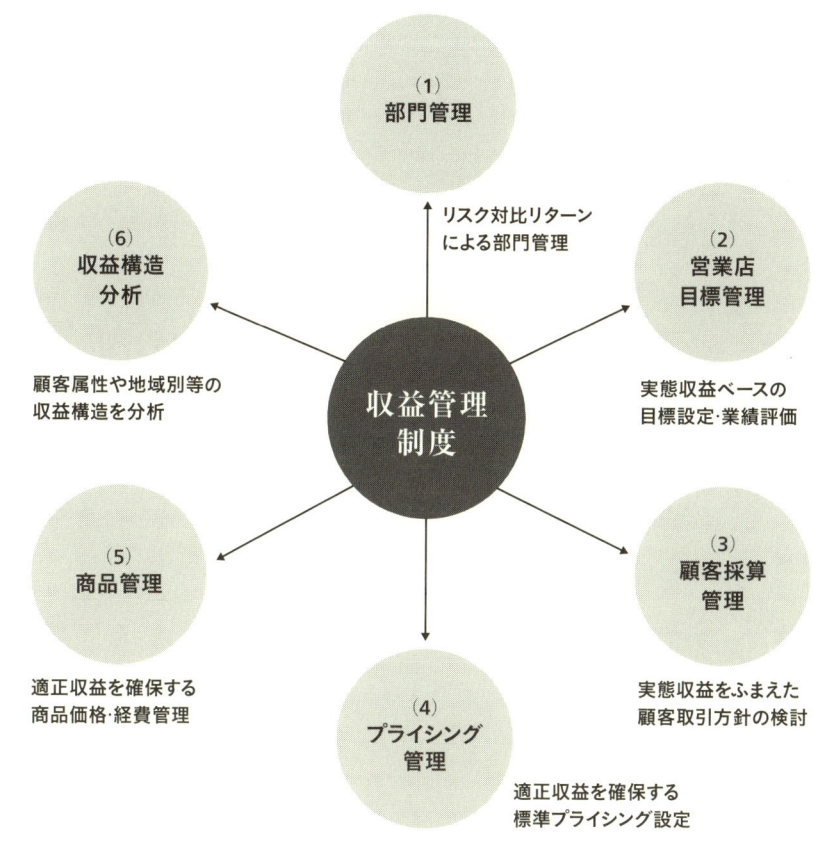

【図表Ⅱ-9　収益管理制度の主な活用範囲】

(1) 部門管理
リスク対比リターンによる部門管理

(2) 営業店目標管理
実態収益ベースの目標設定・業績評価

(3) 顧客採算管理
実態収益をふまえた顧客取引方針の検討

(4) プライシング管理
適正収益を確保する標準プライシング設定

(5) 商品管理
適正収益を確保する商品価格・経費管理

(6) 収益構造分析
顧客属性や地域別等の収益構造を分析

中心：収益管理制度

(出所)三菱UFJリサーチ&コンサルティング作成

事例などから、収益管理制度の活用範囲として以下の6項目を取り上げている。

なお、いずれの活用方法にも共通することであるが、収益管理制度の活用において最も重要なことは、その目的として、赤字取引や赤字顧客を抽出して切り捨てることにより収益改善を目指すような縮小均衡ではない、ということである。収益管理制度の目的は、高収益先の拡大や赤字取引の改善を通してより効率的に収益を確保することであり、取引規模は維持・拡大しつつ、収益性の改善に向けた取組みを促すように、活用面の制度設計においても留意する必要がある。

(1)部門管理における活用

部門管理における活用事例

当該金融機関では、各部門の収益をROE（リスク・コスト調整後収益÷所要リスク資本）により実績管理している。リスク・コスト調整後収益は、営業部門で赤字となっており、市場部門・ALM部門の収益でカバーする構造が続いている。

営業部門の赤字は、粗利益の減少傾向と経費の大きさが要因である。部門計画においては、赤字の改善に向けた粗利益の増加と経費の削減の施策を検討した。

市場部門の経費が増大しており、原因を分析したところ、営業店での投信販売等のバックオフィス業務が増加していたため、ABC原価計算を利用して利用コストを営業店部門にコスト賦課した。

ALM部門のリスク・コスト調整後収益の貢献度が大きく、収益拡大傾向であったが、預金・貸出金の期間構造の差によりリスク量も同時に増加しており、ROEの低下が続いているため、金利リスク・ヘッジ施策をALM委員会で検討した。

一般的に地域金融機関は、管理単位として、営業店での預金・貸出を行う「営業部門」、市場での有価証券投資等を行う「市場部門」、資金繰りや長短ミスマッチ損益管理を行う「ALM部門」などの各部門に区分されている例が多い。

収益管理制度により、これらの部門別収益の適切な把握が可能となる。一点目は、個別スプレッド制度により、預金・貸出利鞘のうちで営業部門に帰属す

るスプレッド収益と、ALM部門に帰属する長短ミスマッチ損益が判別できるようになる。二点目は、原価計算制度により、本部各部がどの部門にどの程度貢献しているかによって、各部門へのコスト配賦を適切に行うことが可能になる。地域金融機関では一般的に営業部門の占める割合が高いが、部門別収益を適切に把握することにより、営業部門と市場部門の収益バランスや、営業部門の収益性などを把握し、金融機関全体の経営計画策定等に活用することができる。

部門管理においては、「部門別の実態収益の把握」からもう一歩進んで、「部門別リスク対比リターンの管理」が広がっている。部門別にリスク・コスト調整後収益を把握したうえで、同じく部門別にリスク量を把握することによって、リスク量に対して収益が適切に確保できているかどうかを管理している。

このリスク対比リターン管理のためには、収益管理制度に加えて、「リスク管理制度」(第Ⅲ章参照)により部門別にリスク量を把握する仕組みが必要であ

【図表Ⅱ-10　部門別リスク対比リターン管理例】

	金融機関合計	営業部門	市場部門	ALM部門	…
資金収益					
役務等収益					
粗利益					
経費					
信用コスト					
リスク・コスト調整後収益					

信用リスク					
市場リスク					
オペレーショナル・リスク					
リスク量					
リスク・アセット					
ROE					
RORA					

$$\text{ROE (Return On Equity)} = \frac{\text{リスク・コスト調整後収益}}{\text{リスク量(配賦リスク資本)}}$$

$$\text{RORA (Return On Risk weighted Asset)} = \frac{\text{リスク・コスト調整後収益}}{\text{自己資本比率のリスク・アセット}}$$

(出所)三菱UFJリサーチ&コンサルティング作成

る。リスク量に対するリターンを表す「ROE」や、自己資本比率上のリスク・アセットに対するリターンを表す「RORA」などの指標により、部門別のリスク対比リターン状況のモニタリングが行われている。

メガバンク等では、部門別のリスク対比リターンに応じて、部門別に業績評価を行い、部門間の経費枠やリスク資本枠などの経営資源配賦の判断材料としての活用が進んでいる。

地域金融機関では、メガバンクと異なり事業部門の数が限られるほか、営業部門が大半を占めるため、部門間比較による業績評価はなじみにくい面がある。一方で、多くの地域金融機関では営業部門の収益性が低下するなかで、市場部門・ALM部門の収益上の重要性が増しており、部門間のバランスに変化が発生している。地域金融機関においては、各部門のリスク対比リターンを時系列等で分析・モニタリングを行い、特に営業部門、市場部門への目標設定・実績管理を通して、各部門収益リスクに対する責任意識を定着させることが、収益管理制度の重要な活用方法となると考えられる。

（2）営業店目標管理における活用

営業店目標管理における活用事例

当該金融機関では、営業店目標と業績評価にリスク・コスト調整後収益を導入し、営業店職員への収益管理制度研修を同時に行ったことで、営業店職員での収益管理制度に対する理解度と活用意識が高まった。

営業店の現状の収益構造を反映した収益目標を設定することにより、プライシングに課題のある営業店に対しては、貸出残高目標を抑えながら、プライシング改善で収益を拡大する目標を設定した。

営業店業績評価の半分程度をリスク・コスト調整後収益とすることにより、関連する営業店業績評価の項目数を大幅に削減することができた。貸出収益が増加した店舗、預金収益が増加した店舗、役務収益が増加した店舗など、さまざまな方法で収益を拡大した営業店が評価されるようになった。

地域金融機関の多くは、各営業店に対して業績上の目標を設定し、目標達成状況に応じて業績評価を行う制度があり、営業店の活動インセンティブを引き出す重要な制度になっている。この営業店目標管理制度において、収益管理制

度に基づくリスク・コスト調整後収益を目標設定および業績評価の指標として活用する取組みが進んでいる。

　金融機関によって違いがあるものの、営業店目標管理制度は営業店の行動に大きな影響力をもっている。目標管理・業績評価の指標として収益指標を利用することは、営業店での収益管理制度の活用度を高め、収益性改善に向けた行動を促す最大の機会である。逆に、収益管理制度を導入しても、営業店目標・業績評価が残高や顧客数などの指標のみであった場合、営業店では収益管理制度を利用しようとしないであろう。実際にそうした状態に陥っている金融機関は少なくなく、残高や顧客数などの営業店業績は堅調であるものの、収益向上が思ったようについてこないなどの課題を抱えている。営業店の努力を金融機関の望ましい方向に向け、収益力向上の成果に結びつけるためには、営業店インセンティブを適切に収益管理制度と結びつけることが重要である。

① **収益ベースの営業店目標**

　収益管理制度を活用した営業店目標管理を行うためには、リスク・コスト調整後収益ベースで営業店目標を設定する必要がある。このためには、これまでの一般的な残高目標や新規獲得額目標に加えて、金利（スプレッド）の目標、経費の目標、信用コストの目標など多数の計数設定が必要となり、営業店目標を所管する本部部署では、これまで以上に計数策定のノウハウが必要となる。

　特に、多くの金融機関でスプレッド競争が激化するなかで、スプレッド目標の設定においては、市場状況や適正スプレッド水準を勘案した目標設定が重要である。一律的な現状維持や改善目標を設定するのではなく、現在適正スプレッド水準を確保できている案件かどうかによって目標水準を変えたり、案件の金利サイクルなどを勘案したりして、案件別・顧客別に目標スプレッドを設定できることが望ましい。

　収益管理制度を活用することで、足元の収益状況や営業店の収益課題に応じた営業店目標の設定が可能となる。たとえば、各営業店の顧客別収益データを利用することで、収益性の高い顧客の多い営業店には取引深耕による業績拡大をはかるよう比較的大きな残高増加目標を設定する一方で、信用リスクやスプレッド面で課題のある取引を多く抱える営業店では、残高増加よりも信用コスト抑制・スプレッド改善の目標設定を行う。一律的な残高増加目標ではなく、

「収益を向上するために営業店にどのような行動を促すか」という観点から、営業店ごとにメリハリのついた目標設定を行うことが望ましい。

②収益ベースの営業店業績評価

リスク・コスト調整後収益の目標に対して、実績収益の達成度に応じて営業店の業績評価を行うことで、営業店の収益向上に対するインセンティブをより高めることが可能になる。

リスク・コスト調整後収益を営業店業績評価指標とすることの最大の課題は、営業店の「縮小均衡的な収益改善」を防止することである。リスク・コスト調整後収益を増加させるためには、粗利益の増加のほか、経費削減や信用コスト削減の方法もあり、営業店では赤字顧客や赤字商品の取引解消による収益改善に動きやすい。赤字取引の解消がすべて悪いわけではないが、前述のとおり、短期的な収益改善効果はあっても、長期的には金融機関全体の収益力は低下する懸念がある。

【図表Ⅱ-11　収益ベースの営業店目標策定・業績評価】

リスク・コスト調整後収益　目標		業績評価	
粗利益目標	残高目標 × スプレッド目標 収益性の高い顧客により多く配分／不採算取引の多い顧客により多く配分	収益目標達成度	リスク・コスト調整後収益の目標対比実績評価
役務収益目標	店別の市場規模、担当職員数等を勘案した目標設定	粗利益目標達成度	粗利益の目標対比実績評価
経費目標	自店経営資源コストと自店外経営資源コストに区分し、業務量を勘案した目標設定	残高・基盤等目標達成度	残高・顧客基盤関連の目標対比実績評価
信用コスト目標	貸出残高目標と顧客の格付に応じて目標設定	その他	取組状況等の定性評価

(出所)三菱UFJリサーチ&コンサルティング作成

こうした動きを防止するためには、まず、営業店各職員に収益管理の仕組みと目的を適切に理解してもらうよう行内教育を継続的に行うことが必要である。そのうえで、制度の仕組みとしては、リスク・コスト調整後収益に過度に偏重しないように、残高や顧客数、粗利益などの評価項目と併用したり、経費・信用コストの削減よりも粗利益増加をより高く評価したりするなどの工夫を行うことが望ましい。

（3）顧客採算管理における活用

顧客採算管理における活用事例

　当該金融機関で、ある営業店の顧客を与信残高の大きい順に収益性比較分析したところ、これまで重要先として認識していた大口取引先の多くが、過剰なスプレッド優遇や経費投下によりリスク・コスト調整後収益では赤字先になっていた。

　不採算顧客の１先を顧客帳票で照会したところ、経費が過大であった。経費内訳表でみると、営業店窓口での店頭振込件数が多数発生していたため、インターネット・バンキング・サービスの導入により低コストチャネルでの取引を提案した。

　また別の不採算顧客先を顧客帳票で照会したところ、信用コストに課題があった。新規与信でのプライシング改善とともに、外為取引の拡大を提案し、粗利益の拡大により信用コストをカバーする取引方針を策定した。提案にあたっては、顧客別収益シミュレーション機能を利用し、顧客総合採算の目標水準に必要なプライシング水準、役務収益水準を確認のうえ、顧客と交渉を行った。

　収益ベースの営業店目標を受けた営業店では、収益向上に向けて、自店の顧客取引の見直しを行う必要がある。営業店収益は自店顧客収益の積上げであるため、各顧客からの収益を一先一先着実に改善していくことが必要となる。

　各営業店は非常に多くの顧客取引を抱え、顧客の取引内容や収益性もそれぞれ異なるため、自店内の各顧客の収益性を分析したうえで、主要大口顧客や収益性に課題のある顧客に対して「取引方針」を策定することが望ましい。取引方針は、顧客収益管理帳票や各種内訳表で適切に顧客の収益状況および課題の

要因を分析して策定する。粗利益が課題の顧客にはボリュームアップやプライシング改善の施策が必要であり、経費や信用コストが課題の顧客には取引条件の見直しに関する施策が必要である。

顧客取引方針を策定するうえで重要なことは、取引方針として安易な取引解消などの縮小均衡的方針とならないようにすることである。経費や信用コストが課題であったとしても、まずはその経費や信用コストをカバーする取引ボリュームやスプレッドを確保できるような粗利益の拡大施策を検討するべきであり、取引縮小による経費・信用コスト削減はやむをえない場合の限定的手段

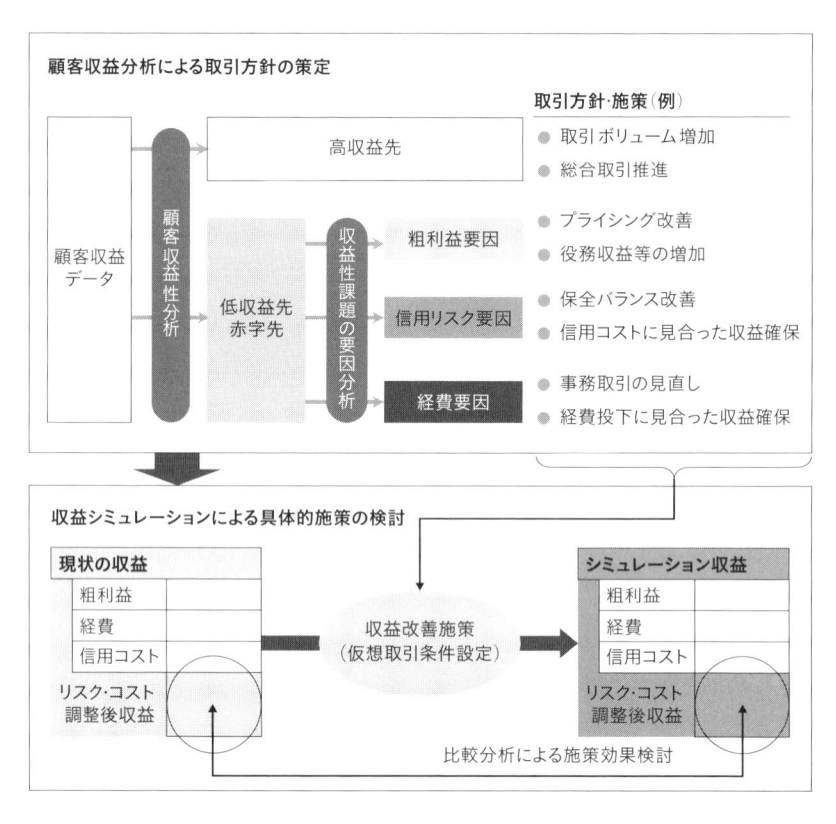

【図表Ⅱ-12　顧客の収益性改善に向けた取組み】

(出所) 三菱UFJリサーチ＆コンサルティング作成

として扱うことが望ましい。また、主要な取引先については、営業店だけでなく、本部の営業企画所管部署や審査部署とも協議のうえで、取引方針を定めることが望ましい。

　取引方針から具体的に顧客との取引交渉をするためには、「どのような取引条件であれば、どの程度収益改善効果があるか」を具体的にシミュレーション分析することが望ましい。シミュレーション分析では、顧客の現状の収益に対して、検討した具体的取引施策（新規与信、スプレッド改善、保全バランス改善等）を設定することで、施策後の収益性を仮想的に算出し、目標とする収益水準等と比較検討を行う。一部の金融機関では、こうした収益シミュレーション・ツールを収益管理帳票とともに開発し、営業店での施策検討・対顧客交渉支援として活用している例がある。

(4) プライシング管理における活用

プライシング管理における活用事例

　当該金融機関では、貸出金利の目標値を定める「貸出ガイドライン金利制度」に加え、預金収益や役務収益を合わせた顧客総合採算の目標値を定める「顧客採算目標 RAROA 制度」を導入している。

　原価計算制度により貸出関連の実績経費のかかり具合を分析すると、企業規模により貸出残高に対する経費率の水準が大きく異なることがわかった。時系列でも同様の傾向であったため、企業規模ごとに異なる「標準経費率」を設定して目標とする貸出金利水準に反映した。

　営業店では、新規貸出の提案にあたり、貸出ガイドライン金利制度と目標 RAROA 制度の双方の状況を確認して、金利交渉を行っている。ある貸出案件では、競合等の要因で貸出ガイドライン金利の確保がむずかしいが、預金収益、外為収益が大きく、顧客総合採算では目標 RAROA を確保しているため、ガイドライン金利を下回る貸出金利で顧客に提案した。

　営業店に対して、目標とする貸出金利水準を提示する貸出プライシング管理制度は多くの地域金融機関で導入されているが、収益管理制度の活用により目標とする貸出金利水準の精緻化が可能となる。

　一般的に、目標とする貸出金利水準は、仕切りレートに必要となる信用コス

【図表Ⅱ-13　プライシング管理の精緻化】

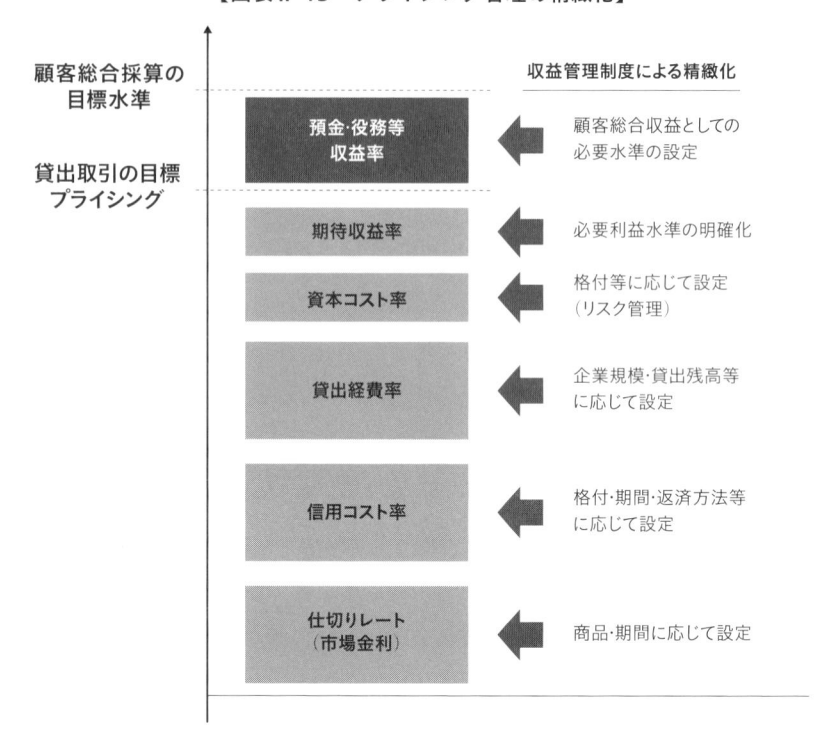

項目	収益管理制度による精緻化
顧客総合採算の目標水準 ／ 預金・役務等収益率	顧客総合収益としての必要水準の設定
貸出取引の目標プライシング ／ 期待収益率	必要利益水準の明確化
資本コスト率	格付等に応じて設定（リスク管理）
貸出経費率	企業規模・貸出残高等に応じて設定
信用コスト率	格付・期間・返済方法等に応じて設定
仕切りレート（市場金利）	商品・期間に応じて設定

(出所) 三菱UFJリサーチ＆コンサルティング作成

ト率、経費率等を加算し、さらに期待収益率を加えて設定する。収益管理制度を活用し、実際に顧客にかかっている経費や信用コスト等を分析することによって、これらの貸出金利を構成する各要素の必要水準を実データに基づいて設定することが可能となる。

　個別スプレッド制度により必要な仕切りレート水準を設定し、信用コスト制度により格付や保全状況等に応じた必要信用コスト水準が明確になることに加え、特に影響が大きいのがABC原価計算による必要な経費率水準の精緻化である。ABC原価計算では顧客別に貸出関連経費がどの程度かかっているか把握することができるため、顧客属性ごとの経費率の違いを利用して、たとえば企業規模や貸出残高水準ごとに必要とする経費率を設定することが可能になる。一般的に、企業規模や貸出残高が大きいほど貸出経費率が低下するため、

こうした経費率の違いを貸出金利に反映することで、顧客や取引条件に応じた精緻なプライシングが可能となる。

　プライシング管理におけるもう一つの重要な活用方法は、顧客別収益を利用した「顧客総合採算」に関する目標水準の設定である。一般的に地域金融機関で導入されている貸出プライシング管理制度は、貸出案件単体の目標水準であり、預金取引や役務取引、複数ある貸出取引等を合計した顧客総合採算については特に目標管理はされていない。顧客総合採算では、複数の取引による総合採算を対象としているため、たとえば一つの貸出取引で十分なスプレッド収益が確保できなかったとしても、預金取引や役務取引、その他の貸出で十分な収益が確保されていれば問題ない。顧客総合採算を重視したプライシング管理を行うことで、顧客の取引状況に応じた柔軟なプライシングが可能となり、営業店でのさまざまな収益改善の施策を促すことが可能になる。

(5) 商品管理における活用

商品管理における活用事例

　当該金融機関では、本部でも収益管理データを分析して、商品・業務別の収益性を分析している。

　住宅ローンの店頭表示金利や優遇幅を設定する際には、住宅ローン与信期間終了までの収益性を分析する「住宅ローン生涯採算分析」を利用している。住宅ローン生涯採算は、期限前償還によるプリペイメント率と、住宅ローン業務にかかる経費率に影響を受けやすい。経費率を設定するにあたり、原価計算で住宅ローンにかかる初期審査・実行費用や、回収・与信管理コストの水準を分析し、シミュレーション分析に設定している。

　原価計算制度を利用して、営業店窓口での店頭業務の事務コストと、顧客から受け取る役務収益の比較分析を行ったところ、一部の業務で役務収益をコストが上回る業務が発生していた。当該業務は個別性が高く、集約化やシステム化が困難であるため、役務手数料の見直しを行った。

　また、別の新業務のサービス計画を策定するにあたり、必要な経費水準と単価水準の予測分析を行った。経費額の見積りに対して、適切なサービス経費の単価水準を算出すると、将来的なサービス顧客数は10,000先を必要とする結果になった。当該金融機関の顧客規模からするとやや過大であるため、必要経費の見直しを行った。

【図表Ⅱ-14 時間に伴う商品収益性の変化例】

［住宅ローン例］

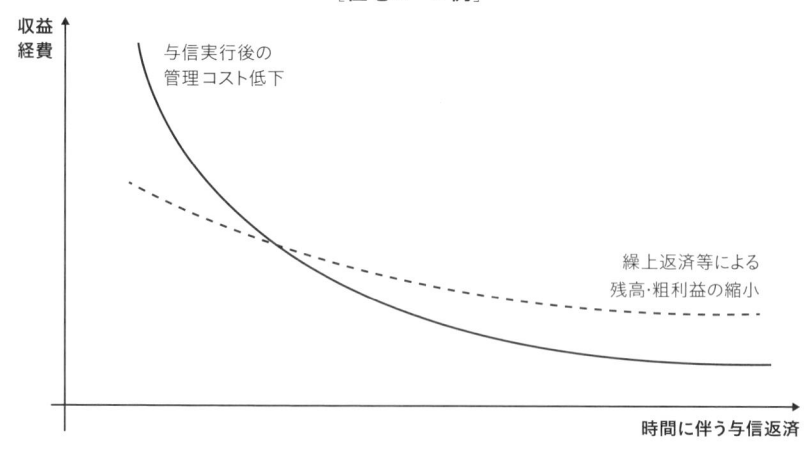

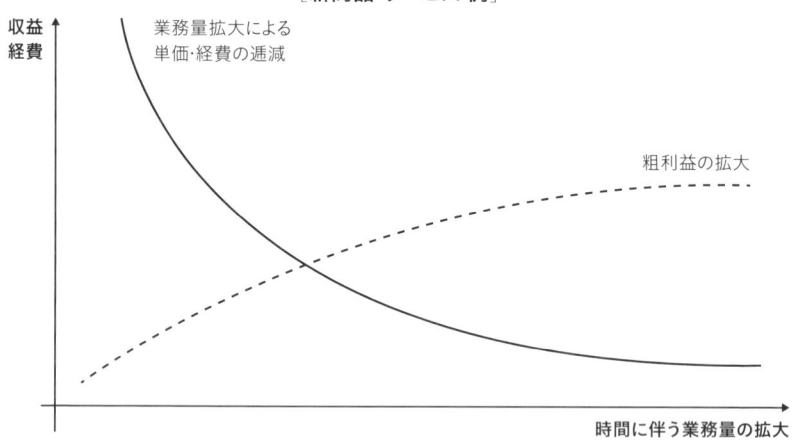

（縦軸：収益・経費／横軸：時間に伴う与信返済）

- 与信実行後の管理コスト低下
- 繰上返済等による残高・粗利益の縮小

［新商品・サービス例］

（縦軸：収益・経費／横軸：時間に伴う業務量の拡大）

- 業務量拡大による単価・経費の逓減
- 粗利益の拡大

（出所）三菱UFJリサーチ＆コンサルティング作成

　本部では、プライムレートや預金金利などの基準金利・店頭表示金利や、役務取引の手数料水準を定める権限を有している。これらのレート・価格設定においても、営業店におけるプライシング管理と同様に、経費や信用コストを考慮した、実態収益による商品の収益性を考慮して検討することが望ましい。原

価計算により商品別経費の算出が可能となるため、粗利益、経費、信用コストを比較した収益性を、商品別や商品×顧客属性別、商品×地域別などのさまざまな単位で把握し、商品の経費率等に反映することが可能になる。

　これら本部での商品価格設定が、前項であげた営業店におけるプライシング管理と異なる点は、現時点の収益性だけでなく「時間による収益性の変化」も勘案する必要がある点である。

　たとえば、住宅ローンの基準金利設定では、取組時点の経費、信用コストに見合った基準金利設定だけでは不十分である。住宅ローンは30年以上にわたる長期商品であり、金利環境変化に加えて、繰上返済によるプリペイメントも発生する。商品の完済までの累積収益から総費用、総与信コストなどを控除した「生涯採算ベース」で収益が確保できるよう、基準金利や金利優遇幅の設定が必要である。

　「時間による収益性の変化」のもう一つの例として、商品取引規模の拡大による原価低減効果の勘案があげられる。特に新商品・新サービスの提供時においては、初期投資費用等はかさむ一方で取引収益は小さく、初期時点では採算性が確保できないことが多い。こうした商品の価格設定においては、将来的な商品の需要予測を利用して、一定の取引量になった場合の「経費投下予測」と「業務量予測」から将来のアクティビティ単価を予測し、商品の収益によってカバーするべき経費水準として商品の収益計画に利用することが望ましい。

(6) 収益構造分析における活用

収益構造分析における活用事例

　当該金融機関では、全顧客の収益管理情報を利用して、収益構造分析を行っている。高収益の法人先に対して、個人先の収益性が課題になっている。

　法人先は、収益性に偏りがあり、一部の業種や零細企業、また県外の大企業先などで収益性に課題があることがわかった。また、全体の収益が一部の高収益先に集中しており、当該取引が金融機関の収益を支える構造になっているため、当該先の取引方針を営業店と本部で協力する体制を検討した。

　個人先は、特に貸出・預金残高が小さい先の経費が課題となっており、経費構造の見直しと、残高アップに向けたメイン化施策を検討した。

近年注目されている収益管理制度の活用方法として「収益構造分析」があげられる。

　これまで収益管理制度は、顧客や営業店などの個々の単位で収益性の把握と向上が主な活用範囲であった。これに対して収益構造分析は、金融機関全体の収益を対象として、金融機関がどういった顧客セグメントやエリアから収益をあげているのか、収益構造を分析し、顧客全体の収益性向上を目指す活用方法である。

　個々の顧客や営業店の収益改善を積み重ねていくことが日常的な収益管理制度の活用方法であるのに対して、収益構造分析は、中長期の経営計画策定や経営施策の検証などにおいて活用する手法である。特に、将来的にどの分野でどのように収益を確保していくか、中長期を見据えた経営計画策定における、経営資源の配分を検討する際に必要となる。

　収益構造分析の目的や手法については、「第Ⅵ章」で述べる。

5.まとめ

　地域金融機関によって、収益管理制度に対する取組状況は異なる。早くから制度構築を行い、高度化や活用に取り組む金融機関や、制度構築はしたものの活用度が低調になっている金融機関、まったく収益管理制度のない金融機関など大きな差がある。

　一方で、地域金融機関全体として、収益管理制度の構築や高度化、活用度の拡大には再び注目が集まっている。地域金融機関の多くが収益の低迷、特に預貸金利鞘の縮小に苦しむ状況が背景にあり、収益管理制度を取引・顧客の収益性改善に活用しようとする目的や、収益水準に合わせた適切な経費・リスクコントロールが目的としてあげられる。データ管理やIT技術の進化により、これまでできなかったような分析やデータ取得ができるようになり、収益管理制度の精緻さや活用範囲が向上したこともあげられる。

　また、ますます競争が激化し、金融サービスも複雑化するなかでは、適切な収益評価とそれに基づくプライシングの精緻化に向けた取組みは、避けて通れない。金融機関の体力に余裕のある時代には採算度外視の競争レートなどの選択肢もあったが、金融機関の経営体力を低下させるこうした取引は徐々に縮小

し、適切な収益水準に基づく金利競争時代をいずれ迎えると考えられる。こうした時代には、収益管理制度に基づきいかに精緻な価格設定ができるかが金融機関の競争力を左右する時代となることが予想され、ますます収益管理制度の重要性は高まっていくと考えられる。

第 III 章
経営管理を支える
リスク管理制度

収益管理制度が金融機関の現状の収益状況を把握するのに対して、リスク管理制度は、金融機関の収益のぶれ（変動）を管理対象とする。仮に収益管理制度により高収益の取引や事業であったとしても、それは現状の一断面であり、その収益の将来的な変動リスクを含めて評価する必要がある。そのため、本来は取引や事業は「リスク対比リターン」で評価する必要があり、この評価のための収益管理制度とリスク管理制度が、経営管理において必要インフラの両輪となっている。

　リスク管理制度は、バブル崩壊や金融危機を経て、地域金融機関においても大きく進展した。金融監督指針や金融検査マニュアル、バーゼルⅡ・バーゼルⅢなどの金融機関を取り巻く規制がリスク管理の高度化・厳格化に大きく進んだこともあり、地域金融機関のリスクの把握・計量化に関する仕組みは飛躍的な進展を遂げている。

　一方で、リスク管理制度が金融規制の強化を中心に進展してきた代償として、ともすればリスク管理制度の仕組みが形式化し、リスク管理制度を経営管理上の意思決定に利用する仕組みづくりについて課題を抱える地域金融機関は多い。経営層に対してさまざまなリスク指標が定期的に報告されるものの、それによって部門や事業を評価し、投資や経営資源配分を判断しようとする意識や行内制度、分析スキルなどには改善の余地があると感じている。定期的なリスク報告で問題がないことを確認することも重要なリスク管理機能の一部であるが、規制対応も含めて多くの資源がリスク管理制度の高度化に投下され、さまざまなインフラが整備されてきた状況からすると、その能力を経営管理においてより有効に活用していくことが必要であろう。

　金融規制においても、制度的な体制整備の部分が形式的にできている・できていないということよりも、金融機関全体としてリスク管理制度を重視し経営管理に活用することが重視される方向にある。こうした経営管理における活用の枠組み全体が、「経営陣とのリスク・コミュニケーション」や「リスクアペタイト・フレームワーク」というキーワードに集約されていると考えられる。

　本章では、リスク管理制度の経営管理・意思決定における活用という観点から、地域金融機関におけるリスク管理制度の課題や取組事例について述べる。リスク管理プロセスは、「認識・評価」「コントロール」「検証・モニタリング」の三つの機能で構成されるため、機能ごとに整理したい。

【図表Ⅲ-1　リスク管理の基本プロセス】

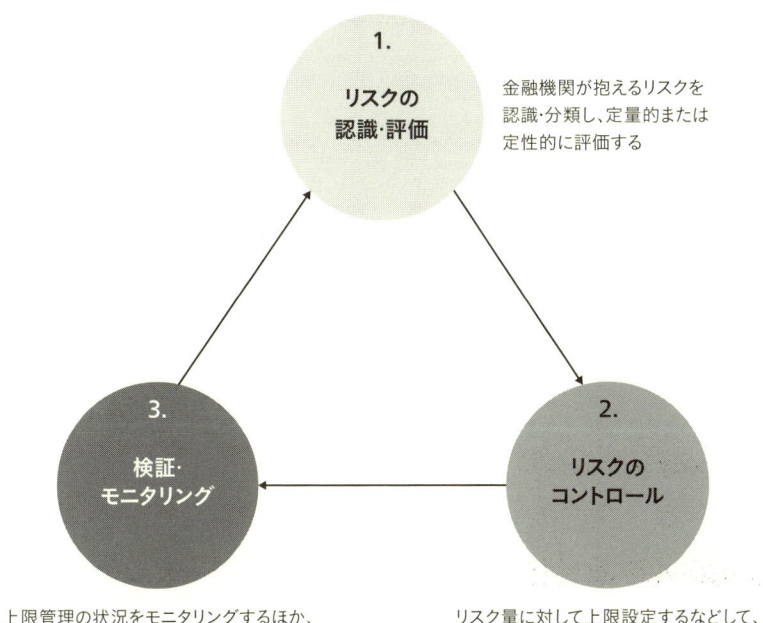

1. リスクの認識・評価
金融機関が抱えるリスクを認識・分類し、定量的または定性的に評価する

2. リスクのコントロール
リスク量に対して上限設定するなどして、適切なリスク水準へコントロールする

3. 検証・モニタリング
上限管理の状況をモニタリングするほか、リスクに対する健全性を検証する

(出所)三菱UFJリサーチ＆コンサルティング作成

1.リスクの認識・評価

(1)手法の概要と課題

　金融機関の抱えるリスクは、一般的に市場リスク、流動性リスク、信用リスク、オペレーショナル・リスクに分類できる。これらのリスクを適切に定義・分類し、リスクの特性にあった評価方法によりリスクの水準の評価を行うことが「認識・評価プロセス」である。

　前述のとおりこのリスクの認識・評価プロセスは、地域金融機関においても大きく進展してきた分野である。リスクの定義・分類は、金融検査マニュアルでもそれぞれのリスク定義が示されており、各金融機関の特性や考え方を入れながら行内の規定・文書類の整備が進められてきた。リスク評価においても、

VaR（Value at Risk；一定確率のもとでの最大損失額）の手法を中心に、市場リスク量・信用リスク量などの定量的把握手法・システム構築が進んできた。

　リスク評価に関しては、比較的リスク特性の簡素な地域金融機関では「どこまで対応する必要があるか」という問題がある。精緻なリスク評価手法が日進月歩で高度化しているなかで、必要な水準を見極めることは容易ではない。そもそもリスク管理において「ここまでやっておけば大丈夫」という水準はなく、必要な水準は金融経済環境や時代の要請、金融機関のリスクに対する耐性の強さによって変化するものである。メガバンクなどの先進的なリスク管理に取り組む金融機関でも、試行錯誤を加えながら徐々に高度化に取り組んでおり、地域金融機関においても対応費用と影響度の大きさの費用対効果を勘案しながら、経営陣とのリスク・コミュニケーションのなかで必要な水準を自ら設定していく必要がある。

　リスク評価において、地域金融機関で高度化の余地がある部分としては、市場リスクと信用リスクなどのリスク・カテゴリー横断的・複合的なリスクの評価手法があげられる。たとえば、有価証券投資における信用リスクのある債券のリスク評価（個別リスク）や、店頭デリバティブ取引におけるカウンターパーティー・リスクの評価などである。これまで市場リスク、信用リスクをリスク・カテゴリーごとにそれぞれ高度化してきたため、こうした新しい、複合的

【図表III-2　リスク評価における課題例】

リスク・カテゴリー	主な課題例
市場リスク	・信用リスクのある債券のリスク評価 ・ファンド型間接保有商品のリスク評価 ・資産クラス間の相関関係の精緻化 ・テールリスクの評価
信用リスク	・デフォルト率、回収率パラメータの精緻化 ・債務者間相関の精緻化 ・デリバティブ取引のカウンターパーティ・リスク評価 （CVA：Credit Valuation Adjustment）
オペレーショナル・リスク	・CSA（Control Self-Assessment）の実施および実効性の向上

(出所) 三菱UFJリサーチ＆コンサルティング作成

なリスクの評価手法が課題となっている。

　こうしたいくつかの分野で課題は残っており、また金融機関によって取組状況に差はあるものの、地域金融機関ではある程度主要なリスクの認識・評価プロセスは適切な水準で管理ができていると感じている。問題は、こうしたリスク評価の仕組みが経営管理の意思決定において、十分に活用されているとは言いがたいことにある。

(2) リスク対比リターン指標への活用

　リスク評価した市場リスク量や信用リスク量は、月次等で経営陣に対して報告が行われている。水準に大きな変更がないことが確認され、前月比等での変化の要因を分析したうえで、翌月のリスク運営でも同様の継続方針が確認される――こうした経営陣へのリスク状況の定例報告は「問題がないことの確認」という点では大きな意味があるが、経営管理におけるリスク管理の活用としては十分とはいえない。リスク状況にリターン（収益）の状況を加えて、「リスク対比リターン」での状況変化や要因分析を行うことが望ましい。

　金融機関の収益・リスク管理上の目的は、リスクを抑制しつつリターンを確保することにある。リスクが増加していても、それ以上にリターンが増加していれば、経営体力の範囲内であれば望ましい状態である。リスク量の状況だけを報告している場合、リスク量の増加＝望ましくない状態と判断され、過度に保守的なリスク運営となったり、逆にリスクも収益も減少するようなリスク状況の悪化を見逃したりする可能性もある。地域金融機関では、管理会計インフラや縦割り型組織の問題から、リスクとリターンが別々に管理されることが多かったが、統合的に管理してこそ意味のある指標となる。

(3) リスク対比リターン管理の指標

　リスク対比リターンを表す指標として、ROE（Return On Equity）が利用されることが多い。これは、分子に収益管理制度によるリスク・コスト調整後収益、分母にVaRによるリスク量（またはそれに基づく配賦資本）をとって比較する指標である。リスク量を所要自己資本として読み替えれば、所要自己資本（Equity）に対する収益の状況を表す。

　ROEの特徴として、企業の財務分析などでも利用されることが多く、なじ

みやすいことに加え、VaR の共通指標を利用することで市場リスクや信用リスクなど異なるリスクであっても比較可能になるメリットを有している。一方で、VaR はポートフォリオ単位で算出するため、顧客別や取引別などの細分化された単位で算出しようとすると、ポートフォリオ単位の VaR を複雑なロジックを使って配分する機能が必要となり、VaR および ROE の信頼性が低下してしまう。

　このため、ROE は金融機関全体や部門別のリスク対比リターン指標として利用されているものの、顧客別や営業店別などの単位での利用は限定的なものにとどまっている。

　これに対して近年利用が広がっている指標が、RORA（Return On Risk-weighted Asset）である。分子は同じくリスク・コスト調整後収益であるが、分母にバーゼル自己資本規制上のリスク・アセットを適用し、規制上必要なリスク・アセットに対する収益のバランスを評価する指標である。

　自己資本比率規制上のリスク・アセットを利用するため、規制上の自己資本比率管理に直接結びつけやすい点に加え、リスク・アセットは取引ごとの積上げで算出されるため、取引別・顧客別・営業店別・部門別・金融機関合計などのあらゆる単位で同一目線の評価指標を利用できることが大きな特徴である。そのため、全行の自己資本比率目標に基づき部門別や顧客別、取引別に目標設定をするなど、リスク対比リターン管理をブレークダウンしてきめ細かく管理することが可能になる。バーゼルⅢの導入により、より厳格な自己資本管理が必要となったことをきっかけとして、メガバンクをはじめとして ROE と併用されるかたちで活用が広がってきた。

　一方で RORA は、ROE 管理に比べると、対象としているリスクが信用リスクに限定されることや、算出方法が当局設定のリスク・アセットに準拠する必要がある点には留意する必要がある。また RORA が適切にリスク対比リターンを表すためには、リスク感応度という点で内部格付手法を利用したリスク・アセットを利用することが望ましい。多くの地域金融機関で利用される標準的手法は、内部格付手法に比べると個々の取引におけるリスク状況の把握レベルがやや粗く、標準的手法採用行でも内部の PD 等を活用して内部格付手法的に算出したリスク・アセットを利用することが望ましい。

【図表III-3　リスク対比リターン指標の比較】

	ROE (Return On Equity)	RORA (Return On Risk-weighted Asset)
指標	リスク・コスト調整後収益 ÷VaRに基づく経済資本	リスク・コスト調整後収益 ÷信用リスク・アセット
他指標との整合性	投資家等が企業評価に利用するROE等と整合的	規制上の自己資本比率におけるリスク・アセット管理と整合的
対象リスク	市場リスク 信用リスク（与信集中リスクを含む） オペレーショナル・リスク →異なるリスクでの合算・比較が可能	信用リスク （与信集中リスクは含まない） →市場リスク等のリスク対比 　リターン評価には利用できない
管理単位	金融機関合計・部門別 →営業店別・顧客別等で利用する 　場合には全体リスク量の配分が必要	金融機関合計・部門別・ 営業店別・顧客別・取引別 →異なる管理単位でも 　同一指標による評価が可能

(出所)三菱UFJリサーチ＆コンサルティング作成

(4) RORAによるリスク対比リターン管理

　RORA の最大の特徴は、異なる管理単位でも同一指標・同一目線の評価が可能となる点である。すなわち、規制上の自己資本比率目標に基づき金融機関の RORA 目標を定めた場合、その水準をそのまま部門別・営業店別・顧客別・取引別に展開（カスケード・ダウン）することが可能になる。目標とするリスク対比リターンの水準が明確になることにより、顧客収益や営業店収益が目標とする RORA 水準に対して上回っているかどうか、個々の取引や顧客単位からボトムアップでの収益性向上に向けた取組みに活用することができる。

　対象とするリスクが信用リスクに限定されているため、市場部門等での評価にはなじまないものの、信用リスクが大半を占め、顧客や営業店、地域などさまざまな管理単位のある営業部門では、活用範囲の大きい指標である。

　先行的に RORA 管理に取り組む金融機関では、金融機関全体および営業部門の RORA 目標をもとに、プライシング・顧客採算管理の判断基準として RORA が活用されている。貸出プライシング、顧客総合採算について RORA

を基準として目標設定し、現状の水準との比較検証により、確保するべきスプレッド水準や顧客の収益水準の判断に利用されている。貸出申請等においては、営業店で取組み後のRORA水準のシミュレーションを行い、収益上の審査判断に活用されている。

　こうしたRORA管理により、主に二つの効果を期待することができる。1点目は金融機関全体の目標に向けて、個々の取引単位での収益改善を促すことができる点である。これまで、ROEや自己資本比率などによる金融機関全体の目標と、残高等を中心とする営業現場の目標が明確に関連しておらず、営業現場の努力が金融機関全体の収益目標達成に直接結びつかないことも多かった。RORA管理では、個別取引のRORA改善が営業店や部門のRORA改善になり、金融機関のRORA改善につながることが明確であり、営業現場でも

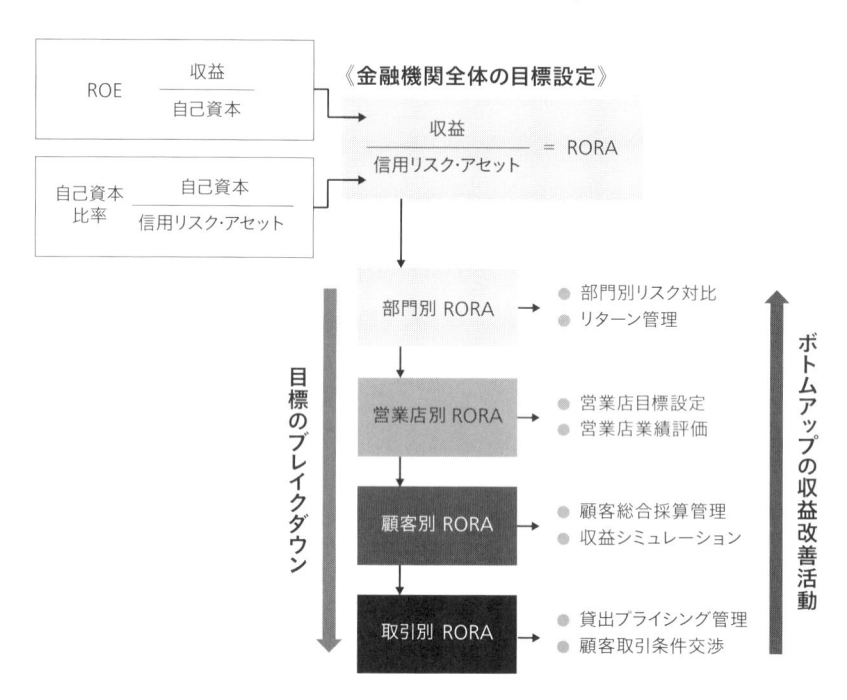

【図表Ⅲ-4　RORA管理の概要】

(出所) 三菱UFJリサーチ＆コンサルティング作成

目標水準を意識しやすい。何を基準・目標に努力するべきかが明確になることで、営業店の自発的な収益性向上に向けた取組みを引き出しやすくなる効果がある。

2点目は、リスクを反映した精緻な目標の設定が可能になる点である。RORAは分母・分子ともに信用リスクの大きさを反映した指標となっているため、取引や顧客の信用リスクを精緻に反映することが可能である。RORAを貸出金利の目標設定に利用することにより、これまでの与信額を分母とした目標設定よりも、貸出期間や保全状況を勘案し、信用力の高い与信は低いスプレッド、信用力の低い与信は高いスプレッド水準が必要となり、メリハリのついたリスク感応度の高いプライシングが可能になる。

RORA管理を行うためには、自己資本比率や信用リスク・アセットの算出方法に対する金融機関全体の理解度が前提となる。加えて、個々の取引や顧客別に内部格付手法による信用リスク・アセットを算出できる仕組みや、RORAに基づき顧客採算やプライシングをシミュレーションする仕組みなどが必要となる。制度構築や行内運用のためのハードルは高いが、金融規制と行内管理会計制度を結びつけ、金融機関全体の目標と個々の取引の目標を結びつける重要な制度となっており、地域金融機関においても活用範囲は大きい。

RORA管理の活用事例

当該金融機関では、金融機関全体のリスク対比リターン管理から顧客別・取引別採算管理まで、RORA管理を導入している。金融機関全体に必要なRORA水準を部門や拠点に分解することで、目標収益水準の統一を図っている。

顧客別・取引別の採算管理においても、目標設定や実績管理をRORA基準で行っている。貸出の提案にあたっては、顧客別および取引別のRORA目標値と比較分析し目標RORAに向けたシミュレーション分析を行ったうえで、必要な貸出金利水準等を確認して、顧客交渉や与信判断に活用している。

営業店においてRORA管理を利用して営業推進活動ができるよう、営業店別・顧客別のRORA実績の還元や、新規取引検討にあたってのRORAシミュレーション機能などを設定している。

2.リスクのコントロール

　リスク量を金融機関として望ましい水準以内にコントロールする手段として、「リスク資本管理制度」がある。自己資本を各リスクに割り当てることにより、リスクへの備えである自己資本を超過して経営体力以上にリスクテイクすることを抑制する手法である。

　リスク資本管理制度は、多くの地域金融機関で導入され、リスク量の上限設定・モニタリング指標として運用されてきた。リスク資本管理制度は、自己資本という上限が明確であるほか、VaRによるリスクの定量化と親和性の高い制度であるため、リスク定量化の進展とともにリスク・コントロール制度として定着している。

　リスク資本管理制度は、経営体力（＝自己資本）に見合った健全性確保と、定期的な上限モニタリング管理という点において、リスク管理の根幹をなす制度といえる。地域金融機関にとっては、リスク資本制度を活用することによりリスク・コントロールの実効性を高めていくことが重要である。そのためには、以下のような点に留意して、制度運営を行うことが望ましい。

(1)部門別のリスク資本管理

　地域金融機関で運用されているリスク資本管理制度では、金融機関全体のリスク資本をリスク・カテゴリー別（市場リスク資本、信用リスク資本等）まで配賦されている例が多い。この場合、たとえば信用リスクでは、信用リスク資本に対する金融機関全体の信用リスク量が管理対象になるが、リスク量上限の管理責任を誰が負うかという点が不明確になるという課題がある。信用リスク所管部署がモニタリングを行うものの、実際にリスク量をコントロールするためには与信を取り扱う各所管部との協力が必要であり、部署間での責任の所在が曖昧になる懸念がある。

　より実効的なリスク資本管理を行うためには、部門別×リスク・カテゴリー別のリスク資本配賦が望ましい。各部門に対して、部門が抱えるリスク・カテゴリーごとのリスク量に応じてリスク資本を配賦することで、部門に対してリスク量の上限管理の責任をもたせることが可能になる。

　部門別のリスク資本管理を行うためには、リスク・カテゴリー別のリスク量

を、さらに部門別に配分する必要がある。金融機関全体のリスク量を単一の部門で抱えている場合は問題ないが、信用リスク等のように複数部門間でそれぞれリスクを抱えている場合には、金融機関全体の信用リスク量を計量化したうえで、リスク貢献度の大きさに応じて部門別に配賦することが必要である。

部門別のリスク資本管理では、部門のリスク量をコントロールして、配賦されたリスク資本の範囲内に抑えることが各部門の責任となる。一部の金融機関では部門業績評価においてリスク資本の運営状況を評価し、リスク量の超過や過度な余剰がないかどうか評価を行っている例もある。目標とする収益を確保しつつリスク量のコントロールを行う必要があるため、部門運営には大きな責任が求められる。各部門で適切にリスク運営ができるよう、部門所管部の企画・管理機能を強化する必要があるほか、リスク所管部署がリスク量の試算やリスク・コントロールのアドバイスを行うなど適切にサポートすることが望ましい。

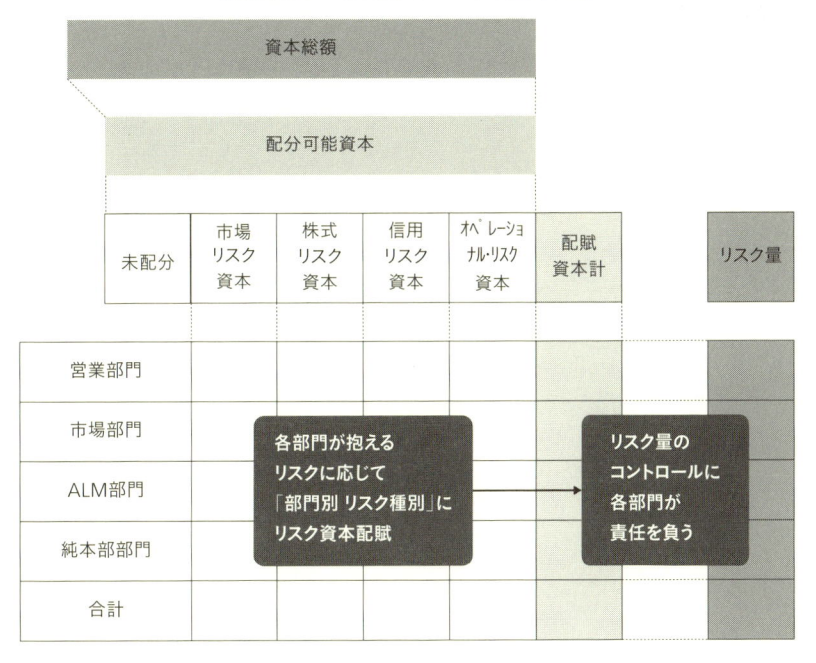

【図表III-5　部門別のリスク資本管理】

（出所）三菱UFJリサーチ＆コンサルティング作成

(2) 収益目標設定との連動

　部門別のリスク資本管理においては、各部門へのリスク資本配賦と部門収益目標を連動させることにより、リスク対比リターン管理を通して、リスク量コントロールの実効性をより高めることができる。

　地域金融機関でリスク資本管理に関して多くみられる課題は、実際のリスク量とリスク資本配賦水準の乖離である。実際のリスクテイクはそれほど大きくないにもかかわらず、保守的な運営としてより多くのリスク資本が配賦されたり、多額のリスク資本が配賦されても有効なリスクテイクに結びつかなかったりするなどの状況が発生している。健全性という観点では問題があるわけではないが、資本の有効活用という点では望ましい状況ではない。

　これを解消するためには、配賦リスク資本額に見合った収益目標を部門に対して設定することが有効である。本来資本には調達コストが必要であるため、資本を利用するということは資本調達コスト以上の収益を確保する必要がある。収益目標と連動しないリスク資本管理制度では、資本調達コストが意識されないため、できる限り保守的に所要額よりも多額のリスク資本額配賦が行われる傾向にある。

　リスク資本配賦に収益目標を連動させた場合、リスク資本配賦額をふやせば基本的に収益目標をふやす仕組みとなる。リスク資本配賦を受ける部門では、リスク量に見合った適切な額のリスク資本を得て、限られたリスク資本内で収益を確保するようリスク対比リターンの改善に取り組む必要性が生まれる。このためには、有効なリスクテイクが制限されないよう十分なリスク資本配賦と、収益目標もリスク資本額だけではなく事業環境等に応じて設定する必要があるが、各部門におけるリスク量コントロールとリスク対比リターンの改善を実効的に行うためには、収益目標との連動が有効な施策と考えられる。

　リスク資本配賦と連動した収益目標設定を行うためには、部門目標の策定方法についても見直しを行う必要がある。各部門の事業計画に合わせてリスク資本配賦と収益目標を定めるため、部門目標は各部門の事業計画から「目標とする収益水準」と「収益目標の達成に必要なリスク資本水準」を申請する。基本的に各部門の事業計画に基づいたボトムアップにより、企画所管部署が各部門間の調整を行ったうえで、金融機関全体・部門別の目標を定めることが望ましい。

部門別リスク資本管理における活用事例

　当該金融機関では、リスク資本管理制度を導入しており、金融機関全体の配分可能資本をリスク・カテゴリー別×部門別に配分している。

　部門別配分においては、リスク管理部署だけでなく、企画部署・各部門所管部署と協議のうえで、部門収益計画・事業計画と一体として、資本配分計画を策定している。各事業部門では、事業計画に基づき必要なリスク資本の水準を予測する。信用リスク資本では、格付や与信残高に応じた必要リスク量の水準（リスク率）が設定されており、与信ポートフォリオ計画に応じたリスク量を見積もっている。部門 ROE の改善に向けてリスク量を抑制しながら収益性を高めていくように、部門計画のなかでポートフォリオ計画を検討している。

　部門のリスク量使用状況は定期的にモニタリングし、部門業績評価において、収益目標達成状況だけでなく、リスク資本の使用状況も評価している。

【図表Ⅲ-6　リスク資本管理に基づく部門目標設定】

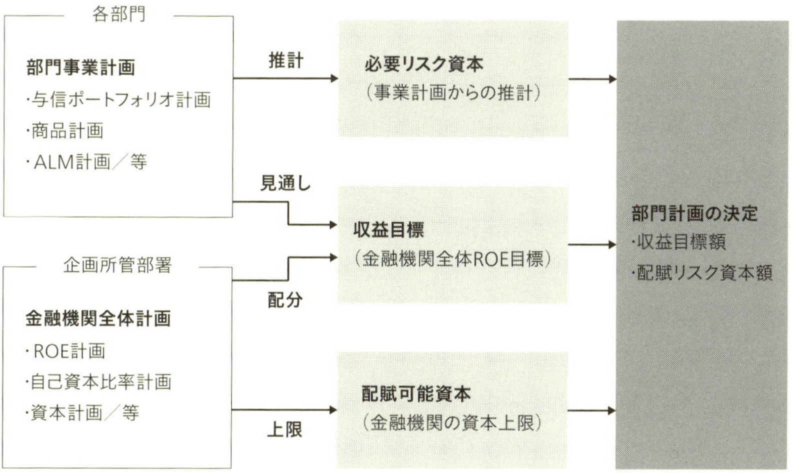

各部門
部門事業計画
・与信ポートフォリオ計画
・商品計画
・ALM計画／等

企画所管部署
金融機関全体計画
・ROE計画
・自己資本比率計画
・資本計画／等

推計 → **必要リスク資本**（事業計画からの推計）

見通し → **収益目標**（金融機関全体ROE目標）

配分

上限 → **配賦可能資本**（金融機関の資本上限）

部門計画の決定
・収益目標額
・配賦リスク資本額

（出所）三菱 UFJ リサーチ＆コンサルティング作成

(3) リスク・カテゴリー別のコントロール

　リスク資本管理制度という共通の仕組みのなかで、リスク・カテゴリー別の特性をふまえたコントロールを行う必要がある。以下では、主要なリスク・カテゴリーについて、リスク・コントロール上のポイントを整理したい。

①信用リスク

　地域金融機関にとって、信用リスクは最大かつ最重要なリスクである。リスク・コントロール上の留意点として、金融機関の与信行動が顧客の経営状況や資金繰りに直結するため、与信額の増減などの機動的なリスク・コントロールは困難である。そのため、慎重かつ長期的な観点からのリスク・コントロールを行う必要がある。

　信用リスク・コントロールにおいて重要なことは、まず「与信種類や金額によって、与信額に対してどの程度のリスク量が発生するか」をある程度事前に把握することである。リスク量を VaR で計測する場合、ポートフォリオ単位で計測するため、リスク量は事後的にポートフォリオ合計で計測してみなければわからない。これに対して事前対応的なリスク・コントロールを行うためには、計画策定時や与信の実行時の時点でリスク量のおおよその水準を把握し、リスク水準に合わせて与信条件の調整などを行うことが重要である。このため一部の金融機関では、格付や与信金額に応じたリスク量の水準を「リスク率（与信残高に対する想定リスク量の水準）」として事前に設定し、与信条件に応じて見積りを可能としている。信用リスク所管部が設定するリスク率テーブルを利用することで、事業部門は計画段階で必要なリスク量水準を予測することが可能になり、リスク率の高い与信取引からリスク率の低い与信取引へ与信ポートフォリオの分散に取り組むことが可能になる。

　与信ポートフォリオの分散を目指すためには、二つのアプローチがある。一つは、金融機関内部のポートフォリオの与信集中を抑制する方法であり、もう一つは外部への与信集中リスクの移転・交換等を行う方法である。

　金融機関内部のポートフォリオの与信集中を抑制する方法としては、これまで古くから利用されてきた個社別与信上限に加えて、業種別や地域別の与信上限管理があげられる。地域金融機関では、与信ポートフォリオが地域の経済構成に合わせて偏る傾向があるが、そのなかでも可能な限り業種や地域分散を図っていくことが望ましい。

リスク資本によるVaRリスク量の上限管理が一般的に月次で部門別などの管理単位となるのに対して、個社与信上限や業種与信上限などの残高による上限管理は、リアルタイムで顧客別に管理可能であり管理サイクル・管理単位の面で補完する効果が大きい。こうした残高等の上限管理は、上限をいかに適切に設定するかが重要なポイントとなる。そのためには、一つには配賦されたリスク資本と連動した設定を行うことが重要であり、リスク資本の配賦額が大きくなればその分与信上限も大きくなるように、残高に対するリスク量の割合を表すリスク率等を利用して設定することが望ましい。もう一つは、経営体力からみた許容度に応じて上限設定することが重要であり、たとえば個社与信上限の場合は一定の格付先がデフォルトした場合の損益に与えるストレス・テストやリスク量シミュレーションから、許容できる与信額の水準を上限として設定することが望ましい。

　外部への与信集中リスクの移転・交換としては、クレジット・デリバティブや証券化、債権売買を利用したCPM（Credit Portfolio Management）があげられる。金融危機以降の信用市場の低迷や資金需要により、地域金融機関は自行の信用リスクを外部に移転するよりも、主に自行以外の資産に対するリスクテイクとして利用が広がっている。外部資産のリスクテイクは、業種や地域を適切に選択することによりポートフォリオの与信分散効果をもたらす。外部資産単体としてリスク対比リターンが確保できることに加えて、ポートフォリオ全体のリスク対比リターンに対する改善効果の影響を勘案したうえで、リスクテイクの判断を行うことが望ましい。

②**政策株式リスク**

　政策株式投資は、金融機関の財務体質を景気動向と結びつけ、いわゆるプロシクリカリティ（景気変動を増幅する効果）を有している。日本の金融機関は他国と比べて株式投資の割合が高いと指摘されており、地域金融機関にとっても重要性の高いリスクである。政策株式は売却には顧客との合意を必要とし、信用リスクほどではないが機動的なリスク・コントロールが困難であるため、長期的な観点からのリスク・コントロールを行う必要がある。

　政策株式リスクは、上場株式と非上場株式でリスク特性が大きく異なる。上場株式は、日次での時価変動により評価損益が増減する価格変動リスクが大き

な要素を占める一方、非上場株式は日次価格変動はないが、株式発行体の業況が大きく悪化した場合に減損損失が発生する。すなわち、上場株式は市場リスクに類似したリスク特性を有し、非上場株式は信用リスクに類似したリスク特性を有している。そのため、上場株式は市場リスクと同様に VaR による価格変動リスク量の上限管理が行われている一方、非上場株式は、発行体の格付を利用して、貸出などの与信と同様に信用リスクとして信用 VaR、信用リスク資本により管理する手法が広がっている。

　リスク削減手法も異なる。上場株式は日々の価格変動リスクを抑制するようポートフォリオの銘柄分散やデリバティブ取引を利用した市場ヘッジ取引などが利用されている。また、近年では政策株式の価格変動に対して一般的に負の相関を有する債券ポートフォリオを利用し、政策株式と債券の合算ポートフォリオでリスク量や投資パフォーマンスが最適化するよう債券投資ポートフォリオの構築する取組みも行われている。これに対し、非上場株式は市場等を通したリスク削減手法がないため、信用リスクと同様に担保や保証によるリスク削

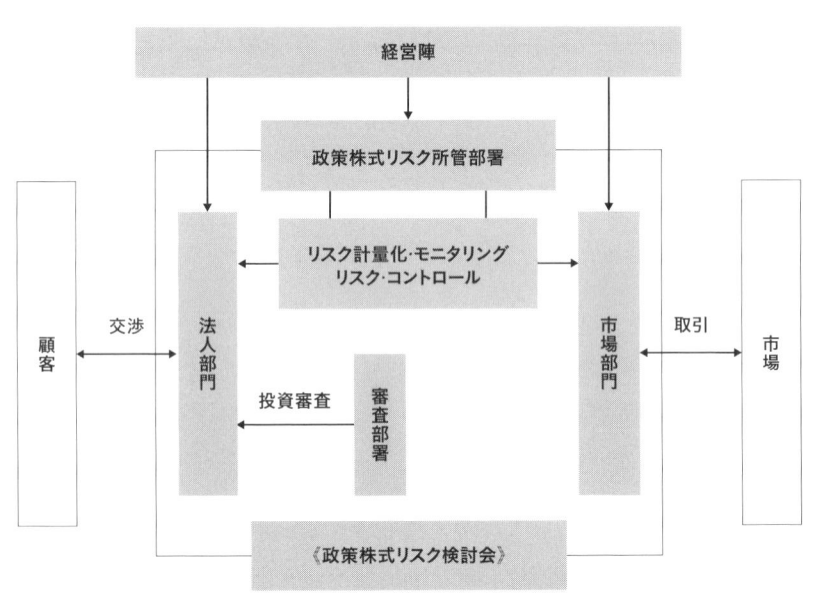

【図表III-7　政策株式のリスク管理態勢】

(出所) 三菱 UFJ リサーチ & コンサルティング作成

減が考えられるが、株式に対するこうしたリスク削減手法は一般的には広がっていない。

政策株式の根本的なリスク削減は、保有株式の売却である。顧客の同意を必要とするため容易ではなく、また株式投資のすべてが削減対象というわけではないが、リスク量の削減やリスク資本の有効活用を目的として多くの金融機関で株式の持合い解消などによるリスク削減への取組みが続いている。政策株式の売却には、リスク管理所管部だけでなく、顧客との交渉を担当する法人部門、市場取引・ヘッジ取引等を担当する市場部門など、全金融機関で協力した取組みが必要である。一部の金融機関では、株式リスクに関する検討会議を立ち上げ、関連所管部署間での情報共有やリスク管理方針、売却計画の策定などを行っている例もある。

③銀行勘定金利リスク

銀行勘定金利リスクは、預貸取引による長短ミスマッチ損益に債券投資ポートフォリオを加えた金利リスクを対象とする。金融機関は一般的に、短期の預金調達資金をもとに長期の貸出・債券投資を行う資金構造になっており、この調達・運用の期間構造の差により収益をあげている。市場金利が変動すると、債券投資に評価損が発生したり、預貸の利鞘が縮小して資金利益が減少したりするなどのリスクがあり、これを銀行勘定金利リスクとして管理している。

銀行勘定金利リスクは、伝統的にALM（Asset Liability Management；資産負債総合管理）において管理が行われてきた。銀行勘定金利リスクを金融機関全体のリスクとしてとらえ、ALM委員会で定めたALM計画に基づき債券投資ポートフォリオ構築や長短ミスマッチ損益管理が行われてきた。こうしたALM管理は今後も継続していく必要があり、適切なALM管理ができるよう銀行勘定金利リスクの評価・コントロール手法を精緻化していくことが望ましい。

この銀行勘定金利リスクの管理にはさまざまな考え方があり、金融機関ごとに管理手法も異なる。まず「リスク」の認識方法として、評価損益の変動を対象とする「現在価値ベース」の考え方と、資金収益の変動を対象とする「期間損益ベース」の考え方の2通りの方法がある。

現在価値ベースの考え方では、市場金利の変動により、預金・貸出・債券等の資産負債の現在価値（＝経済的価値）が変動するリスクを対象とする。たとえ

ば金利が上昇した場合、将来キャッシュフローの割引率が上昇するため、既存の貸出取引や債券等の資産サイドの現在価値は低下し、逆に預金等の調達サイドの現在価値は上昇する。この現在価値の変動による経済的な損失リスクを現在価値ベースのリスクとして認識する。これは債券などの市場時価がある資産負債だけでなく、財務上の価値は変化しない預金貸出取引についても同様に現在価値の変動により損益が発生しているとする考え方である。この考え方に基づいたリスク量が VaR であり、リスク資本管理では、この銀行勘定金利リスクに対して資本の割当てを行い、上限管理を行っている。各金融機関で公表している銀行勘定金利リスクの状況（いわゆるアウトライヤー比率）もこの考え方に基づいている。

　一方で、期間損益ベースのリスクでは、市場金利の変動により将来得られるだろう資金収益が変動するリスクを対象とする。たとえば、金利が低下した場合、預金調達金利は低下するものの、貸出や債券の運用利回りも低下し、合計の資金収益は低下する可能性が高い。この将来の資金収益の変動を対象としたものが期間損益ベースのリスク管理であり、EaR（Earnings at Risk）や収益シミュレーション分析が利用されている。

　現在価値ベースと期間損益ベースのリスク管理方法は、どちらが正しいという問題ではなく、リスクに対するとらえ方や管理目的が異なる手法である。現在価値ベースのリスク管理方法は、リスク資本管理に基づく管理手法として、他のリスクと統合的なリスク管理が可能であるが、一方で預金の含み益や貸出の含み損など財務会計上は発生しない損益を対象としている。期間損益ベースは財務会計と整合的な資金収益力を対象とし、将来の長期的なリスクを対象としているが、経営体力に見合った上限管理や他リスクとの統合管理にはなじまない。

　このため、銀行勘定リスク管理においては、現在価値・期間損益双方のリスク管理手法を目的に応じて使い分けを行うことが望ましい。リスク資本管理により、経営体力の観点から現在価値ベースの VaR で上限管理を行いながら、将来の資金収益の変動リスクを小さくするようリスク運営を行う、などの使い方が望ましい手法と考えられる。近年では、低金利の長期化により将来の資金収益力が懸念されており、どちらかというと期間損益ベースのリスク管理を重視し、将来の資金収益を NII（Net Interest Income）として精緻に予測しようとする収益・リスク管理の手法が広がりつつある（第Ⅳ章 NII 分析参照）。

【図表Ⅲ-8　銀行勘定金利リスクの考え方の違い】

	現在価値ベース	期間損益ベース
リスク認識方法	現在価値のぶれ （現在価値（現在）／現在価値（将来）／将来キャッシュフロー／市場金利で割引／市場金利（将来）／市場金利（現在））	将来の期間損益のぶれ （資金収益の変動／将来資金収益／市場金利（将来）／市場金利（現在））
リスク指標	VaR BPV アウトライヤー比率	EaR NII 収益シミュレーション分析
特徴	・他のリスクと整合的・統一的な管理が可能 ・算出は比較的簡便であり、前提となるモデルも少ない ・将来長期間の期間収益に与える影響は対象外 ・財務会計の損益とは不整合	・金利リスク独自指標であり、他リスクと統合管理不可 ・将来の残高・金利の動きに予測モデルが必要 ・ALM目的である「長期安定的収益の獲得」と概念的に整合 ・財務会計の資金収益と整合的
活用範囲	リスク資本管理 リスク量上限管理	ALM計画策定 債券投資ポートフォリオ構築

（出所）三菱UFJリサーチ＆コンサルティング作成

④**その他リスク**

　オペレーショナル・リスクや資金流動性リスクについては、リスク計量化を行っている地域金融機関は少ない。リスク計量化対象外のリスクについては、定性的な管理が中心となるが、リスク量に代わる指標を参照しつつリスク・コントロールを行うことが望ましい。

　オペレーショナル・リスクについては、自己資本比率規制において先進的計測手法の採用を目指す金融機関などでVaRの計測が行われているものの、リスク管理への活用という点では今後の課題となっている。リスク管理においては、各業務についてリスクの洗い出し・評価を行うCSA（Control Self-Assessment）を利用することが有効である。CSAでは、各業務についてリスクの頻度や発生時の影響度などを評価しており、CSA評価においてリスクの大き

な業務について、業務改善やリスク発生時のバックアップ策の検討を行うことが望ましい。CSA は、自己資本比率規制において「粗利益配分手法」を採用する金融機関で必須になっている。オペレーショナル・リスク管理における最も重要な管理手法であり、粗利益配分手法の採用行だけではなく基礎的手法の採用行においても CSA を参考にリスク評価を行うことが望ましい。

　資金流動性リスクは、預金超過が続く現状の地域金融機関では顕在化の懸念が小さいが、将来の預金減少に備えた管理態勢が必要である。調達環境に応じたステージ管理に加え、バーゼルⅢで今後導入される予定の流動性カバレッジ比率（LCR、Liquidity Coverage Ratio）や安定調達比率（NSFR、Net Stable Funding Ratio）などによる管理を行うことが望ましい。

3.検証・モニタリング

　金融機関は、リスク・コントロール手段のもとで適切なリスクテイクを行い、このリスクテイクの状況を定期的にモニタリングして、経営の健全性を検証しなければならない。

　この健全性を検証するための制度として、近年取組みが広がっているのが「自己資本充実度検証のための統合ストレス・テスト」である。ストレス・テスト自体は地域金融機関でも以前から行われてきたが、自己資本充実度の検証を目的として、リスク横断的な検証を行うことが、統合ストレス・テストの大きな特徴である。

(1)統合ストレス・テストの背景

　統合ストレス・テストが重視されるようになった背景には、2008 年からの世界的金融危機がある。VaR を中心とした高度なリスク管理を行っていた欧米金融機関において、想定外の事象を含むリスクの顕在化により、主に自己資本不足により経営危機に陥る事象が相次いだ。こうした事態の反省から、VaR 等のリスク評価手法に過度に依存せず、多面的なリスク分析により経営の健全性を検証することを目的として、ストレス・テスト手法の活用が再評価されている。

　国際的には、バーゼル銀行監督委員会より「健全なストレス・テスト実務及

びその監督のための諸原則」(2009年5月)が公表され、金融危機の反省をふまえたストレス・テストのあり方に関して提言が行われている。また、欧米では金融当局主導によるストレス・テストが実施されており、各金融機関の健全性を当局がストレス・テストにより検証することも行われている。

　また現在、金融機関としてのリスクテイクの姿勢やリスク・コントロール手法などリスク管理フレームワーク全体を統一的な方針のもとで整備しようとする「リスクアペタイト・フレームワーク」の構築が国際的な主要行には求められている。このリスクアペタイト・フレームワークにおいてもストレス・テストが過度なリスクテイクの抑制やリスク状況の検証に重要な役割として位置づけられ、適切なストレス・テスト体制を整備することが求められている。

　こうした国際的な動きを背景に、わが国でもメガバンクをはじめとしてストレス・テスト手法の抜本的な高度化の動きが広がっている。

(2) 統合ストレス・テストの特徴

　ストレス・テストの高度化は金融機関によって手法は異なるものの、大きな特徴として以下の3点があげられる。

①リスク横断的なストレス・テスト

　これまでのストレス・テストの多くは、信用リスクのストレス・テスト、市場リスクのストレス・テストなどのように、リスク・カテゴリーごとにそれぞれ独立して行われてきた。リスク・カテゴリー間でシナリオや影響度の評価方法も異なり、経営陣に対する報告もそれぞれで行われることも多い。リスク・カテゴリーごとに目的や対象、利用データが異なることや、それぞれリスク管理所管部署が異なることが要因の一つであるが、これでは経営陣として、金融機関全体にどういった影響があるのか、何に備えなければならないのか判断できない。

　統合ストレス・テストでは、リスク・カテゴリーに共通したストレス・シナリオを利用し、共通シナリオのもとで各リスク・カテゴリーの影響度を横断的に評価する。これにより市場リスク影響度や信用リスク影響度など各リスク・カテゴリーの影響度を合算し、一つのシナリオが発生した場合の金融機関全体への影響度を統合して評価することが可能になる。

ただし、この統合ストレス・テストにより、これまでのリスク・カテゴリー別に行っていたそれぞれのストレス・テストがすべてなくなるわけではない。ストレス・テストはそれぞれ検証目的があり、統合ストレス・テストは「自己資本充実度の検証」を目的としている。たとえば現在行っている市場リスクの計量化モデル検証や、信用リスクの大口与信リスク検証など個別の目的でのストレス・テスト（目的別ストレス・テスト）は継続して実施し、統合ストレス・テストも含めた多面的なストレス・テストを行うことが望ましい。

② 蓋然性の高いストレス・シナリオ

統合ストレス・テストは、金融機関として備えるべき事象においても自己資本の十分性が確保されていることを検証する。この「金融機関として備えるべき事象」がストレス・シナリオである。

これまでのストレス・シナリオでは、保守的なリスク評価を行うことが意識され、とにかく厳しいシナリオ設定が目的化している傾向があった。過去最悪期の再現や、単一のリスク・パラメータが極端に変動するシナリオなどが利用されるケースが多く、将来そのシナリオがどの程度発生が見込まれるかは意識されていなかった。

経営陣がストレス・テストの結果に基づいてリスクテイクを見直し、実際の行動を変えていくためには、ストレス・シナリオが将来一定の確率で発生が見込まれるような「金融機関として備えるべき事象」である必要がある。金融機関として関心の低い、将来的に発生する可能性のきわめて小さい事象に対して大きな損失が見込まれたとしても、実際の経営判断には利用しにくい。

統合ストレス・テストにおいては、過去ではなく将来において発生が見込まれる（フォワード・ルッキング）、蓋然性の高いストレス・シナリオを設定する必要がある。どういった事象がどの程度の蓋然性を有するかは定性的な判断によらざるをえないが、試行錯誤と経営陣とのコミュニケーションを繰り返しながら、一定の発生確率をもちながら金融機関経営に影響を与えうる適切なシナリオ水準を探っていく必要がある。ストレス・シナリオは定期的に策定する必要があり、先行的に取り組む金融機関でも、ストレス・テストの実施とその反省を繰り返しながら、金融機関にとって有効性の高いシナリオの設定、自己資本影響度の計測手法の構築を徐々に高度化させている。

また、ストレス・シナリオの設定においては、統合ストレス・テストを所管するリスク統括部署だけで定めるべきではない。シナリオの水準や内容が将来的に一定の発生確率が見込まれるよう、金融機関内で検討したうえで設定するべきである。特に「健全なストレス・テスト実務及びその監督のための諸原則」でも指摘されているように、経営陣の関与が重要であり、経営陣のリスク意識を向上し、リスク運営に反映させるためにも、経営陣の意見をふまえたシナリオ策定を行うことが望ましい。先行的に取り組む金融機関では、統合ストレス・テストにあたって、リスク所管部署、経営陣、フロント部署などから構成される「シナリオ検討会」を実施し、当期に分析するストレス・シナリオの策定を行っている例もある。

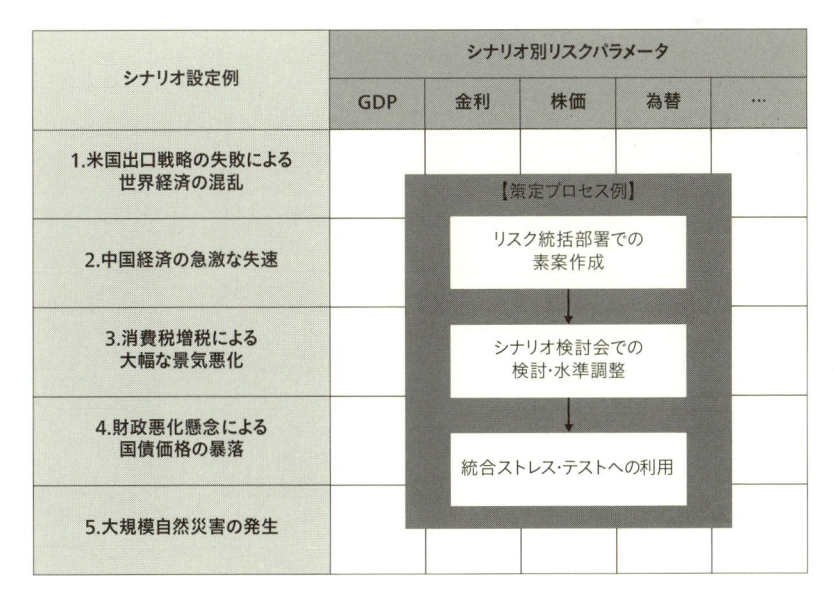

【図表Ⅲ-9　ストレス・シナリオ設定例】

シナリオ設定例	シナリオ別リスクパラメータ					
	GDP	金利	株価	為替	…
1.米国出口戦略の失敗による世界経済の混乱					
2.中国経済の急激な失速					
3.消費税増税による大幅な景気悪化					
4.財政悪化懸念による国債価格の暴落					
5.大規模自然災害の発生					

【策定プロセス例】
リスク統括部署での素案作成
↓
シナリオ検討会での検討・水準調整
↓
統合ストレス・テストへの利用

(出所) 三菱UFJリサーチ＆コンサルティング作成

③自己資本充実度の検証の目的への利用

　統合ストレス・テストは自己資本充実度の検証として利用するため、テスト結果により自己資本充実度を評価できる手法でなければならない。自己資本充

実度はさまざまな手法で評価ができるが、より直接的に、経営管理にも活用しやすい方法で検証するためには、ストレス・シナリオ時の財務会計上の自己資本毀損度を評価し、公表上の自己資本比率により十分性を評価することが望ましい。

　これまでのストレス・テストでは、VaR 等のリスク量評価に合わせて管理会計ベースで行われることが多かった。特に信用リスクでは、ストレス・シナリオ発生時の管理会計上の信用コストや VaR の増加による影響度評価が行われていた。管理会計上の損失の増加も影響度の一つであるが、それが直接損失となって自己資本を毀損して経営危機を招くわけではない。ストレス事象下ではどの程度の自己資本が毀損して、経営危機に陥るかどうかが最大の経営上の関心事であり、より直接的な財務会計による評価を行うことが望ましい。

　信用リスクにおいては、財務会計上の与信費用による影響度を計測し、市場

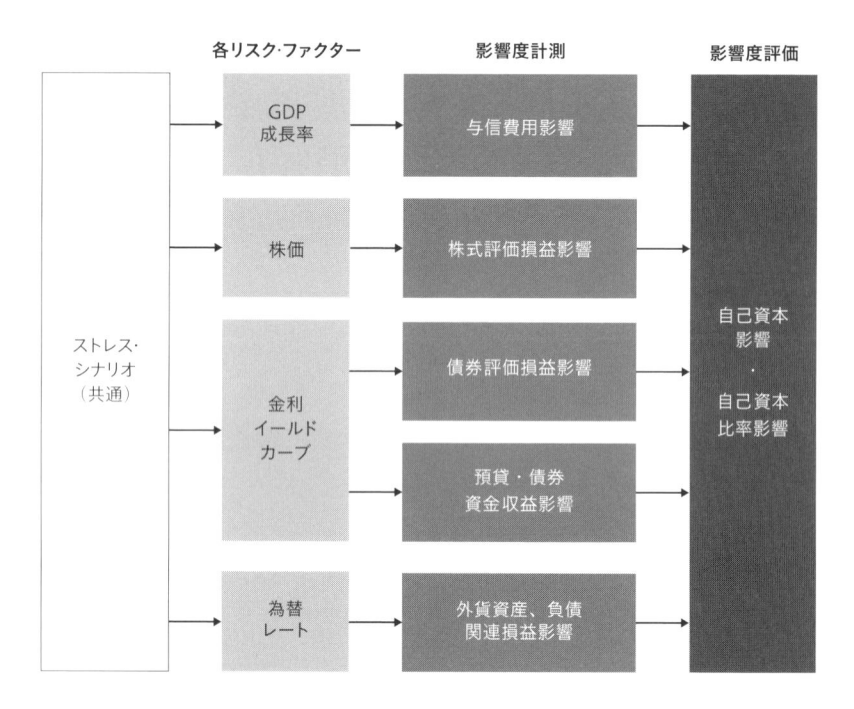

【図表Ⅲ-10　統合ストレス・テストの全体像】

ストレス・シナリオ（共通）	各リスク・ファクター	影響度計測	影響度評価
	GDP成長率	与信費用影響	自己資本影響・自己資本比率影響
	株価	株式評価損益影響	
	金利イールドカーブ	債券評価損益影響	
		預貸・債券資金収益影響	
	為替レート	外貨資産、負債関連損益影響	

（出所）三菱 UFJ リサーチ & コンサルティング作成

リスクにおいては資金収益の減少、評価損益・減損による自己資本の毀損による影響度を計測する。自己資本の毀損により自己資本比率がどこまで低下するか、規制上の8％を確保可能か、早期是正措置の対象となりうる水準まで低下するかどうかという観点で充実度を評価することが望ましい。

(3) 統合ストレス・テストの実務

以下では、地域金融機関を含めた先行的な金融機関で行われている統合ストレス・テストへの取組事例を利用しながら、実際の運営におけるポイントを整理したい。

①実施サイクルと事業計画への活用

統合ストレス・テストを、単にテスト結果の報告として終わらせるのではなく、経営管理において活用するためには、統合ストレス・テストを事業計画の検証目的で利用することが重要である。

事業計画では、経済見通し（メインシナリオ）のもとで、リスク資本配賦計画や収益目標により、一定のリスクテイクのもとで収益確保を目指す計画が策定される。統合ストレス・テストはこのメインシナリオが外れた場合の、ダウンサイド・リスクを検証する役割である。

たとえば景気回復を見込んだメインシナリオのもとで与信ポートフォリオの大幅増計画を立てた場合、仮に急速な景気悪化となるストレス・シナリオの元では自己資本比率が許容度以下に低下してしまう可能性がある。こうした場合、事業計画のリスクテイクは経営体力に比べて大きすぎると考えられ、場合によっては事業計画の見直しを検討する必要がある。

ストレス・テストは、ともすれば「テストを行うこと」自体が目的化してしまいやすいが、こうした事業計画の検証を行うことにより、おのずとその重要性が増し、リスクけん制の効果も発揮しやすくなる。事業計画策定プロセスにおいても、検証工程をふまえることでリスク管理の観点から適切なリスクテイク水準に計画を導くことが可能になる。

このため、統合ストレス・テストは事業計画のサイクルに合わせて、半期ごとなど定期的に実施することが望ましい。また統合ストレス・テストの対象期間は、中期経営計画等の期間に合わせて将来3年程度にわたる自己資本充実

度を評価することが望ましい。

②市場リスクの影響度評価

　市場リスクの影響度評価は、資金利益の増減による影響と、債券や株式の評価損益の増減による影響の、主に二つに分けて分析が必要である。

　債券や株式の評価損益については、地域金融機関の多くが採用する国内基準の自己資本比率では、評価損が発生したとしても自己資本比率に対して影響を与えない仕組みになっている。そのため自己資本比率の計算ルール通りに統合ストレス・テストを行うのであれば、評価損発生時も自己資本比率には影響がないという検証結果になるが、これによって自己資本充実度は十分であるという評価は望ましくない。

　公表上の自己資本比率に影響はなくとも、多額の評価損により実質的に自己資本が毀損していては、市場からの評価が低下し資金調達に影響が出る懸念や、リスク資本が確保できず業務運営に支障が出る懸念がある。公表上の自己資本比率に評価損が反映されないのは、自己資本比率を通したプロシクリカリティ（景気変動を増幅する効果）を抑制することが目的であり、金融機関に評価損益のリスク管理をしなくてよいというメッセージではない。そのため、統合ストレス・テストについては、公表上の自己資本比率に加えて、評価損を反映した場合の実質的な自己資本比率も合わせて算出し、実態上の自己資本充実度により評価することが必要である。

③信用リスクの影響度評価

　信用リスクの影響度評価においては、与信ポートフォリオから発生する与信費用を計測する。与信費用は、自己査定に基づく引当・償却に基づいて算出されているように、ストレス・シナリオ時の格付別・債務者区分別ポートフォリオ構成に基づき、予想損失率を掛け合わせた引当・償却額の変化から与信費用を算出することが望ましい。

　そのため信用リスク影響度計測においては、現状のポートフォリオから、ストレス・シナリオ時の格付別・債務者区分別ポートフォリオ構成がどのように変化するかを予測することが重要になる。この予測手法としては、個社別の財務データに基づき財務指標の変化からシミュレーションする方法や、格付遷移

行列の変化に基づき予測する手法、PD 等のパラメータ変化を予測する手法など、金融機関によりさまざまな手法が利用されている。各手法により運用負担や影響度の大きさなどメリット・デメリットがあるが、多数の中小企業融資先をもつ地域金融機関においては、融資先のランダムな格付遷移によるポートフォリオ変化を反映できる、格付遷移行列の変化に基づき予測する手法が適していると思われる。

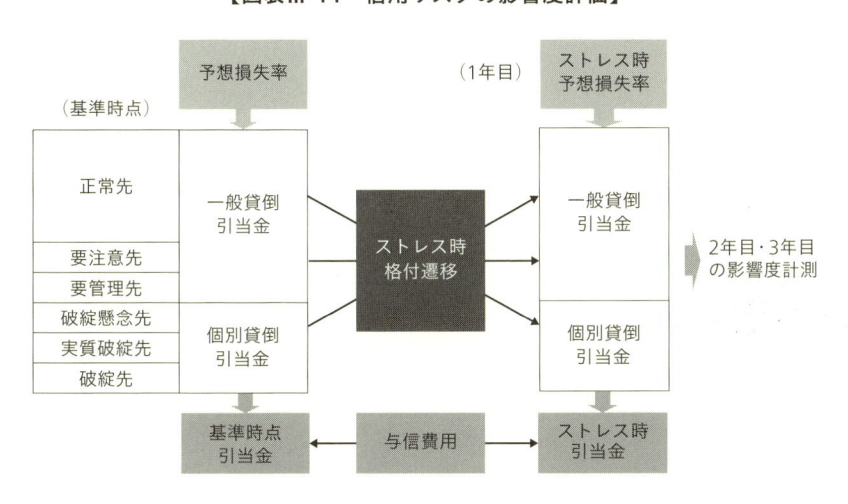

【図表Ⅲ-11　信用リスクの影響度評価】

(出所) 三菱 UFJ リサーチ＆コンサルティング作成

④大規模自然災害の影響度評価

　東日本大震災以降、統合ストレス・テストのなかでも、大規模自然災害が発生するというストレス・シナリオによる影響度を検証する取組みはきわめて重要性が高くなっている。特に営業エリアが限定的な地域金融機関では、営業エリア内で大規模自然災害が発生した場合の影響度を分析することは、自己資本充実度検証だけでなく、危機管理態勢整備や業務継続計画（BCP）の策定とも関連があり重要性が高い。

　営業エリア内で大規模自然災害が発生した場合、GDP 成長率の低下や国債金利の上昇などのマクロ経済ショックに加えて、営業エリア内における店舗等

の有形資産の損壊（有形資産リスク）や、与信先の信用状態の悪化・デフォルト（信用リスク）が発生しうるため、これらのリスクを総合した影響度を算出することが望ましい。

東日本大震災以降、各自治体の被害想定の見直しも行われており、詳細な地点別の震度予測・浸水深予測も精緻化されている。有形資産リスクや信用リスクの影響度計測においては、店舗や与信先の所在地などから、こうした地点別の被害想定を利用して、可能な限り精緻に影響度を評価できることが望ましい。

【図表III-12　自治体被害想定情報を利用した影響度計測】

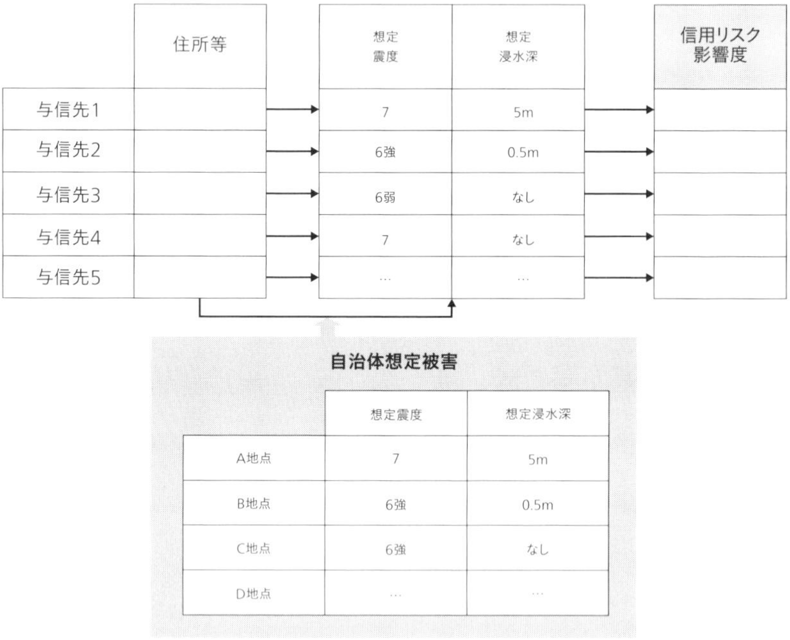

住所等	想定震度	想定浸水深	信用リスク影響度
与信先1	7	5m	
与信先2	6強	0.5m	
与信先3	6弱	なし	
与信先4	7	なし	
与信先5	…	…	

自治体想定被害

	想定震度	想定浸水深
A地点	7	5m
B地点	6強	0.5m
C地点	6強	なし
D地点	…	…

（出所）三菱UFJリサーチ＆コンサルティング作成

⑤ストレス・テストの報告と活用

各リスク・カテゴリー別の影響度を合算したうえで、最終的にシナリオ別の自己資本影響度を算出し、自己資本充実度の検証を行う。検証結果は経営陣に対して報告を行う必要があるが、報告時には単純に自己資本比率が一定の基準

を上回っているかどうかだけではなく、シナリオごとの影響度の違いやリスク・カテゴリー別の影響度の違いなどの分析を行い、経営陣に対してリスク状況の警鐘を鳴らすことに活用するべきである。

地域金融機関のリスク特性として、リスク・カテゴリー間で影響度が相殺される効果が発揮されることが多い。たとえば、株式の評価損失の発生と債券の評価益の増加が影響度を相殺したり、資金収益の増加と債券の評価損の発生が影響度を相殺したりするなどの効果がみられる。こうしたリスク・カテゴリーごとの影響度を分析することで、リスク・カテゴリー間の影響度相殺効果が利かず影響度が大きくなるシナリオ等への備えに活用することが望ましい。

リスク・カテゴリー間の比較分析という観点では、将来時点ごとの分析も有効である。信用リスク影響度は与信ポートフォリオの質が変化することにより、市場リスクよりも影響度が長期化する傾向がある。将来3年間程度の影響度を計測することにより、こうした時間によるリスク・カテゴリー間における影響度の差異の分析も可能になる。

また、複数のシナリオによる自己資本比率を分析することで、GDP水準や金利水準と自己資本比率の水準の関係性を、おおまかに導き出すことができる。この関係性を利用することで、「自己資本比率が危機的水準に陥る環境はどういった経済的シナリオか」という逆の観点から分析することができる。自己資本比率から備えるべきシナリオを分析する手法であり、ストレス・テストの高度化でも国際的に注目されている「リバース・ストレス・テスト」の一つである。統合ストレス・テストで設定したシナリオ以外の状況下での自己資本充実度を評価するうえで非常に有効性が高い。

こうしたストレス結果の分析を利用して自己資本充実度を評価し、必要な対応について判断する必要がある。事業計画の検証に利用する場合には、事業計画のダウンサイド・リスクをふまえたうえで承認することが可能かどうかを判断する。テスト結果の自己資本水準に懸念がある場合には、事業計画の見直しやリスク資本配賦等のリスク運営の見直し、リスク顕在化時の対応策の策定など、必要な措置を検討する必要がある。

統合ストレス・テストは単に検証にとどまらず、その後の事業運営、リスク管理態勢の見直しに活用してこそ意味があり、そのためには、影響度計測の仕組みだけではなく統合ストレス・テストに対する経営陣の関与(リスク・コミュニ

ケーション）と事業計画の策定プロセス等へ組み込む仕組みづくりが重要である。

統合ストレス・テストの活用事例

　当該金融機関では、統合ストレス・テストを事業計画の検証に利用している。事業計画を経営会議等で承認する前に統合ストレス・テストの結果を確認し、自己資本影響度が許容範囲に収まっていることを確認する。

　このため、統合ストレス・テストは事業計画のサイクルや期間に合わせて実施されており、結果の分析・報告も事業計画の承認の前に行われる。統合ストレス・テストの結果によっては、事業計画の見直しやリスク対応策の再検討も求められる。

　統合ストレス・テストは、リスク管理部署の所管のもと、各リスク・カテゴリー所管部署およびフロント部署が協力して行っている。役員を含めた部署横

【図表Ⅲ-13　統合ストレス・テスト報告例】

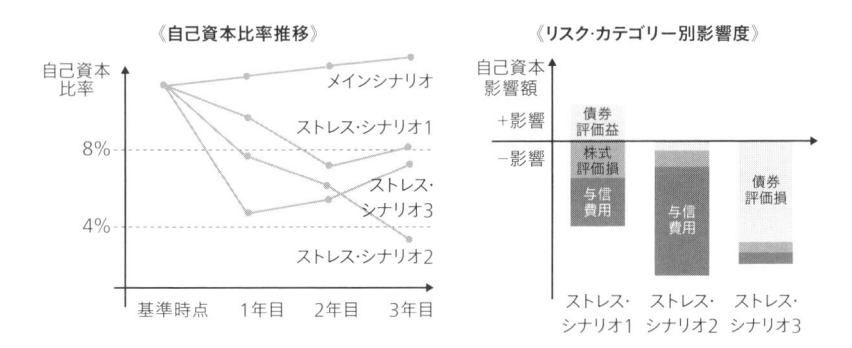

《自己資本比率推移》

《リスク・カテゴリー別影響度》

《経済環境と自己資本比率の関係（リバース・ストレス・テスト）》

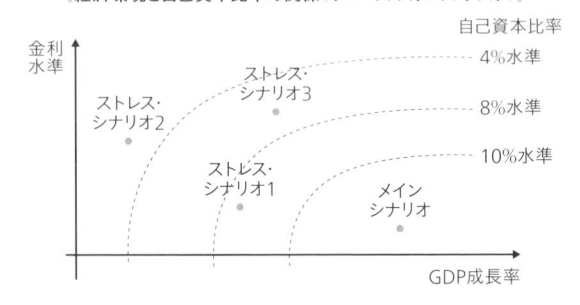

（出所）三菱 UFJ リサーチ＆コンサルティング作成

断的な会議において当期のストレス・シナリオを策定し、統一のシナリオからリスク・カテゴリー別に影響度を計測している。

4.まとめ

　地域金融機関のリスク管理制度は、ここ10年程度で大きく進展した。しかし金融危機以降、金融機関に求められるリスク管理規制は、それ以上に急速に変化している。

　金融危機以降、特に国際的に活動する大規模金融機関には、厳格な自己資本比率規制、統合ストレス・テスト、リスクアペタイト・フレームワーク、経営危機時の再建・破綻処理計画など多くの規制が課せられている。自己資本比率規制が、国際統一基準行と国内基準行で大きく内容が区分されたように、金融機関に求められるリスク管理規制も、金融機関の規模と業務の複雑さによって区分されるようになっている。

　現時点では地域金融機関にメガバンク並みの規制が課せられているわけではないが、地域金融機関にまったく必要がないわけではない。本来、リスク管理制度は規制対応として行うものではなく、金融機関内の健全性の確保やリスク対比リターン・バランスの改善を目的として自主的に取り組むものである。金融危機以降、規制主導のリスク管理が続いているが、地域金融機関はこうした規制動向を参照しながら、自ら必要なリスク管理制度を判断し、構築していかなければならない。

　その際には、リスク管理制度の構築を単なる「守りのためのコスト」ととらえるのではなく、リスク管理制度をいかに経営管理に活用できるかという点から制度構築を行うことが望ましい。そのためには、リスク管理制度を単体として考えるのではなく、収益管理制度や目標管理・業績評価制度、プライシング制度など、既存の他制度と適切に連携し、部門別などの各組織のリスク対比リターンによる目標設定・業績評価に利用したり、事業計画の検証に統合ストレス・テストを利用したりするなど、活用度を上げていくことが重要である。

「自分自身」を知る NII分析

第 IV 章

収益管理制度、リスク管理制度の経営管理インフラを利用して、将来の経営計画や施策を検討するにあたり、多くの地域金融機関での最も重要な経営課題は、資金収益の低迷にある。

　長引く低金利や資金需要の低迷、競争の激化などを背景に、預貸金資金収益や債券運用収益が減少している。預金・貸出金の残高推移は比較的堅調であるものの預貸金利鞘、特に貸出利回りの低下が顕著であり、残高は増加しても資金収益は減少するといった状態が続いている。

　資金収益、特に預貸金資金収益は地域金融機関の収益の大部分を構成しており、いうまでもなく経営の根幹である。こうした資金収益の長期的な低下傾向が懸念される環境下で、地域金融機関の経営においては将来の資金収益をどのように管理していくかが避けられない課題となっている。

　このため、将来の経営計画においては、現状のバランスシートからみた「将来の資金収益の予測」と「資金収益の改善に向けた施策の検討」が求められる。具体的には、「預貸金利鞘の縮小や資金収益の低下がどこまで進展するか」「将来金利が上昇に転じた場合に、資金収益にどういった影響を与えるか」といった将来の資金収益を見通したうえで、「どういった施策により資金収益の改善に取り組んでいくか」という検討が必要である。

　資金収益の改善に向けた取組みはさまざまあり、貸出金利プライシングの徹底のほか、預貸金残高の増強も一つの方法であるし、より収益性の高い商品・金利タイプの推進という方法も考えられる。預貸だけでなく、債券投資を増強して有価証券運用利回りでカバーするという方法も考えられる。こうしたさまざまな施策が将来の資金収益に与える影響度やリスクを適切に分析して、経営判断に活用していくことが重要である。

　この将来の資金収益に関する収益・リスクの状況を分析する手法として、「NII 分析（Net Interest Income 分析、将来資金収益分析）」がある。NII 分析は、金融機関のバランスシートから将来一定期間に得られる資金収益を金利シナリオ別に予測する手法である。現状のバランスシートが将来においてどの程度の収益力とリスクに対する対応力があるのか、「自分自身のバランスシート状況」を把握するための分析といえよう。

　NII 分析は、収益シミュレーションや ALM、金利リスク管理の高度化に活用することが可能であり、メガバンクに加え、一部の地域金融機関でも活用が

広がってきている。本章では、このNII分析について、分析手法の概要や経営管理への活用方法について整理したい。

1.NII分析の特徴

NII分析は、これまでの収益シミュレーション分析や、VaR・EaRによる金利リスク管理と比較して、経営管理における活用のしやすさや分析の多様性・柔軟性が重視された手法である。その特徴は以下の4点に整理することができる。

(1)将来の期間損益を対象とした分析

NIIはNet Interest Incomeの略称であり、預貸金や債券投資から得られる「将来資金収益」を指す。

第Ⅲ章の市場リスク管理の項で述べたとおり、銀行勘定金利リスクは現在価値ベースと期間損益ベースの2通りの考え方があり、これまでわが国の金融機関では現在価値ベースのVaR (Value at Risk、一定確率での最大損失額) による管理が中心になっていた。これに対してNIIは将来資金収益を対象とする期間損益ベースの管理手法である。

現在価値ベースのVaRは、リスク量の統一的手法による把握という点では非常に有効性が高いものの、銀行勘定金利リスクの管理においては、預貸取引の継続的な価値が反映されない点や、財務会計の収益と異なる経済的価値による損益評価という点において課題があり、特に投資戦略の検討や損益見通しの検討など、実際のALM運営においては活用しにくい点があった。

これに対してNIIは、ALM運営におけるわかりやすさ、活用のしやすさを重視した分析手法である。NIIでは将来の金利シナリオやポートフォリオ構成に合わせて将来の期間損益を算出し、期間損益の大きさ (リターン) と期間損益のぶれ (リスク) を分析する。期間損益ベースの管理は、自己資本と比較したリスク量の上限管理などには向いていないものの、財務会計に近い将来資金収益を指標とすることで、経営実感をもった影響度評価が可能になる。また多様なシナリオや施策ごとに将来資金収益を比較分析することで、シナリオや施策の検討への活用度も高い。

といっても、現在価値ベースの金利リスク管理の重要性が失われたわけではなく、NII 分析は VaR による管理を代替するものではない。NII 分析を活用する金融機関においても、リスク資本管理を中心とするリスク量の上限管理では、金利リスクを含めて引き続き VaR による管理が行われている。目的に応じて適する管理手法を組み合わせることが重要であり、VaR による全体のリスク量上限管理を行いながら、上限のリスク量のなかでどのようなポートフォリオを構築していくかという施策検討に NII 分析を活用するといった対応が望ましい。

(2) 金利シナリオに応じた残高変動予測

　一般的に VaR は、分析基準時点で預貸金残高や債券の残高を固定し、金利等のリスク・パラメータのみを変動させて、一定確率での最大損失額を算出する。従来の収益シミュレーションや EaR でも、将来一定を仮定した預貸金や債券残高に対して金利を変動させて期間損益を算出することが多く行われてきた。この方法は、分析の容易性や客観性の観点では優れているものの、将来の残高が一定であるという仮定は現実世界からは乖離している。

　金融機関の資産・負債は、各金融機関の施策や営業努力による部分はもちろんあるものの、一般的に金利や経済環境の動向に影響を受けやすい。特に預金・貸出金は金融機関にとっての「受動資産」であり、金利や経済環境の動向による顧客の取引行動の変化によって残高は影響を受ける。たとえば、現在の低金利から金利上昇に転じた場合、顧客の貸出利息負担が大きくなり、新しい貸出ニーズの減退や住宅ローンの期限前償還が進み、貸出残高は減少に転じる可能性が高い。預金は増加基調が継続する可能性が高いものの、高金利により定期預金の利回りの魅力が増し、流動性預金から定期預金へ資金シフトが進むと思われる。こうした預貸金の残高変化は、さらに債券ポートフォリオにも影響を与え、最終的に金融機関の将来資金収益は大きく変動する。仮に金利上昇でも残高が一定の仮定で予測した場合、将来資金収益は金利上昇の影響で大きく増加する予測結果となるが、貸出残高や債券ポートフォリオの減少を勘案して予測を行った場合、将来資金収益は横ばいから緩やかな増加程度で、場合によっては減少するという結果が予測される。

　NII 分析では、この将来の残高の変化をふまえた将来収益分析を行う。動

的なバランスシートに基づく資金収益を対象としているため、「動態バランスシート分析」とも呼ばれる。将来の経済・金利シナリオに応じて金融機関の預金・貸出金残高がどのように変化するかを予測し、それに基づいた将来資金収益を予測することで、資金収益を精緻かつ現実の動き方に近いかたちで予測することができる。残高の変化を反映するかどうかによって将来資金収益の予測結果は大きく変わり、意思決定にも影響を及ぼす可能性がある。

さまざまな金利シナリオやALM施策ごとに預金・貸出金残高の変化を予測した分析を行うためには「残高予測モデル」が必要になる。残高予測モデルは、現在の残高構成を基準として、将来の金利シナリオやGDP成長率などに応じて、流動性預金や住宅ローンなどの科目ごとに設定する。金融機関自らの過去の残高推移データなどを分析して設定することが望ましい。

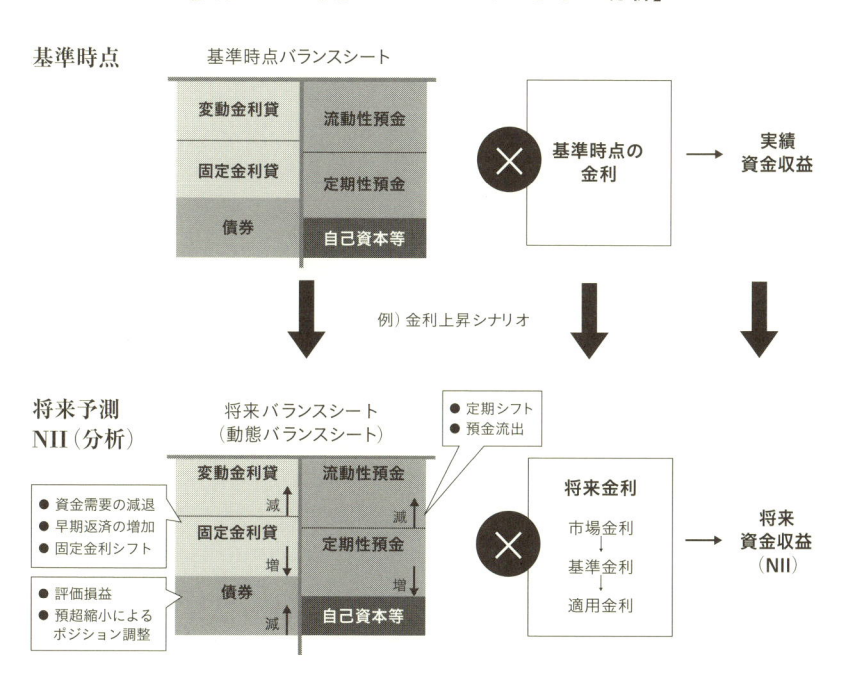

【図表Ⅳ-1　動態バランスシートによるNII分析】

(出所)三菱UFJリサーチ＆コンサルティング作成

(3) 債券ポートフォリオを合算した資金収益

　金融機関において、債券ポートフォリオの投資運用収益は預貸金資金収益と並ぶ重要な収益源であり、ALM 戦略においても預貸金バランスを調整し、金利リスクをコントロールするきわめて重要な役割を担っている。NII 分析では、預金・貸出金資金収益と債券運用収益を合算した資金収益を分析対象とする。

　債券ポートフォリオと預貸金の最大の違いは、債券ポートフォリオは金融機関自らの意思決定により、残高の水準や商品・期間ごとの構成を変えることができる「能動資産」であるということである。ALM 運営においては、金融機関は現状の預貸金バランスや将来金利の予測を考慮したうえで、資金収益と金利リスクの適切な水準を確保する債券ポートフォリオの「投資方針」を自ら策定し、投資方針に従って実際の資産運用を行う。

　NII 分析では、この「投資方針」の策定において、さまざまな投資方針案ごとの NII を比較分析することによって、最適な投資方針の検討に利用することができる。たとえば、将来の債券の新規投資においてさまざまな期間構成の投資方針案を設定してシミュレーションすることにより、どういった期間投資構成が金融機関全体の資金収益のリスク・リターンバランスとして最適になるか検討し、実際の債券ポートフォリオ計画の策定に活用することが可能になる。

　これまでの ALM 分析でも債券ポートフォリオ単体の将来収益分析は行われていたが、NII では預貸金と債券を合算した資金収益でシミュレーション分析が可能になる。このため、預貸金の現状と将来変化をふまえた債券ポートフォリオの投資方針の検討が可能であり、たとえば、将来貸出金が減少して預金超過幅の拡大・預貸金資金収益の減少が予想される場合には債券投資でのリスクテイクを拡大して債券資金収益の拡大でカバーする投資方針や、逆に預金超過幅が縮小する場合には債券ポートフォリオの縮小に備えて安全な投資方針などを検討することができる。NII 分析は、預貸金と債券を合算した金融機関全体の将来資金収益の拡大と安定化が目的であり、預貸金の動向をふまえた債券投資運用を行う地域金融機関に適した分析手法であるといえる。

　なお、NII は将来資金収益を対象とするが、債券の評価にあたっては資金収益だけでなく、評価損益の増減も合わせて分析対象とすることが望ましい。

【図表Ⅳ-2　預貸金と債券のNII】

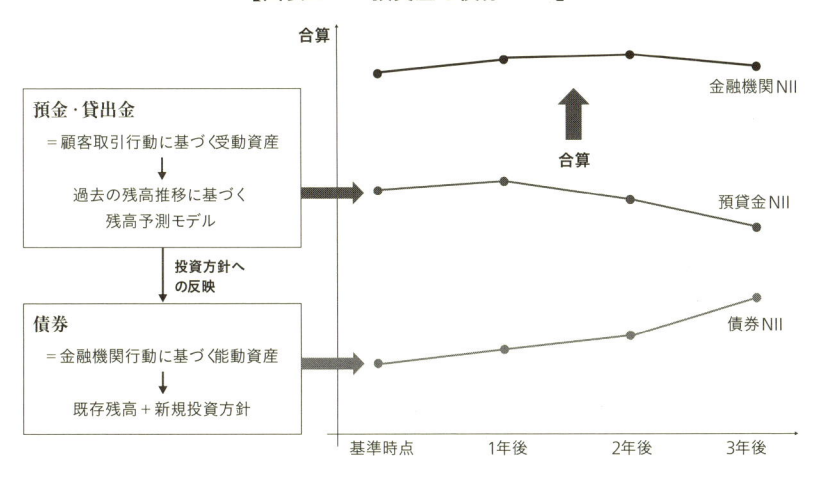

(出所) 三菱 UFJ リサーチ＆コンサルティング作成

(4) リスク・リターンの分析

　ALM 戦略の検討においては、将来の期待収益だけで判断することはできず、必ず市場が変動した際のリスク分析を同時に行う必要がある。NII 分析においても、単に一つの金利予測に基づく将来資金収益の予測分析だけでなく、金利予測が外れた場合の将来資金収益に与える影響度のリスク分析を行う。
　NII 分析における金利リスク分析の特徴として、以下の 2 点があげられる。
① VaR をはじめとする現在価値ベースでは経済価値の変動をリスクとして認識するのに対し、NII 分析では「将来資金収益のぶれ」をリスクとして認識する期間損益ベースの考え方に基づく
② 同じ期間損益ベースのリスク指標において、EaR (Earning at Risk) が将来資金収益の一定確率での最大変動額（平均収益からの最小収益の乖離額）をリスクとして認識するのに対して、NII 分析は将来市場金利の変化に伴う将来資金収益の変化度合いの大きさ（感応度）をリスクとして認識する
　特に NII 分析と EaR との比較という点では、同じ期間損益ベースのリスク分析であり、類似する部分もある。金利ショック時の資金収益の最大減少額を算出する EaR は、VaR と組み合わせて現在価値・期間損益の両面で金利リス

【図表IV-3　NIIカーブによる分析】

将来予測金利におけるNII期待水準
（基準NII）

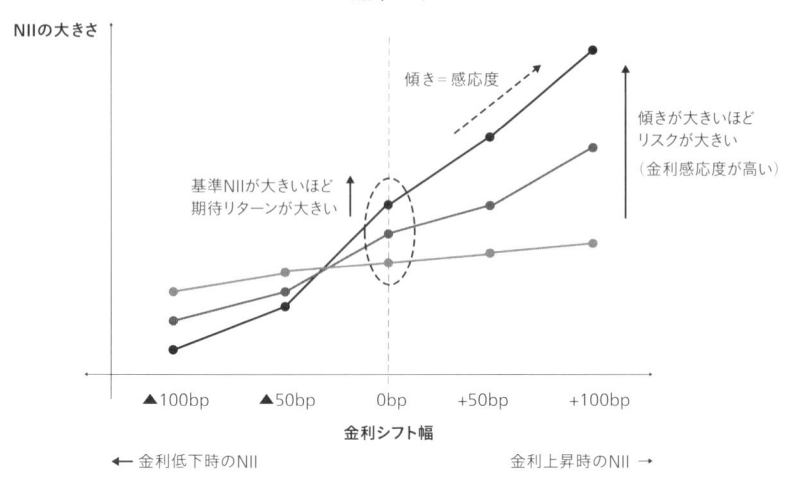

（縦軸）NIIの大きさ
（横軸）金利シフト幅　▲100bp　▲50bp　0bp　+50bp　+100bp

傾き＝感応度

傾きが大きいほどリスクが大きい
（金利感応度が高い）

基準NIIが大きいほど期待リターンが大きい

←金利低下時のNII　　　金利上昇時のNII→

（出所）三菱UFJリサーチ＆コンサルティング作成

クを管理する手法として、これまで多数の金融機関で利用されてきた。しかしEaRは、資金収益の最大減少額が金利予測や残高シナリオの点で実感に乏しい点や、資金収益の変化が非線形で最大減少額だけでは平常時のリスク水準の比較には利用しにくい点などの課題もあり、近年ではALM運営における施策検討やモニタリングにおいてはEaRよりもNII分析が重視される傾向にある。

　NII分析において金利リスクは、「NIIカーブ」を利用して分析することができる。NIIカーブでは、将来予測金利のもとでのNII水準（リターン）と、将来予測金利が変動した場合のNII水準の変化の感応度（リスク）を比較する。

　金融機関にとって、NII水準の期待値が高いポートフォリオほど望ましく、金利変化に対してNIIの変動が小さい（金利感応度が小さい）ポートフォリオのほうが望ましいとされるが、一般的にはこれはトレードオフの関係にある。また、金利感応度の小さいポートフォリオは、将来の金利上昇時にはNIIの上昇余地は小さく、金利上昇に対しては不利なポートフォリオ構成となる可能性があるため、リターン水準によっては金利感応度の高いポートフォリオのほうが望ましいと判断する場合もある。

NIIカーブ上では、縦軸でNIIの期待水準、横軸の金利シフトに対する感応度をカーブの傾きで表すことにより、リスクとリターンのバランスを分析することが可能になる。これを、金利シナリオや債券投資方針の設定条件ごとに比較分析することにより、リスク対比リターンのバランスを高めるためのポートフォリオ施策の検討に活用することができる。また、月次や期次などで定例算出することで、時系列でのポートフォリオのリスク・リターンの変化、すなわち「将来資金収益を獲得するバランスシートの力」がどのように変化しているか分析することが可能になる。

2.経営管理におけるNII分析の活用

　金融機関の資金収益の低迷が大きな課題となるなかで、NII分析を活用してリスク・リターンの改善を目指す金融機関がふえてきている。預貸金・債券を合わせた資金収益を対象とし、多様なシナリオ・施策に対して柔軟性のある分析が可能である点で金融機関の経営管理において活用範囲は広い。たとえば、経営計画策定時の将来収益分析や、金利リスク・コントロール、債券の投資判断など、金融機関全体から個別の取引・プライシングまでさまざまな判断において分析結果を活用することが可能である。

　なかでもALM運営においては、NII分析を管理の中核とする金融機関もある。これまでリスク量はVaR、収益は財務会計収益や債券のみの収益見通しなど、リスクとリターンがバラバラに議論されている例が多かった。これに対し、VaRは引き続きリスク量上限として機能させつつ、NII分析によるリスク・リターンを指標としてALM計画の策定、モニタリング等への取組みが広がっている。

　NII分析をALMに活用する目的は、「資金収益力の高いバランスシートに向けた金融機関全体の取組み」を促進する点にある。これまでALM運営は、どちらかというと市場・ALM部門の役割という位置づけで、資金収益の大半を占める営業部門の預貸金は、受動資産としてコントロールがむずかしいことから施策上の重要性は高くなく、結果の報告程度であった。しかし、特に預貸金の資金収益の低下傾向が続くなかでは、預貸金バランスシートも資金収益力を高めるためのプライシングや商品施策が必要であり、営業部門にもNII改

善に向けた取組みを促す必要がある。NII 分析は、将来資金収益という比較的理解しやすい「共通指標」と、預金・貸出金の将来残高変化をふまえた「精緻な分析」により、営業部門も含めて金融機関全体で議論し、施策検討することに適した手法である。金融機関全体で ALM 運営を検討し、全体で資金収益力の向上に向けた取組みを行うことで、預貸金・債券を含めたより能動的なバランスシート・コントロールを目的とする。

NII 分析を中核とする ALM 運営では、それぞれのプロセスにおいて NII 分析を活用し、NII 分析により意思決定を行う。以下では、(1) 目標設定、(2) 施策検討、(3) リスク分析、(4) モニタリング、の ALM 運営の各プロセスにおける NII 分析の活用についてのポイントを述べる。

（1）目標設定における活用

目標設定における活用事例

当該金融機関では、経営計画策定にあたって将来 5 年間の NII 分析を行ったところ、中長期的に目標とする ROE 水準に必要な資金収益に対して、NII が乖離（不足）していることがわかった。

乖離は特に 3 年目以降で大きくなり、要因としては貸出残高はほぼ計画水準であるのに対して、貸出金利の低下が想定以上に進行することであった。特に貸出のなかでも、中長期固定貸出において過去の比較的金利の高い固定金利貸出が満期を迎えることから、平均金利が低下することが主要因となっている。この結果、貸出金利の平均満期も短期化し、NII カーブもややスティープ化する予測となっている。

経営計画においては、目標 ROE 水準の達成時期の後倒しを検討するとともに、NII の低下を予防するための施策を検討した。預貸金では、事業性貸出や住宅ローンにおいて固定金利貸出を推進する施策を、プライシングを含めて検討するとともに、中長期固定貸出の満期を迎える顧客を個別に管理する営業体制を検討した。また、債券投資は中長期固定貸出減少のカバーと NII カーブのフラット化を目的として、中長期投資構成比を上げてリスクテイクを拡大した運用を市場部門で検討した。

ALM 運営では、まず、現状の資産・負債のバランスシート状況を分析した

【図表Ⅳ-4　目標設定におけるNII分析の活用】

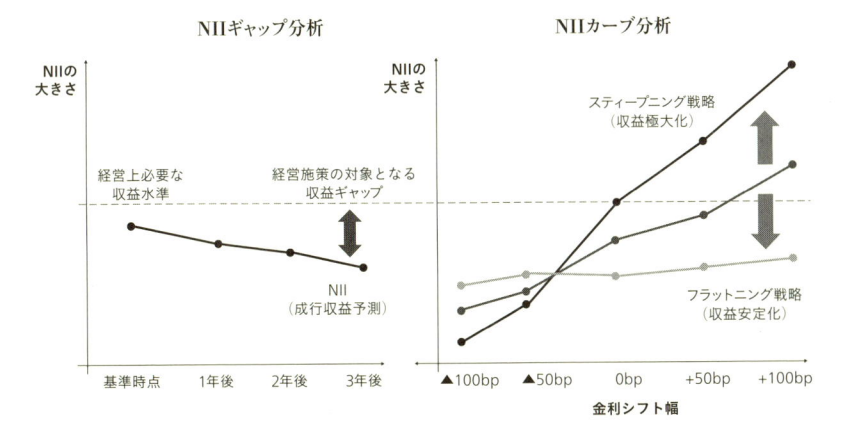

NIIギャップ分析　　　　NIIカーブ分析

(出所)三菱UFJリサーチ＆コンサルティング作成

うえで、将来のバランスシート構成や資金収益に対する目標水準を設定する必要がある。経営計画の策定と共通する部分であり、金融機関全体の目指すべき方向性を定める最も重要な部分である。NII分析では、現状のバランスシートに基づくNIIやNIIカーブにより、目標収益水準の発射台として活用することができる。

　NII分析で計測するNIIは、現状のポートフォリオを前提として、施策や経営努力を含まない場合の成行の将来資金収益予測である。これに対して、目標とする収益水準は、株主等の要求水準や経営の健全性の観点からの必要水準なども勘案して定める必要がある。この必要とする水準と成行のNII収益水準の差を考慮し、施策や経営努力によって差を埋めることが可能かどうか検討を行ったうえで、最終的な目標とする収益水準を定めることが望ましい。

　NIIは残高予測と金利予測の結果として算出されるため、NII分析では目標収益水準を達成するために必要となる残高水準、必要利回り水準を合わせて予測することができる。現状の残高・利回りと比較して、必要となる残高水準、必要利回り水準が実現可能かどうか、どういった施策が必要になるかを合わせて検討し、目標とする収益水準の達成に向けた金融機関全体の取組みを促進することが望ましい。

　また、NIIカーブによる分析を利用することで、目標とするNIIの水準と金利リスク（金利感応度の大きさ）を勘案した分析も可能である。一般に、目標の

期待値水準を高めることは、大きくリスクテイクすることになり、NIIカーブの傾きは大きくなる。期待収益水準を高く設定し、特に金利上昇時の収益拡大を目指すバランスシート戦略を「スティープニング戦略」と呼び、逆に期待収益水準を抑えながら金利変動に対する収益の安定を目指すバランスシート戦略を「フラットニング戦略」と呼ぶ。目指すべきバランスシートとして、NIIの期待値水準とNIIカーブの傾きにより、目標とするリスク・リターンの水準を定めることが望ましい。

（2）施策検討における活用

目標とする収益水準やバランスシート構成が現状に対して乖離がある場合には、目標を達成できるようALM施策によってバランスシートを改善していく必要がある。目標とする資金収益は預貸金と債券の合成であるが、商品性や必要な対応の違いから、「預貸金施策」と「債券施策」に区分して検討していくことが望ましい。

①預貸金施策の検討

預貸金施策検討における活用事例

当該金融機関では、変動金利貸出中心のポートフォリオにより、NII期待水準の低下とNIIカーブのスティープ化（金利感応度の大きさ）が課題となっており、中長期固定貸出の割合を増加させるよう施策を検討している。

中長期固定貸出は、表面金利の上昇と固定化により、NII期待水準の上昇とNIIカーブのフラット化が期待される。一方で、金利上昇時には変動金利貸出のほうがNIIは大きくなる可能性がある。

中長期固定貸出の構成比と予測金利水準でNIIをシミュレーションしたところ、構成比でα%まで、市場金利がβ%までの上昇であれば中長期固定金利貸出を増加させたほうがNII水準・カーブは望ましいことが分析できた。現状の水準と比較して、この水準をメドに中長期固定金利貸出の増加施策を検討した。

また、定期預金についても、固定貸出と同様に、長期固定金利調達のほうがNIIには有利な効果があるため、合わせて調達施策についても再検討した。

預貸金バランスシートは、顧客取引の積上げによる「受動資産」が中心であるため、目標収益に向けた急激な残高・プライシングのコントロールはできない。望ましいバランスシートに向けた中長期的な取組みが求められる。

　預貸金 NII は預貸金残高と対顧適用金利で構成されるため、預貸金 NII を目標に向けて改善していくためには、残高をコントロールするか、プライシングで適用金利をコントロールする必要がある。預貸金は競合要因もあって、残高とプライシングのトレード・オフが発生しやすく、残高と適用金利をどちらにどの程度注力して改善を目指すか検討する必要がある。

　NII 分析では、必要とする収益水準に対して、必要となる残高水準・プライシング水準をシミュレーションできるため、現状のバランスシート構成と比較して、残高・金利それぞれの必要な改善水準を把握することが可能になる。残高増加を中心とする施策を設定するのか、適用金利改善を中心とした施策を設定するのか、どちらにどの程度重点を置くのか、現実に必要となる残高・金利水準を考慮しながら分析することが望ましい。

　預貸金 NII 施策を検討するうえでは、残高増強・プライシング改善に加え

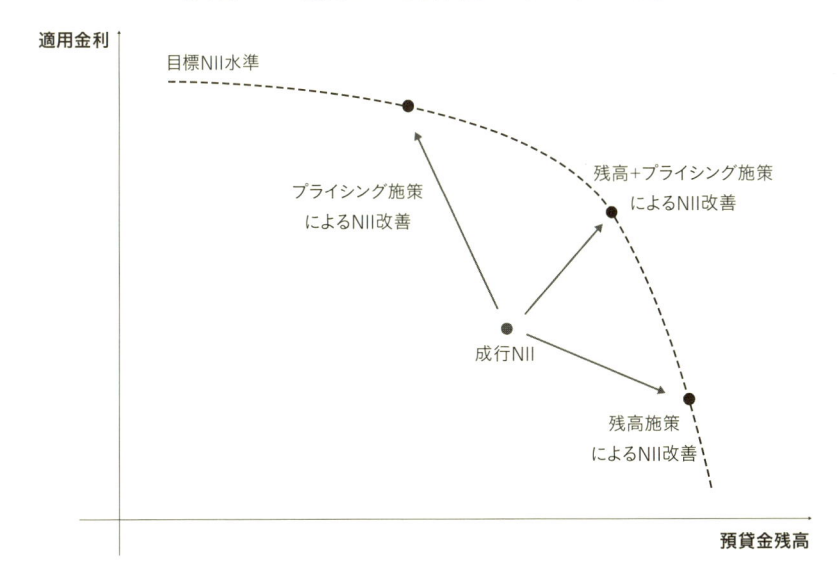

【図表IV-5　預貸金NII必要残高・金利水準の分析】

縦軸：適用金利　横軸：預貸金残高

- 目標NII水準
- プライシング施策によるNII改善
- 残高+プライシング施策によるNII改善
- 成行NII
- 残高施策によるNII改善

（出所）三菱 UFJ リサーチ & コンサルティング作成

て、預貸金商品間の構成比のコントロール施策も有効性が高い。同じ預金残高でも、流動性預金と定期性預金では将来 NII の水準・金利感応度に与える影響が異なり、同様に貸出金でも変動金利貸出と固定金利貸出、固定金利貸出でも短期・中期・長期などの期間によって NII に与える影響は異なる。NII 分析では、商品構成を変えた場合の将来シミュレーションも可能であるため、こうしたバランスシートの商品構成を変えた場合の NII および NII カーブへの影響度を分析し、目指すべきリスク・リターンのバランスシートへと近づけていくための施策検討を行うことが望ましい。

商品や金利タイプは最終的には顧客が選択するため、顧客のニーズを無視して金融機関が推進したい商品を提供することはできないが、推進商品のプライシングを優遇したり、ニーズに合う顧客に積極的に推進したりするなどにより、少しずつ望ましいバランスシートに向けた改善に取り組むことが望ましい。

預貸金資金収益の改善は地域金融機関の重要課題であり、ALM 運営においても ALM 部門、営業部門が協働して取り組む必要がある。NII 分析によって、具体的に必要となる残高・適用金利の水準、望ましい商品構成などの認識を共有することにより、営業部門における営業施策に展開しやすくなり、営業現場からのバランスシート改善を促進することができる。

【図表IV-6　預貸金NII戦略と商品構成】

NII戦略	商品構成の推進施策例
スティープニング戦略	変動金利貸出の増加
	固定金利貸出の短期化
	住宅ローンの増加
	長期固定定期預金の増加
フラットニング戦略	中長期固定金利貸出の増加
	事業性貸出の増加
	流動性預金の増加

(出所) 三菱 UFJ リサーチ＆コンサルティング作成

②債券施策の検討

債券施策検討における活用事例

当該金融機関では、預貸金 NII の低下・スティープ化に対して、債券 NII の

拡大施策を検討している。
　債券デュレーションの長期化によるリスクテイクの拡大を方針としているが、デュレーションの長期化は一方で金利上昇時の資金収益低下・評価損拡大が課題となる。
　期間ごとの債券投資構成比を複数パターンでNIIおよびNIIカーブを比較検討したところ、金利期間ごとの預貸金バランスの違いから、単純に長期債を拡大するよりも、3〜5年前後の債券を中心に投資することで、預貸金と債券を合わせた金融機関合計のNII、NIIカーブが最も望ましくなることがわかった。

　債券は、預貸金バランスシートを受けて、金融機関全体のNIIのリスク対比リターンバランスをコントロールする「能動資産」である。金融機関全体の目標NII水準、金利感応度に対して、預貸金NIIで構成する部分以外を、債券ポートフォリオのNIIでカバーする必要がある。
　債券は、どういった期間・商品構成のポートフォリオを構築するかによってNIIのリスク対比リターンに大きな影響を与える。NII分析では、預貸金NIIの状況をふまえて、債券ポートフォリオNIIを合算することにより、金融機関全体のNIIにとっての「最適な債券ポートフォリオ構成」をシミュレーションすることができる。
　具体的には、既存ポートフォリオの債券の償還等による期落ちに合わせて、新規の債券投資における「投資方針案」を複数設定する。投資方針案ごとに金融機関全体のNII・NIIカーブをシミュレーションすることで、目標収益水準と比較しながら、最適な投資方針を選択することが可能になる。
　投資方針の設定においては、主に債券の期間構成が重要になる。長期債の構成比を大きくするとNII水準が大きくなりNIIカーブがフラット化するが、金利上昇時の資金収益増加が限定され評価損益も大きくなる。短期債の構成比を大きくすると金利上昇時のメリットが大きいが、資金収益のリスク（金利感応度）は大きくなる。
　また、投資方針の設定にあたっては、預貸金NIIとの組合せにより金融機関全体のNIIバランスで判断することが重要である。預貸金は、金利グリッドによって運用・調達バランスの乖離が大きかったり、金利変動時の影響が異なったりする。こうした金利グリッドでの債券投資構成を調整することで、預

貸金 NII の変動を中和し、金融機関全体の NII リスク・リターンを改善することも可能になる。

　債券の最適な投資方針の検討においては、現実には残高の制約やリスク量の制約により、無制限にコントロールすることはできないことに留意する必要がある。そのため、最適化シミュレーションにおいては、残高上限やリスク量の上限等の制約条件を設定することが望ましい。また、NII（将来資金収益）だけでなく、評価損益の水準および金利による変動を勘案し、評価損益の水準が許容可能な範囲であることを確認することが望ましい。

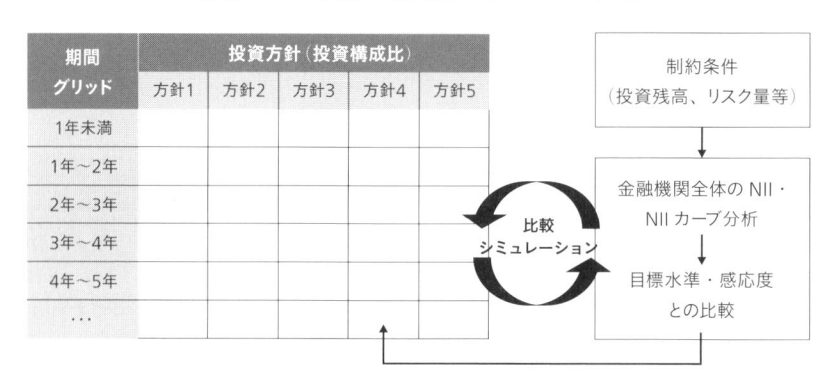

【図表IV-7　債券の最適化シミュレーション】

期間グリッド	投資方針（投資構成比）				
	方針1	方針2	方針3	方針4	方針5
1年未満					
1年～2年					
2年～3年					
3年～4年					
4年～5年					
…					

制約条件（投資残高、リスク量等）
↓
金融機関全体の NII・NII カーブ分析
↓
目標水準・感応度との比較

比較シミュレーション

NII シミュレーション結果に応じて最適な投資方針を選択

（出所）三菱 UFJ リサーチ & コンサルティング作成

（3）リスク分析における活用

リスク分析における活用事例

　当該金融機関では、統合ストレス・テストにおいて、資金収益の影響度計測を NII 分析により行っている。

　NII はシナリオによって影響が異なる。国債暴落などの金利上昇シナリオでは、NII は貸出金利の改善を要因として拡大するが、債券の評価損は拡大する。しかし、実体経済が悪化し、金融緩和により金利がもう一段低下するシナリオでは、NII が低下する一方で、債券の評価益が発生する。

　それぞれの資産・負債への影響度をふまえて、シナリオ顕在化へのモニタリ

ングと対応策を事前に検討する。

　NII分析では、NIIカーブにより将来資金収益のリスクとリターンを分析することができる。ALM戦略を定める際には、これらの一連のリスク・リターン分析に加えて、ストレス・テストにより、ダウンサイドのリスク分析を行うことが望ましい。将来資金収益に与える影響度としてNII分析単体で行うことも可能であるが、統合ストレス・テスト（第Ⅲ章参照）の一部として、他のリスク・カテゴリーと合算した自己資本充実度による評価に、資金収益への影響度としてNIIストレス・テスト分析を利用することが望ましい。

　NII分析では、金利等の将来シナリオについてさまざまな設定が可能である。計画策定の前提となる将来予測値の「メインシナリオ」のほか、メインシナリオが外れて悪化した場合の「リスク・シナリオ」、確率は低いものの大きな影響が懸念される「ストレス・シナリオ」などの使い分けが可能である。たとえば、景気回復による緩やかな金利上昇を計画策定上の「メインシナリオ」として利用し、景気の底割れによるさらなる金利低下を「リスク・シナリオ」、国債の信用不安などによる金利の急上昇を「ストレス・シナリオ」として、それぞれのシナリオ別NIIを比較するなどの利用方法が可能である。

　特に現在の環境下では、NII分析を利用したストレス・テストとして、「国債暴落による金利急上昇シナリオ」への注目度は高い。金利急上昇時に現在保有する債券の評価損益がどの程度発生するかというストレス・テストは多くの地域金融機関で行っているものの、預貸金の動きは考慮していない場合が多い。NII分析では預金・貸出金の変化も加えて、金利急上昇における資金収益・評価損益への影響度を算出する。金利の急上昇によるストレス・シナリオが顕在化した場合、債券だけでみると資金収益はあまり変わらず、評価損が大きく発生することが懸念されるが、金利上昇による預金・貸出金の残高および資金収益の変化を組み合わせることで、金融機関全体の資金収益が増加し、債券ポートフォリオの縮小により評価損も債券のみの評価時に比べると抑制される結果となる場合もある。

　こうしたストレス時のNII、評価損益をストレス・テストで分析することにより、策定しようとするALM計画、債券投資方針等が金融機関の経営体力と比較して許容できるかどうか検証したうえで、決定することが望ましい。

【図表Ⅳ-8　NIIによるストレス・テスト分析】

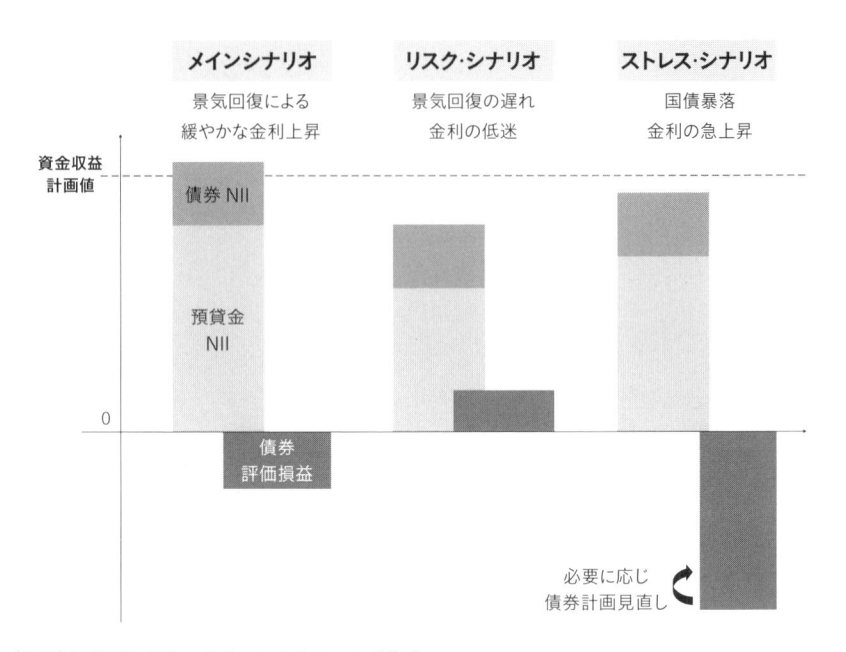

```
              メインシナリオ        リスク・シナリオ      ストレス・シナリオ
              景気回復による        景気回復の遅れ        国債暴落
              緩やかな金利上昇      金利の低迷            金利の急上昇
資金収益
計画値
              債券 NII

              預貸金
              NII

0
                    債券
                    評価損益
                                                          必要に応じ
                                                          債券計画見直し
```

(出所)三菱UFJリサーチ＆コンサルティング作成

(4) モニタリングにおける活用

モニタリングにおける活用事例

　当該金融機関では、NII分析の結果を定例的にALM委員会に報告している。その時点のポートフォリオによるNIIおよびNIIカーブの状況に加え、目標水準や前回計測値との比較分析を行っている。NII変化は科目や要因別に分解することで、ALM施策の検討への活用や、対応するべき所管部署(営業部門や市場部門)の明確化を図っている。

　NII分析は、ALM戦略の策定後も、当初計画との乖離状況やポートフォリオの変化をモニタリングする指標として活用できる。そのため、NIIの計測は月次や期次で定期的に行うことが望ましい。

　定期的なモニタリングでは、目標水準比や前回計測比でのNII変化を比較分析することが有効である。NII水準(＝バランスシートの将来資金収益力)が低

下していないかどうかや、NIIカーブ（＝金利感応度）の形状が大きく変化していないかどうか等についてモニタリングすることが望ましい。

この比較分析は、単純にNII水準を比較するだけではなく、NII分析の特長を生かして「科目・要因別」や「将来時系列」で分析することが望ましい。

NII分析では、流動性預金や住宅ローンなどの科目別に、残高および金利を予測して掛け合わせることで将来資金収益を算出する。このため、目標比や前期比でのNII水準の変化について、科目別や商品別にNII変化額を分解して、どの科目で乖離が大きくなっているか分析することができる。またNIIの要因を「残高要因」「金利要因」に分解したうえで、市場金利変動やスプレッド変動など、さらに詳細に要因分解することも可能である。こうした科目別・要因別にNIIの変化を比較することで、単にNIIが増加した・減少しただけでなく、変化の要因に対して適切な対応施策を検討することが可能になる。

また直近のNIIだけでなく、将来時系列のNII変化を比較することで、バランスシートの変化をより精緻に分析することができる。NIIは将来の資金収益力を対象としているため、実績の資金収益は目標水準に達していたとしても、短期中心で継続率の低い資産・負債構成では将来の資金収益力は低下する可能性がある。将来の中長期にわたるNII水準を比較することで（3〜5年程度のNIIを対象とする例が多い）、バランスシートの変化を早期に発見し、予防的な対応施策を検討することが可能になる。

NII分析は、こうした観点から分析を行ったうえで、ALM委員会等においてALM・バランスシート運営について議論し、目標とする資金収益水準に向けて金融機関全体で適切な対応施策をとることが望ましい。

3.NII分析手法の構築

NII分析は、前提となる将来シナリオを設定したうえで、現状のバランスシート・データをもとに、科目別に将来残高、将来金利を予測して将来の資金収益を予測する。さまざまな将来シナリオや施策に応じたNIIを計測するため、シナリオごとに影響度を個別に検討して予測するのではなく、将来残高・将来金利に関する予測モデルを構築し、各シナリオ・施策をモデルに適用することで予測を行うことが必要になる。

【図表Ⅳ-9　NII分析による定期モニタリング】

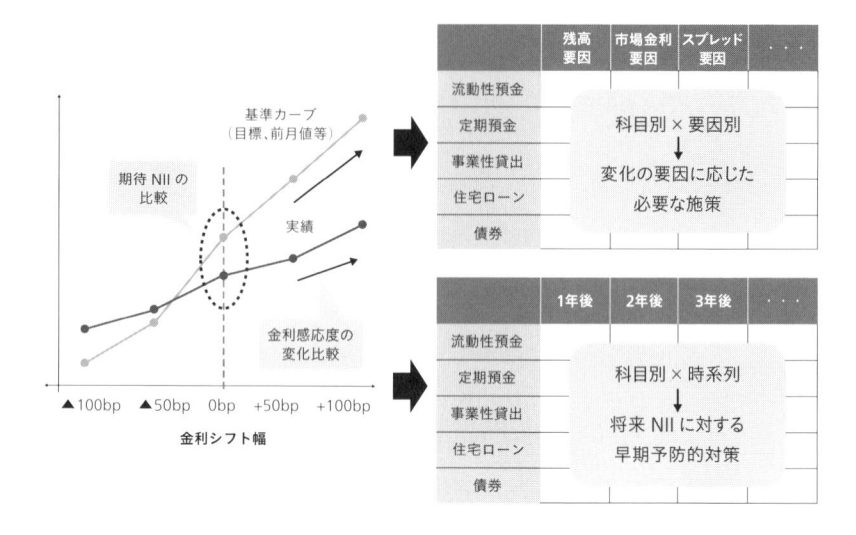

	残高要因	市場金利要因	スプレッド要因	...
流動性預金				
定期預金	科目別×要因別 ↓ 変化の要因に応じた 必要な施策			
事業性貸出				
住宅ローン				
債券				

	1年後	2年後	3年後	...
流動性預金				
定期預金	科目別×時系列 ↓ 将来NIIに対する 早期予防的対策			
事業性貸出				
住宅ローン				
債券				

（出所）三菱UFJリサーチ＆コンサルティング作成

　NII分析がALMの中核として機能するためには、いかに合理的で納得感のある将来残高、将来金利を予測することができるかという点がきわめて重要であり、なかでもこの将来残高・将来金利の予測モデルの重要性は高い。このため、金融機関内で適切な分析を行ったうえで、以下のような点に留意したモデル構築を行うことが望ましい。
①可能な限り金融機関自身の実績データに基づきモデル構築すること
②金利等の変化に対する、科目ごとの残高影響の特性、金利影響の特性を反映し、科目別にモデル構築すること
③ただし異常値や個別取引影響を排除するため、過度に詳細な科目単位でのモデル構築を避けること
④統計的・数学的な正しさよりも、実務上の納得感、運用・活用のしやすさを重視すること
⑤予測モデルのバックテスト等を行い、定期的に検証を行うこと
⑥モデル・パラメータの適切なアップデートを行うこと
⑦継続的なモデル高度化により、長期的な視点でモデル改善を図ること

【図表IV-10　NII分析の手順】

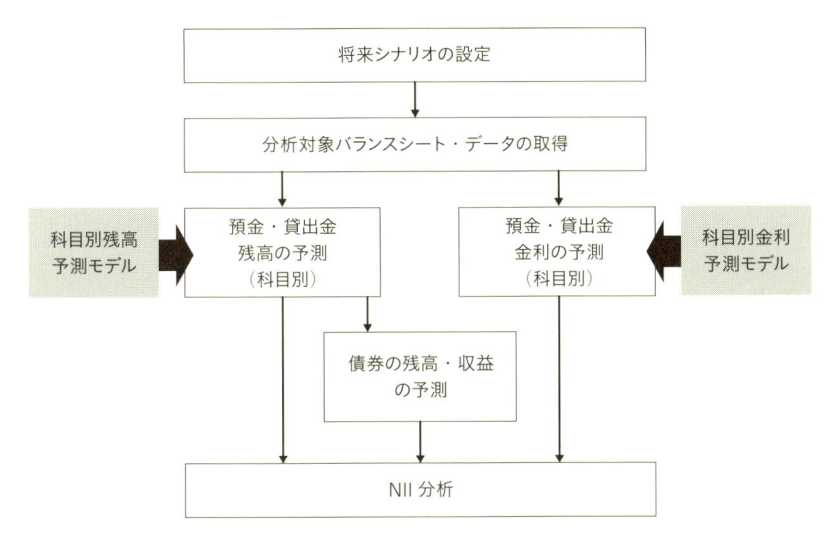

```
                    将来シナリオの設定
                           ↓
              分析対象バランスシート・データの取得
                    ↙              ↘
  科目別残高        預金・貸出金        預金・貸出金        科目別金利
  予測モデル   →   残高の予測          金利の予測    ←   予測モデル
                   （科目別）          （科目別）
                        ↓
                    債券の残高・収益
                        の予測
                        ↓
                      NII 分析
```

（出所）三菱 UFJ リサーチ＆コンサルティング作成

　予測モデルの構築とそれを利用した NII 計測を行ううえでは、残高・金利特性の異なる科目別に行う必要がある。以下では、地域金融機関の主要な科目について、残高・金利予測と NII 分析のポイントを整理する。

（1）流動性預金

　流動性預金は、預入れの満期期日がなく、一部の商品を除き預金金利は不定期で変動するという商品特性を有する。このため、これまで低金利の環境下で残高は堅調に推移し、低い預金調達金利で抑えられてきたものの、本来金利変動に対して影響を受けやすい商品であり、NII 分析においても外部環境の変化に対する影響の度合いを予測することが重要になる。
　流動性預金残高は、一般的に金利変化の影響が強く、金利が上昇すると流動性預金から定期預金へのシフトなどにより、残高が減少する傾向がある。一方で、流動性預金は資金決済などの役割を担うことから、長期間にわたって滞留する底だまり部分、いわゆる「コア預金」があることはよく知られている。残

高に占めるこのコア預金の大きさと、金利等の外部環境の変化に対する預金者行動の影響の受けやすさによって、流動性預金の残高は変化すると考えられる。

このため、流動性預金は預金科目や預金者の属性、残高水準によって受ける影響度の大きさが異なる傾向がある。たとえば、法人預金よりも個人預金のほうが金利変化等の影響は受けにくく、個人預金でも給与振込みやローンの付帯した決済用口座の預金残高はさらに外部環境変化の影響は小さい傾向がある。こうした属性ごとの違いを分析したうえで、予測モデルを構築することが望ましい。

特に近年では、個々の預金口座残高の推移データを用いて、預金者の属性や口座年数、取引履歴などに基づいて将来の残高推移を予測する「ヴィンテージ・モデル」への注目が高まっている。ヴィンテージ・モデルはALMにおける残高予測への活用だけでなく、預金推進のターゲットとするべき属性や付帯取引などのマーケティング戦略にも活用することが可能であり、実用化が期待される。

流動性預金の予測におけるもう一つの重要な要素は、定期預金を加えた預金

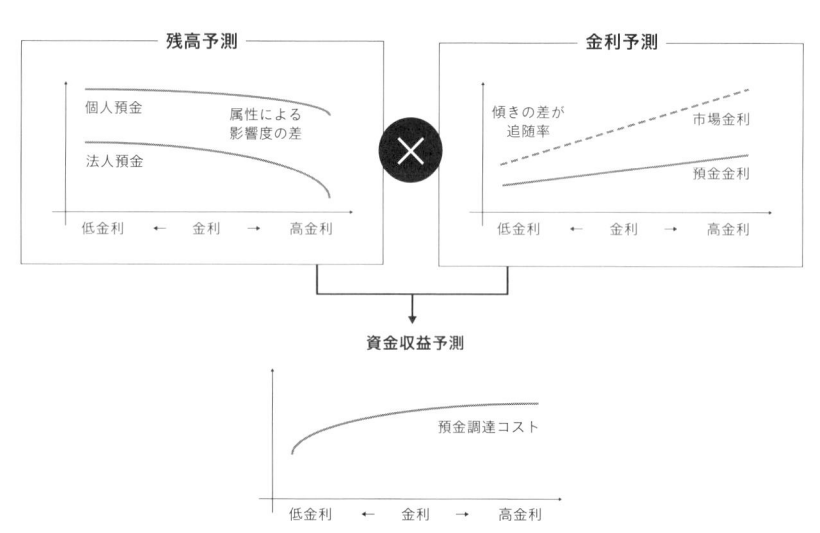

【図表Ⅳ-11 流動性預金のNII分析】

（出所）三菱UFJリサーチ＆コンサルティング作成

全体に与える人口および年齢構成の動向変化の反映である。特に個人預金については、将来人口減による減少傾向と、高齢化による増加傾向という双方の影響が考えられるため、地域の人口・年齢構成の動向に応じた予測を行うことが望ましい。

　流動性預金は、当座預金など金利変動のない科目を除き、市場金利を受けて金利が変動する変動金利商品である。ただし、市場金利の変化分がそのまま金利に反映されるわけではなく、市場金利の変化を受けた預金店頭表示金利の改定に依存し、市場金利変動と店頭表示金利で変化のタイミングと変化幅には差異が発生する。市場金利が変動した場合に預金店頭表示金利をどのタイミングでどれだけ改定するか（＝市場金利追随率）は、金融機関のプライシング戦略に依存するが、一般的に流動性預金は他商品と比べて追随率が低く、金利上昇時も預金調達コストの上昇幅は抑えられる傾向がある。

(2)定期預金

　定期預金は、預入れの満期が明細ごとに明確に定められており、一部の商品を除き満期まで固定金利という商品特性を有する。既存の預入れ分は満期までの残高・金利が確定しているため、これを考慮しながら将来予測を行うことが望ましい。

　定期預金の将来残高は、
　現在預け入れられている残高が徐々に満期を迎える「ストック部分」
　ストック部分が満期を迎えた後、更新・継続される「継続部分」
　新規に預け入れられる「新規部分」
　の三つの部分から構成され、それぞれ特性が異なるため、区分して残高と金利を予測することが必要である。

　ストック部分は、現在の預金残高がどの時点で満期を迎えるか、将来時点ごとの成行残高を把握したうえで、中途解約を勘案して残高予測を行うことが望ましい。中途解約は、特に期間１年以上の定期預金商品などでは影響が大きく、商品種類や経過期間によって中途解約率が異なる。また中途解約率は市場金利と預金金利の差が大きくなると解約率が高くなる傾向もあり、金利シナリオに応じて中途解約率を予測したうえで、残高予測を行うことが望ましい。

　継続部分は、満期を迎えた残高のうちどの程度継続されるかという「継続

【図表Ⅳ-12　定期預金のNII分析】

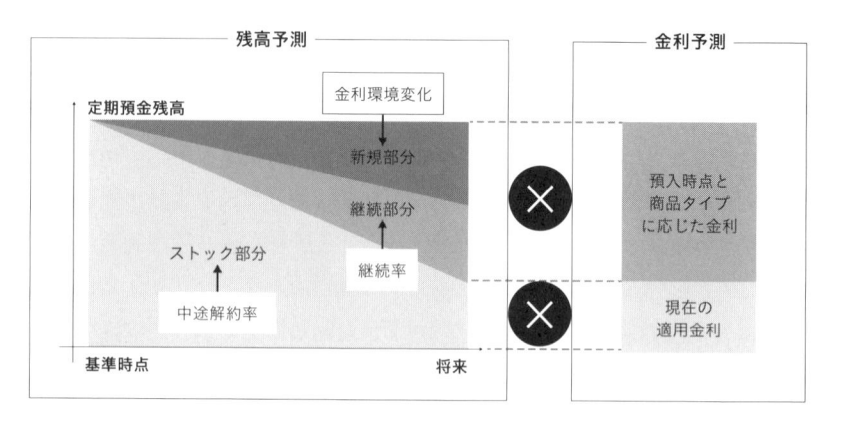

(出所)三菱 UFJ リサーチ＆コンサルティング作成

率」が重要であり、商品や属性により異なる継続率を反映した予測が望ましい。一方で新規部分は、流動性預金からのシフトなどが主要因になるため金利環境による影響を受けやすく、将来シナリオに応じた予測が必要になる。継続部分・新規部分は、預入れの将来時点ごとに適用される預金金利で満期まで預金調達コストを算出する。

　一般的に定期預金は、金利上昇時には流動性預金に比べて利回りの魅力が増し、残高が増加する傾向がある。合わせて預金金利も上昇するため預金調達コストは増加する傾向があるが、ストック部分が満期まで固定金利であるため、預金調達コストの増加ペースは抑えられる傾向がある。

(3)事業性貸出

　事業性貸出は、貸出満期や金利種類が個別に異なり、短期貸出から長期貸出まで、変動金利(プライム、スプレッド)から固定金利まで非常に多様性がある。特に企業貸出は景気や金利の影響も受けやすく、銀行のバランスシートのなかでは将来予測が最もむずかしい商品といえる。

　事業性貸出の予測は、主に三つのアプローチがある。

　一つ目の方法は、定期預金と同様に、現状バランスシート・データから貸出をストック・継続・新規の構成比に区分し、それぞれの残高・金利を区分する

方法である。定期預金と同じ考え方ではあるが、定期預金より金利タイプや満期が多様である点に留意が必要である。

二つ目の方法は、資金需要から予測する方法である。企業の資金需要は景気や金利、業界動向などに影響を受けるため、いったんマクロ経済（日本全体など）の資金需要を予測したうえで、マクロ需要に対する構成比を掛け合わせて、地域や自らの貸出金を予測する方法である。大口先の影響が大きい場合は、大口先の資金需要を個別に予測することも考えられる。

三つ目の方法は、金融機関としての目標値を設定する方法である。事業性貸出の残高は、金融機関の推進方針の影響を大きく受けやすい。目標とする残高水準を設定することで、目標残高における資金収益水準を予測することができる。

三つの手法はそれぞれ特徴があるが、分析の客観性や整合性の観点からは、一つ目のストック・継続・新規の構成比に区分して現状のバランスシート・データから予測する手法が望ましい。ただし、商品の多様性や大口先の影響により予測が安定しない可能性があるため、適宜他の方法をミックスして、現実感のある将来予測を行うことが望ましい。

事業性貸出は、多くの金融機関で貸出金利の低下が課題となっている。市場金利以上に貸出平均金利が低下する傾向が続いており、市場金利の要因に加えて、スプレッド低下や過去の高金利貸出の剥げ落ちなどの要因も大きい。NII分析においては、こうした傾向がどの程度まで続くか予測し、少しでも金利低下を防ぐためのバランスシート運営施策などを検討することが必要である。

【図表Ⅳ-13　事業性貸出のNII分析】

手法	メリット	デメリット
現状のバランスシート・データから予測する方法	・客観性がある ・手法は定期預金等と整合的	・多様な商品・金利種類ごとの推計が必要 ・大口先の影響を受けやすい
資金需要から予測する方法	・マクロ経済の貸出動向を反映できる	・マクロ経済の資金需要予測およびマクロ経済と地域・当行の差の勘案が必要
目標残高を設定する方法	・推進方針を反映できる ・目標残高における資金収益の水準を把握できる	・目標値の実現性が確認できない ・シナリオごとの差がない

（出所）三菱UFJリサーチ＆コンサルティング作成

(4) 住宅ローン

　住宅ローンは、近年の貸出残高増を支える重要な商品であるが、厳しい金利競争と将来の住宅投資需要の減退が予想されることから、NII 分析においても影響の大きい商品である。特に満期までの期間が長く、将来の残高や金利も複雑な動きをするため、分析上留意する必要がある。

　住宅ローンの残高予測において、最も重要な要素は「期限前償還（繰上返済、プリペイメント）」である。借換えや部分償還を含めて期限前償還の割合は高く、将来残高および将来資金収益に大きな影響を与えるため、残高の期限前償還率を予測することが重要である。期限前償還率は、金利タイプや経過期間、季節、市場金利と貸出金利の金利差などによって影響を受けるため、これらの要素を勘案した予測を行うことが望ましい。なお期限前償還率は、住宅ローンの収益性やプライシングを評価する「生涯採算分析」でも重要な要素となる。住宅ローン商品の残高、収益性、リスク等を決める重要な指標であるため、可能な限り精緻な予測を行うことが望ましい。

　住宅ローンの資金収益の予測において最もむずかしい点が、ストックおよび新規貸出分の「金利タイプ別構成比」である。住宅ローンには、変動金利、固定期間特約付変動金利、固定金利などの金利タイプ商品があり、一般的に顧客が自由に選択することができる。現在の低金利環境下では変動金利タイプや、短期の固定特約の割合が高いが、一般的には金利上昇下ではより長期の固定金利タイプの選択がふえると考えられる。こうした金利タイプの選択により、適用金利だけでなく、元利均等返済を通して将来残高も影響を受ける。将来資金収益においては金利タイプの構成比が市場金利や優遇金利などの金利変化にどのように影響を受けるか勘案しながら予測を行うことが望ましい。

　住宅ローンも事業性貸出と同様に貸出金利の低下が課題となっている。一部の試算では、過去の高金利の住宅ローンは収益性を確保しているものの、金利優遇幅が大きくなった近年の住宅ローンは大半が赤字となっている事例もある。NII 分析においては、高金利貸出の剝げ落ちと優遇幅の拡大が続くなかでの貸出金利の低下がどの程度まで続くか予測し、金利タイプ別の優遇などのプライシング施策を再検討することが望ましい。また将来の経営環境を考えるうえでは、金利や景気動向の影響に加えて、人口減少等に伴う長期的な新規住宅投資の減少トレンドを勘案した予測を行い、今後の推進方針も再検討することが望ましい。

【図表IV-14　住宅ローンのNII分析】

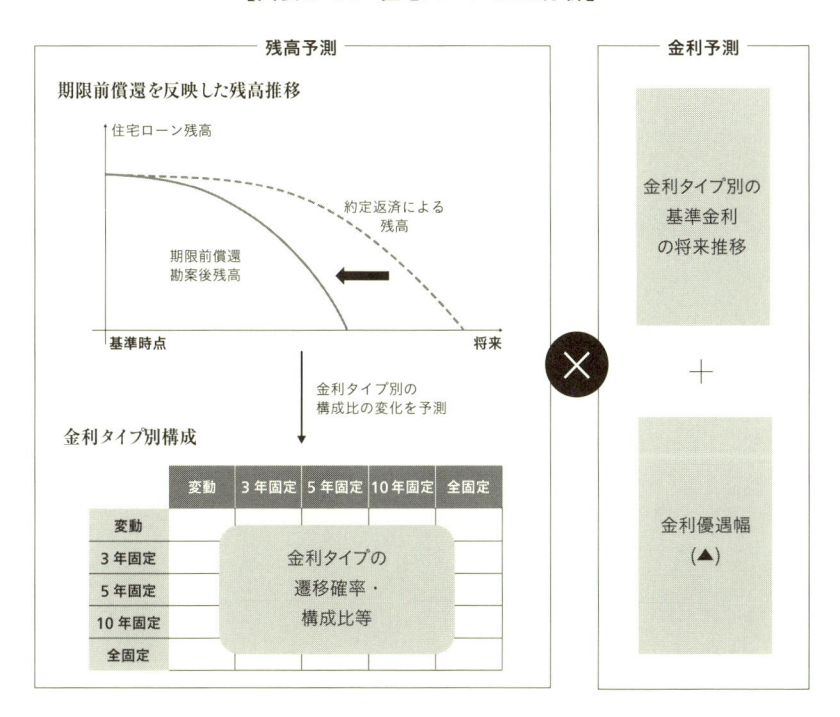

(出所) 三菱UFJリサーチ＆コンサルティング作成

(5) 債券ポートフォリオ

　債券ポートフォリオは、前述のとおり、能動資産としての投資方針に基づく分析が主目的であるため、投資方針に基づいた残高・金利の予測を行う。既存の債券ポートフォリオ明細の、将来の償還予定をベースとして、売却および購入 (新規投資) の方針の設定が必要である。

　売却方針では「どういった場合にどの銘柄を売却するか」、購入方針では「どういった期間構成比で、どの程度の金額まで投資するか」などについて、予測の前提を設定する必要がある。現実の運用では市場動向に応じて個別に銘柄とタイミングを選定するが、NII分析においては設定した方針に基づいて、機械的・自動的にポートフォリオを組み上げていくことを前提とする。

【図表Ⅳ-15　債券のNII分析】

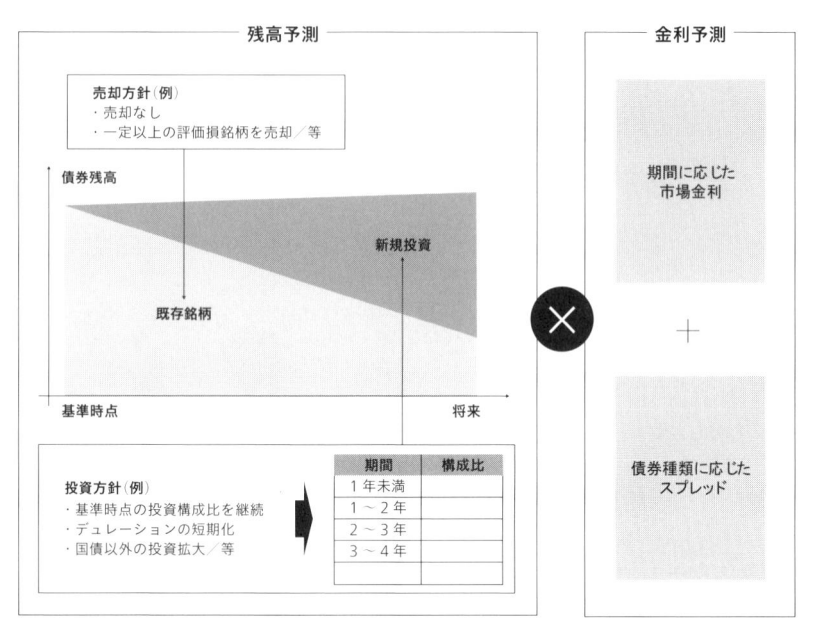

残高予測

売却方針（例）
・売却なし
・一定以上の評価損銘柄を売却／等

債券残高

既存銘柄

新規投資

基準時点　　　　　　　　　　　将来

投資方針（例）
・基準時点の投資構成比を継続
・デュレーションの短期化
・国債以外の投資拡大／等

期間	構成比
1年未満	
1〜2年	
2〜3年	
3〜4年	

×

金利予測

期間に応じた市場金利

＋

債券種類に応じたスプレッド

（出所）三菱UFJリサーチ＆コンサルティング作成

　投資方針に基づいたポートフォリオ各銘柄に、変動金利・固定金利などの債券タイプや国債・地方債・社債などの債券種類に応じた市場金利＋スプレッドを設定して、NIIおよび評価損益を算出する。債券NIIと金融機関全体のNII、債券評価損益の水準を分析しながら、最適な投資方針を検討することが望ましい。

4.まとめ

　NII分析はこれまでのALMに代わる比較的新しい手法であるが、資金収益の低迷などを背景に、金融機関での注目度は高くなっている。地域金融機関においてもNII分析に向けたデータ分析やモデルの構築が進んできた。
　NII分析の導入を目指す地域金融機関の目的はさまざまあるが、共通する点は、「経営計画策定への活用」と「将来の金利上昇への備え」である。金利が低下を続け、預金・貸出金の残高が増加を続けてきたなかで、より長期の将来

経営環境を見据えて、金利上昇に転じた際に金融機関のバランスシートに発生しうる影響度を分析し、経営計画策定に活用したいというニーズが強い。

　NII 分析を行うためには、予測モデルの構築に加えて、予測モデルに基づいて将来資金収益を算出するための仕組みが必要である。運用負担を小さくして、明細別データを利用して精度の高い予測結果を算出するためには専用システムの構築が望ましいが、ある程度の集約データが利用できれば、一般のパソコン上でのツールを利用した分析も可能である。分析や運用の柔軟性を高くすることが重要であり、必ずしも専用システムが必要というわけではない。

　また、NII 分析は科目別の予測の積上げによって算出するため、科目ごとの構築も可能である。本来は金融機関全体の NII コントロールが目的であるため、全科目を対象とすることが望ましいが、たとえばまずは預金の NII を予測する仕組みの構築から取り組む事例もある。

　これまでの金利の低位安定から将来的に上昇に転じ、合わせて人口減少により預金・貸出の残高変化が予測されるなかで、将来の資金収益はいっそう不安定化することが予想される。こうしたなかでどこまでリスクをとって、どの程度の収益を目指すのか、ALM によるバランスシート運営の重要性が高まることは間違いない。

　NII 分析はこうした不安定化する経営環境のなかで、現状を分析するだけでなく将来に向けた施策を検討するために有効な手法であり、活用範囲も広い。一方で、予測モデルの構築や試行、検証など、構築から実際に金融機関で活用するまで比較的時間を要するため、早期の取組みと段階的な高度化が活用度を向上させるうえで重要になる。

「地域」を知る エリア分析

第 V 章

地域金融機関経営は、地域の経済・社会環境と切っても切り離せない関係にあることはいうまでもないだろう。預金や貸出金などの金融サービス需要は地域の経済状態に大きく影響を受けるうえ、地域金融機関には地域経済の活性化や地域貢献の役割も期待されている。一方で、地域金融機関の営業地域のなかでも地域によって経済・社会環境には差があり、さらには将来の人口減少により地域間の差は拡大しようとしている。

　こうしたなかで、地域（エリア）の現状と将来像に関する「エリア分析」の重要性が高まっている。エリア分析では、地域金融機関の営業地域における、各エリアの金融サービスの潜在需要の大きさや成長力、競合状況等を分析することにより、地域金融機関の経営計画における残高・収益見通しやエリアごとの推進方針、店舗戦略等に活用することを目的としている。

　地域金融機関のなかには、「地域の状況は日々の取引のなかで十分に把握しており、あらためてエリア分析を行うことは不要」という考えもあるだろう。しかし、日々の取引の経験と勘だけでは重要な経営判断において懸念が残る。地域に根差しているがゆえに逆に「近過ぎてみえない」ことも多く、あらためてエリア分析により客観的に検証することは重要である。特に、経験や勘によるエリアの評価は個別の取引や直近足元の取引状況に印象が左右されることが多く、取引状況が好調でも将来の人口減少が懸念されるエリアや、逆に大きな取引や成長がないものの収益性が高いエリアなど、潜在的なエリアの変化を見落とす懸念がある。また取引活動で得たさまざまな情報はエリア分析を通して比較検証することでより確実性の高い情報となり、確証をもった経営判断に利用できる。

　エリア分析は、普段の営業活動を通して感じている地域の状況を、定量的・客観的な指標等を利用して再評価する分析であり、地域に密着する地域金融機関ほど分析の必要性が高い。本章では、このエリア分析について、分析上のポイントや活用事例について述べる。

1.エリア分析のポイント

（1）定量データを用いた客観的な評価を行うこと

　エリア分析は、可能な限り定量データを利用し、各エリアを定量的に評価す

ることが望ましい。

　先にも述べたとおり、地域金融機関の地盤となるエリアには日々の取引活動や個別の顧客行動による定性的な印象が影響しやすく、エリアを評価するにあたって特別な「思い」が生まれやすい。たとえば、エリアの需要に対して過剰な店舗網となっていてもいくつかの新規取引先の獲得によって将来性の高いエリアと評価されたり、新規出店等の検討の際に有望ではあるけれども競合の非常に厳しいエリアを選定したりするなどのケースがある。

　エリア分析は、こうした定性的な印象や思いを排除して、定量的なデータに基づく客観的な評価を行うべきである。エリアの潜在需要の大きさや競合状況、将来の成長性を定量データにより評価することによって、店舗網の過剰さや新規出店の有望エリアなどを定量的に検討することが可能になる。

　もちろん定量的なエリア分析の結果だけで判断を行うべきではなく、最終的な店舗網の見直しや新規出店戦略を検討するうえでは定性情報を加味した判断が必要である。定量的なエリア分析はむしろ、日々の取引活動による定性的な情報を評価し、見落としているエリアの変化や思い違いがないかどうか検証する目的のほうが活用は進みやすい。定性評価と定量評価を組み合わせた適切な意思決定を行うためにも、エリア分析では定性情報を排除した客観的な評価を貫くことが重要である。

　エリア分析を定量的分析により行うことのメリットは、エリアの変化やエリア間の差を数値化することができることである。エリア分析は、最終的には店舗統廃合や新規出店など、エリアごとにどの程度経営資源を投下するかという判断を行うことが主な目的であるが、あるエリアがもう一つのエリアよりも有望だと判断してもどの程度の差があるのかわからなければ、経営資源の配分にどの程度差をつけるべきかわからない。エリアの変化やエリア間の差が定量化されていれば、投下する経費とエリア状況のバランスを数値によって検証することができ、費用対効果を最適化する分析も可能になる。こうした定量的な分析に基づく客観的な評価により、金融機関内部でエリアに対する認識も共有化でき、エリア戦略に関する議論の活発化が期待できる。

　定量的分析を行うためには、エリアごとの定量データを整備する必要がある。エリアごとの人口や企業数、企業規模、経済活動の状況などに関する外部統計情報に加えて、当金融機関内部の取引情報・収益情報を利用することによ

り、外部データ・内部データの組合せにより評価することが望ましい。

(2) 目的に応じたエリア単位を設定すること

　エリア分析においては、分析対象のエリアの単位（≒エリアの大きさ）を決めることが必要である。エリア単位は、「ブロック別」「市町村別（自治体別）」「店舗別（店勢圏別）」などがある。

　エリア単位は細かければいいというものではない。エリア分析を活用しようとする目的にあった単位で設定することが必要である。

　広域の自治体を対象とする「ブロック別分析」は、地域金融機関全体でみたエリアへの注力方針の検討への有効性が高い。たとえば、県内と県外や都市部と郡部、県内での東部・中部・西部など、広域でのエリアの状況を比較し、大方針としてどのエリアに注力していくかという検討に利用しやすい。特に営業体制として複数の営業店で機能分担するブロック制を導入している地域金融機関では、ブロック間の比較分析などで活用度が高い。

　「市町村別（自治体別）分析」は、市町村ごとの評価比較分析の有効性が高い。特に市町村は全国で共通した単位であるため、全国でみた当該金融機関の営業エリアの位置づけや、隣接県・市町村と比較した当該金融機関の市町村の特徴の分析などが可能である。こうした分析は、隣接市町村などへの新規出店エリア候補地の検討などに活用ができる。

　市町村をさらに細分化して、各営業店の店勢圏エリアを評価する「店舗別（店勢圏別）分析」は、各営業店の店舗エリア評価への有効性が高い。各金融機関では営業店ごとの店勢圏を定めており、この店勢圏内の潜在需要や競合状況を分析することで、各営業店の業績と比較した分析や、各営業店の経営資源の充足度合いを分析することが可能になる。特に、既存店舗の店舗統廃合や職員配置の検討への活用度が高い。

　エリア分析では、それぞれの単位での分析をブレークダウンしていくことにより、方針策定から具体的な施策へ実効性を伴って検討していくことが可能になる。たとえば、まずブロック別分析で各ブロックへの注力方針を設定したうえで、注力するブロックのなかで具体的に推進する市町村や、職員を増員する店舗の分析を市町村別分析や店舗別分析で詳細に検討するなどの活用方法が可能である。最初に店舗別などの細かい単位から分析すると個々の店舗の状況に

左右されて、場当たり的な施策になりやすいが、全体方針から徐々に細分化していくことで、統一方針のもとでのエリア施策に展開することができる。

エリア分析単位を細かく設定するほどに、個々のエリアの細かい違いを評価することができる一方で、定量的な分析のために必要なデータの取得が制限されることに留意する必要がある。エリア分析では、外部の統計情報を必要なエリア単位で取得することが必要であり、特に店舗別（店勢圏別）分析を行うためには、町丁単位のデータ取得が必要になる。町丁単位のデータは市町村単位のデータに比べて、取得可能なデータの種類や精度が制限されるため、推計値などで補完しながら分析を行う必要がある。こうしたデータ制約の観点からも、エリアの分析単位は単純に細かく分析すればよいわけではなく、目的に応じた分析単位・手法・データの使い分けが必要である。

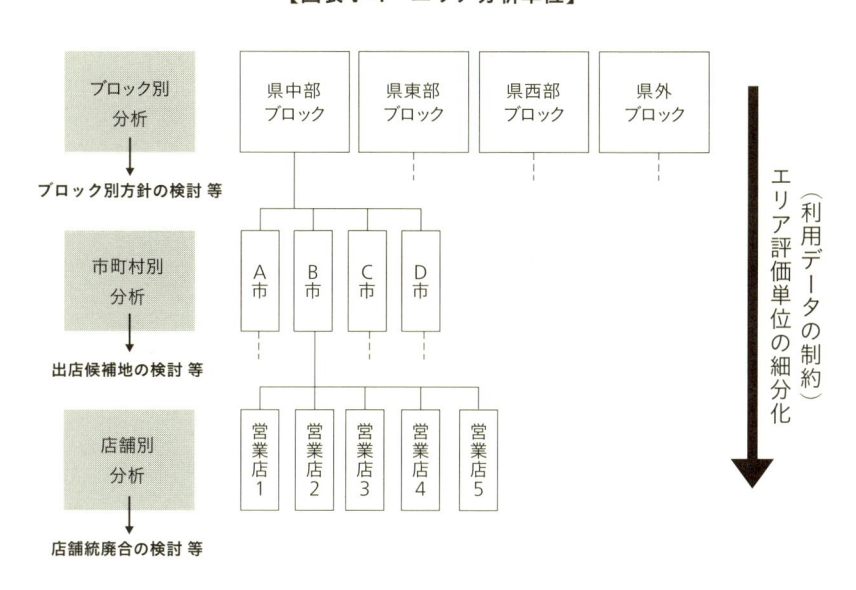

【図表V-1　エリア分析単位】

エリア評価単位の細分化（利用データの制約）

- ブロック別分析 → ブロック別方針の検討 等
  - 県中部ブロック／県東部ブロック／県西部ブロック／県外ブロック
- 市町村別分析 → 出店候補地の検討 等
  - A市／B市／C市／D市
- 店舗別分析 → 店舗統廃合の検討 等
  - 営業店1／営業店2／営業店3／営業店4／営業店5

(出所) 三菱UFJリサーチ＆コンサルティング作成

（3）複数の観点から分析を行うこと

エリアの評価を考えるうえで、金融機関にとって「いいエリア」は、どうい

【図表V-2　エリア分析の観点】

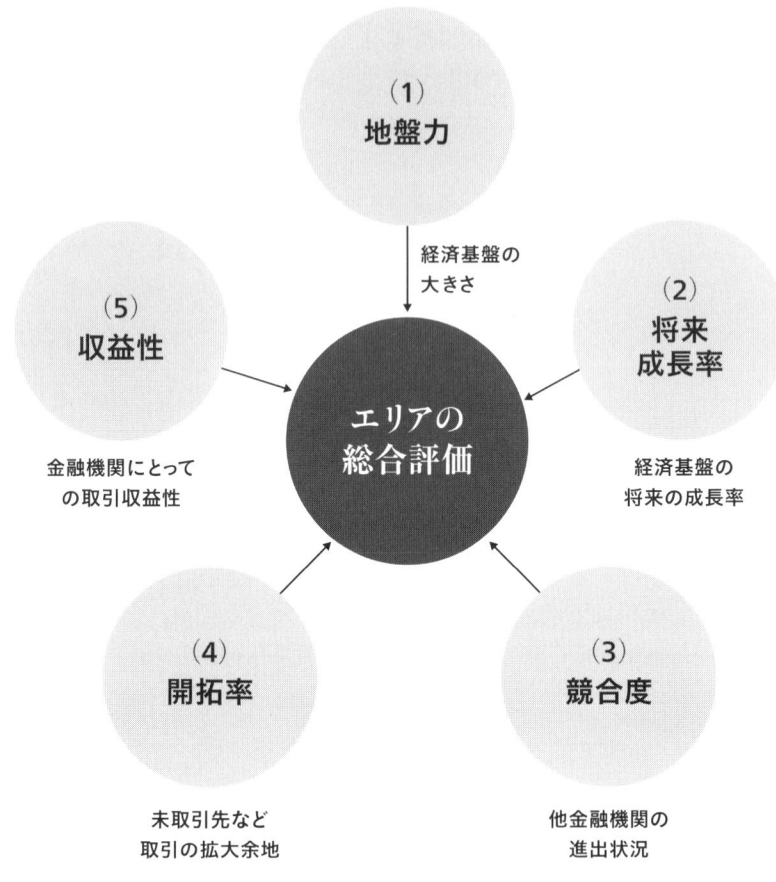

- （1）地盤力 — 経済基盤の大きさ
- （2）将来成長率 — 経済基盤の将来の成長率
- （3）競合度 — 他金融機関の進出状況
- （4）開拓率 — 未取引先など取引の拡大余地
- （5）収益性 — 金融機関にとっての取引収益性

→ エリアの総合評価

(出所) 三菱UFJリサーチ＆コンサルティング作成

うエリアであろうか。

　さまざまな取引を通して地域貢献と収益の確保を両立するためには、経済基盤が大きく、将来にわたる高い成長率が期待できるエリアが望ましい。一方で、こうしたエリアは他の金融機関も多数進出してきており、営業上は他金融機関との競合状況は厳しくないエリアのほうが望ましい。また今後の取引の拡大という点では、当金融機関との取引先が少なく、取引の拡大余地の大きいエ

リアのほうが望ましいという見方もある。

　このように、金融機関にとって「いいエリア」を評価するには、さまざまな観点がある。エリア分析では、一つの観点からだけ評価することは危険である。先にあげたように、経済基盤の大きさや成長力の高いエリアだけで評価すると、非常に厳しい競合にさらされる可能性が高い一方で、逆に競合度の低いエリアは将来の衰退の懸念が大きく、未取引先などの取引の拡大余地が小さい可能性がある。

　エリア分析では、エリアを複数の観点から評価することが必要である。先の例では、経済基盤や成長性、競合状況などを複合的に評価することで、経済基盤に比べると競合状況の厳しくないエリアや、競合状況に比べると拡大余地の大きいエリアなど、相対的に「いいエリア」を評価することができる。金融機関にとって「いいエリア」とは、さまざまな観点からみて「バランスのよいエリア」であり、エリア間の相対評価により各指標のバランスを総合評価するエリア分析が必要になる。

　エリア分析の評価の観点として、主に「地盤力」「競合度」「開拓率」「将来成長率」「収益性」の五つがあげられる。それぞれの指標の意味や分析上のポイントは次項で整理したい。

2.エリア分析の観点

(1) 地盤力

「地盤力」とは、当該エリアの金融サービスに対する需要の大きさをいう。金融サービス需要は、端的にいうと預金取引や貸出取引のニーズであり、エリアの経済基盤の大きさに比例することが多い。たとえば企業が多く立地しているエリアでは大きな貸出取引の需要が想定され、人口（特に高齢者や富裕層）が多いエリアは大きな預金取引の需要が想定される。

　地盤力は、先にあげた五つのエリア分析の観点のなかでも最も重要性が高い。エリアや店舗の方針を検討する際には、「金融サービス需要がどの程度あるか」という点がまず第一に確認するべき点である。金融機関がエリアに店舗を構えたり職員を配置したりして営業活動を行うためには、何事にも経費投下が必要であり、経費投下を上回る収益を獲得することが目的である以上、一

定規模の金融サービス需要が必要となる。地域金融機関の役割として、ネットワーク・サービスの維持や公共性の目的から、エリアの需要にかかわらず店舗・エリア方針が策定される場合もあるが、基本的には、より広く地域経済に対して貢献するためにも「需要のあるエリア（＝地盤力の大きいエリア）に対して営業推進を行う」ことが重要である。

　定量的にエリア地盤力を把握するためには、エリアごとの統計データを用いた分析が必要である。エリアごとの統計データは、人口や企業数、事業所数、従業員数など、さまざまなものがある。無償で利用可能な公的機関の統計データから、有償のデータベース・サービスまでさまざまな選択肢があり、目的に合った適切なものを利用することが必要である。

　地盤力を定量的に評価するためには、「どのエリア単位で」「どの指標により」地盤力を評価するかが重要である。前述のとおり、市町村別や町丁別などの必要なエリア単位のデータを利用することが重要であるが、エリア単位を細かくするほどにデータ精度は低下し、個別の先の動向にも左右されやすくなる。

　また、地盤力を人口や企業数などで評価すればある程度細かい統計データを利用することも可能であるが、金融サービスの需要を直接表す「エリアの預金残高・貸出残高」などの指標により評価しようとすると、複数の統計データを組み合わせるなどして推計を行わなければならない。地盤力分析上は、店舗別（町丁別）に、預金残高・貸出残高のデータを利用できることが望ましいが、これらの計数を直接調査した統計データはなく、真の値は不明であるため、推計等を加えたデータを利用する必要がある。

　こうした統計データの特性を理解したうえで、地盤力として利用するデータ単位・指標を選択することが重要である。これはエリア分析の目的や必要とする精度によって変わってくる。エリアの総合的な地盤力では、個人の推定預金残高や企業の推定借入金残高などを地盤力として評価することが望ましいが、特定の商品、たとえば住宅ローンの地盤力を評価したい場合には住宅着工件数や30〜40歳台の人口、預り資産取引の地盤力では高齢層の人口や個人所得指標などの利用が考えられる。分析目的に応じて、最適な統計データの利用や加工による推計を行い、適切に地盤力を評価する指標を利用することが必要である。

　三菱UFJリサーチ＆コンサルティングでは、地盤力の評価として、エリア

別の個人預貯金残高の推計を行っている。（次頁参照）エリア別の人口や年齢構成に基づき、都道府県や市町村、町丁単位で個人預貯金残高を推計している。個人預貯金残高は、基本的にエリアの人口との関連性が非常に強いと考えられるが、人口の年齢構成や一先当りの残高がエリアにより異なるため、個人預貯金残高の水準もバラつきがある。都道府県によって個人預貯金残高水準は大きく異なるほか、都道府県内でも中核市とその他市部、町村部などで水準が大きく異なる結果となっている。

（2）将来成長率

　地盤力は、分析時点の断面図である。エリア分析は金融機関の今後のエリア・店舗方針を検討するための分析であり、将来にわたって収益性を確保するためのエリア・店舗方針を検討するためには「地盤力が将来どのように変化するか」という点をしっかりと予測しておく必要がある。

　人や企業は将来の成長力が高いエリアに集積する傾向があるため、現在の地盤力と将来の地盤力の成長性は同様の傾向を示すことが多い。一方でエリアごとに成長期や衰退期などの成長サイクルが異なり、エリアによっては現在の規模は小さいものの成長が見込まれるエリアや、逆に地盤力が大きいものの縮小のスピードが速いエリアもある。また同じように地盤力が縮小していくエリアのなかでも、エリア間で縮小のスタート時期やスピードに差があり、将来の変化は一様ではない。

　特に、地域金融機関において重要なエリアの変化は「人口動態」である。わが国全体が緩やかな人口減少が進行しつつあるなかで、エリアによって増減状況は大きく異なる。都心部と地方圏、地方圏のなかでも中核市とその周辺郡部で増減状況は異なり、将来の人口格差は拡大する傾向が予想されている。また、単純に人口の増減だけでなく、高齢者人口の増減や若年層の流出入など、年齢構成の変化もエリアによって差がある。

　こうしたエリア間の人口増減・人口構成の差は、当然ながらそのエリアに必要とされる金融サービス需要（＝地盤力）に大きな影響を与えることが予想される。人口減少に連動して個人預金・個人貸出は減少圧力が加わる一方で、高齢者の増加により一人当りの預金残高は逆に増加も予想されるため、特に個人預金は、エリアの人口動態等によって、増加エリアと減少エリアのまだら模様

【図表Ⅴ-3　都道府県別個人預貯金残高推計】

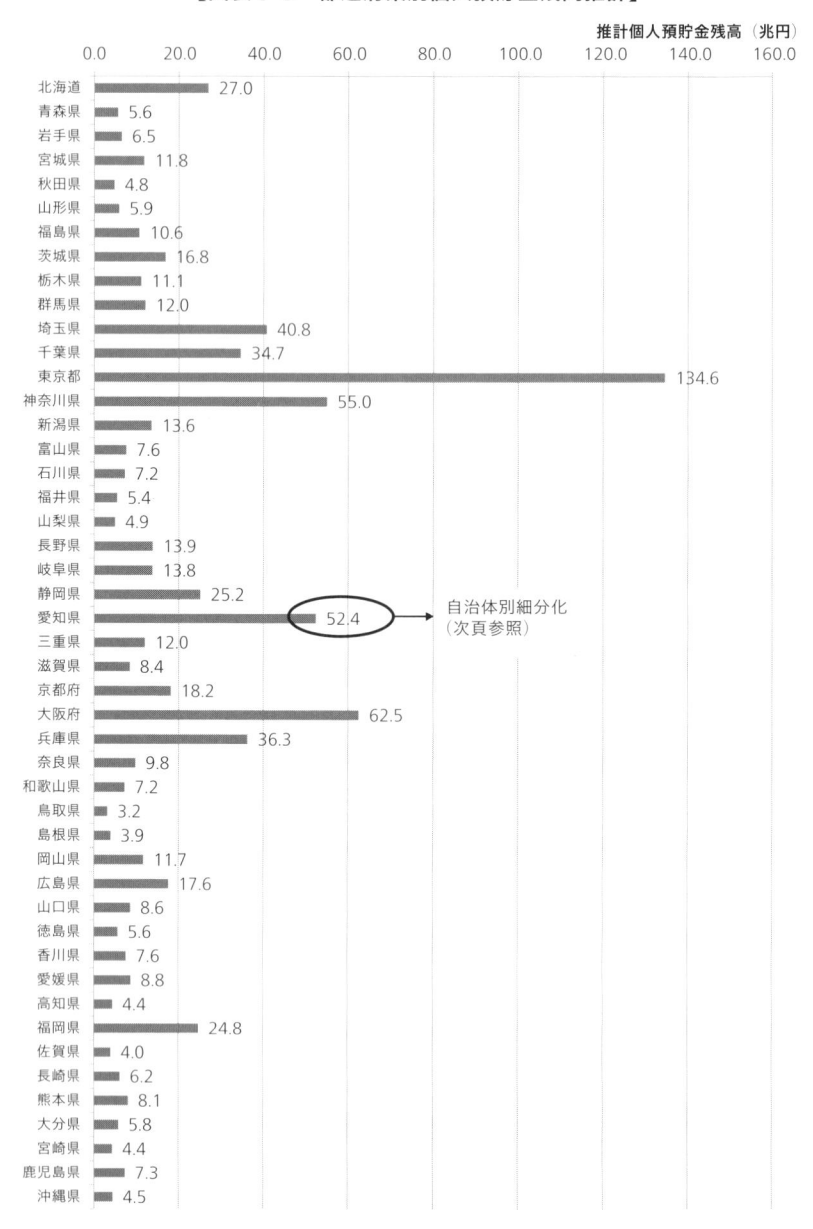

推計個人預貯金残高（兆円）

都道府県	推計個人預貯金残高（兆円）
北海道	27.0
青森県	5.6
岩手県	6.5
宮城県	11.8
秋田県	4.8
山形県	5.9
福島県	10.6
茨城県	16.8
栃木県	11.1
群馬県	12.0
埼玉県	40.8
千葉県	34.7
東京都	134.6
神奈川県	55.0
新潟県	13.6
富山県	7.6
石川県	7.2
福井県	5.4
山梨県	4.9
長野県	13.9
岐阜県	13.8
静岡県	25.2
愛知県	52.4　→　自治体別細分化（次頁参照）
三重県	12.0
滋賀県	8.4
京都府	18.2
大阪府	62.5
兵庫県	36.3
奈良県	9.8
和歌山県	7.2
鳥取県	3.2
島根県	3.9
岡山県	11.7
広島県	17.6
山口県	8.6
徳島県	5.6
香川県	7.6
愛媛県	8.8
高知県	4.4
福岡県	24.8
佐賀県	4.0
長崎県	6.2
熊本県	8.1
大分県	5.8
宮崎県	4.4
鹿児島県	7.3
沖縄県	4.5

（出所）各種統計資料より三菱UFJリサーチ＆コンサルティング推計

【図表Ⅴ-4　市町村別個人預貯金残高推計（愛知県の例）】

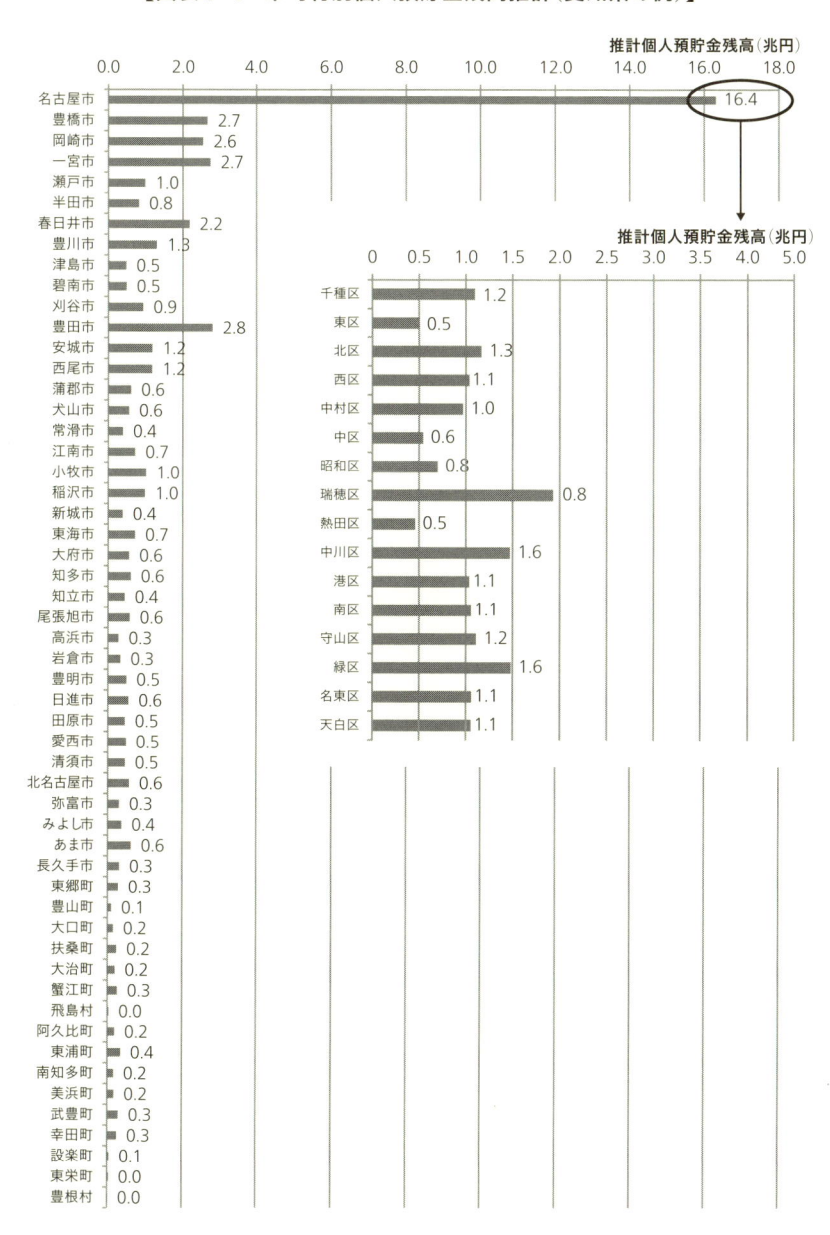

推計個人預貯金残高（兆円）

市町村	残高（兆円）
名古屋市	16.4
豊橋市	2.7
岡崎市	2.6
一宮市	2.7
瀬戸市	1.0
半田市	0.8
春日井市	2.2
豊川市	1.3
津島市	0.5
碧南市	0.5
刈谷市	0.9
豊田市	2.8
安城市	1.2
西尾市	1.2
蒲郡市	0.6
犬山市	0.6
常滑市	0.4
江南市	0.7
小牧市	1.0
稲沢市	1.0
新城市	0.4
東海市	0.7
大府市	0.6
知多市	0.6
知立市	0.4
尾張旭市	0.6
高浜市	0.3
岩倉市	0.3
豊明市	0.5
日進市	0.6
田原市	0.5
愛西市	0.5
清須市	0.5
北名古屋市	0.6
弥富市	0.3
みよし市	0.4
あま市	0.6
長久手市	0.3
東郷町	0.3
豊山町	0.1
大口町	0.2
扶桑町	0.2
大治町	0.2
蟹江町	0.3
飛島村	0.0
阿久比町	0.2
東浦町	0.4
南知多町	0.2
美浜町	0.2
武豊町	0.3
幸田町	0.3
設楽町	0.1
東栄町	0.0
豊根村	0.0

推計個人預貯金残高（兆円）

区	残高（兆円）
千種区	1.2
東区	0.5
北区	1.3
西区	1.1
中村区	1.0
中区	0.6
昭和区	0.8
瑞穂区	0.8
熱田区	0.5
中川区	1.6
港区	1.1
南区	1.1
守山区	1.2
緑区	1.6
名東区	1.1
天白区	1.1

（出所）各種統計資料より三菱UFJリサーチ＆コンサルティング推計

になることが予想される。また、将来の予測期間によって、同じエリアでも増加傾向の時期と減少に転じる時期に区分されることが予想される。

エリア分析では、こうした地盤力の将来成長率を予測することで、将来変化に合わせたエリア・店舗方針に活用することが可能になる。変化の激しい現代社会において、将来の変化を予測することは非常にむずかしい。特にエリア別の予測では、エリアの企業動向や地方公共団体等の政策、または自然災害等によっても大きな影響を受ける。しかし、変化の大きい社会やエリアで経営する地域金融機関だからこそ、将来のエリアの変化に対しては敏感であるべきであり、現時点のベスト・エフォートにおいて将来変化に対する一定の予測に基づいた経営判断を行う必要がある。

三菱UFJリサーチ＆コンサルティングでは、国立社会保障・人口問題研究所の「日本の地域別将来推計人口」等を活用して地域別の個人預貯金の将来残高を推計しており、現時点からの増減率をエリアの将来成長率として算出している。これによると、日本全体としては第Ⅰ章のとおり2010年代後半から個人預貯金の減少が予測されるものの、都道府県別にみると人口増減率および個人預貯金の増減率は大きな差がある。2020年頃までは個人預貯金の増加が予想される都道府県もある一方で、2桁近い減少率となる都道府県もある。基本的に人口増減率と個人預貯金増減率は強い相関関係があるものの、高齢化による一人当り残高の増加もあるため、必ずしも人口増減率どおりではない。2020年を超えると、すべての都道府県で人口減少が予測されており、個人預貯金残高も一部の都道府県を除き減少幅は大きくなることが予想される。

また、同じ都道府県のなかでも中核市、その他市部、郡部で人口・個人預貯金増減の動向は大きく異なる。愛知県の例では、2040年頃まで人口・個人預貯金残高ともに大幅な増加を続ける自治体がある一方で、2040年までには現在の半分以下の人口・個人預貯金残高に縮小する自治体もある。中核市である名古屋市は愛知県のなかでは決して成長率が高いわけではなく、2020年以降は人口・個人預貯金残高ともに減少に転じている。ただし、名古屋市のなかでも行政区によって状況は異なり、すでに減少基調の区もあれば、2040年まで成長が予測されている区もある。

このように将来成長率は、エリアによるバラつきが大きい。エリアの現状の人口年齢構成が大きな影響を与えるほか、人口の社会増減（エリア間の転入・転

【図表V-5　都道府県別個人預貯金残高の将来予測】

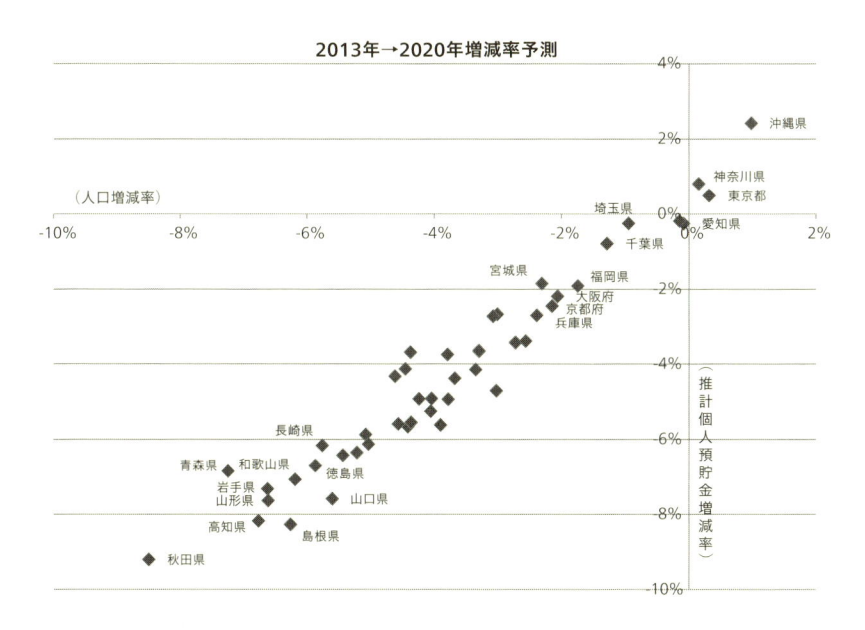

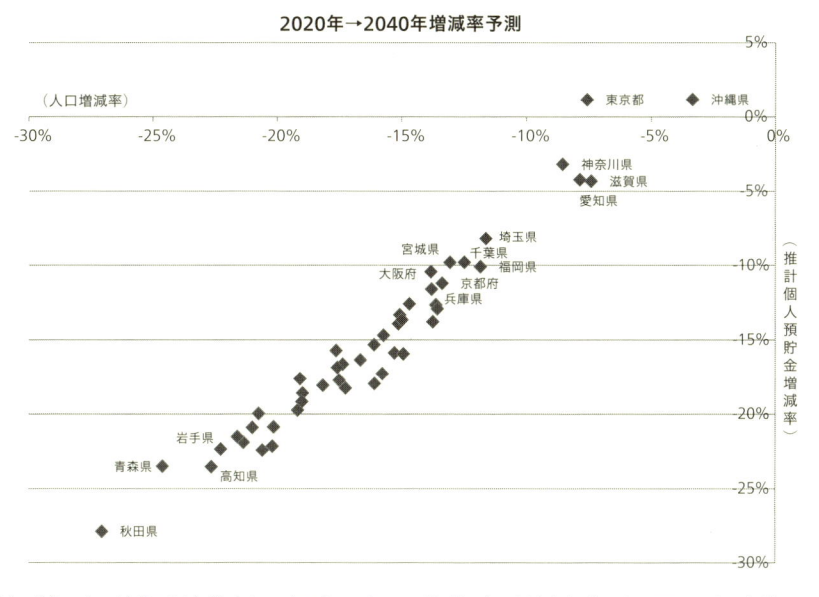

2013年→2020年増減率予測

（横軸：人口増減率、縦軸：推計個人預貯金増減率）

主なプロット：
- 沖縄県：人口増減率 約+1%、預貯金増減率 約+2.5%
- 神奈川県：約0%付近、+1%弱
- 東京都：約0%、+0.5%
- 愛知県：0%付近、0%付近
- 埼玉県：約-2%、0%付近
- 千葉県：約-2%、-1%
- 宮城県：約-3%、-2%
- 福岡県：約-2%、-2%
- 大阪府、京都府、兵庫県：約-2%〜-3%、-2%〜-3%
- 長崎県：約-6%、-6%付近
- 青森県、和歌山県：約-7%、-7%付近
- 岩手県、山形県：約-7%、-7%〜-8%
- 徳島県：約-6%、-7%
- 高知県：約-7%、-8%
- 山口県：約-6%、-8%
- 島根県：約-7%、-8%
- 秋田県：約-9%、-9%

2020年→2040年増減率予測

（横軸：人口増減率、縦軸：推計個人預貯金増減率）

主なプロット：
- 東京都：約-8%、約+1%
- 沖縄県：約-4%、約+1%
- 神奈川県：約-7%、-3%
- 滋賀県：約-7%、-4%
- 愛知県：約-8%、-4%
- 埼玉県：約-10%、-8%
- 千葉県：約-12%、-9%
- 宮城県：約-13%、-9%
- 大阪府：約-13%、-10%
- 福岡県：約-11%、-10%
- 京都府：約-12%、-11%
- 兵庫県：約-12%、-13%
- 岩手県：約-22%、-21%
- 青森県：約-25%、-23%
- 高知県：約-23%、-23%
- 秋田県：約-27%、-28%

（出所）「日本の地域別将来推計人口（平成25年3月推計）」（国立社会保障・人口問題研究所）等をもとに三菱UFJリサーチ＆コンサルティング作成

【図表Ⅴ-6　市町村別個人預貯金残高の将来予測（愛知県の例）】

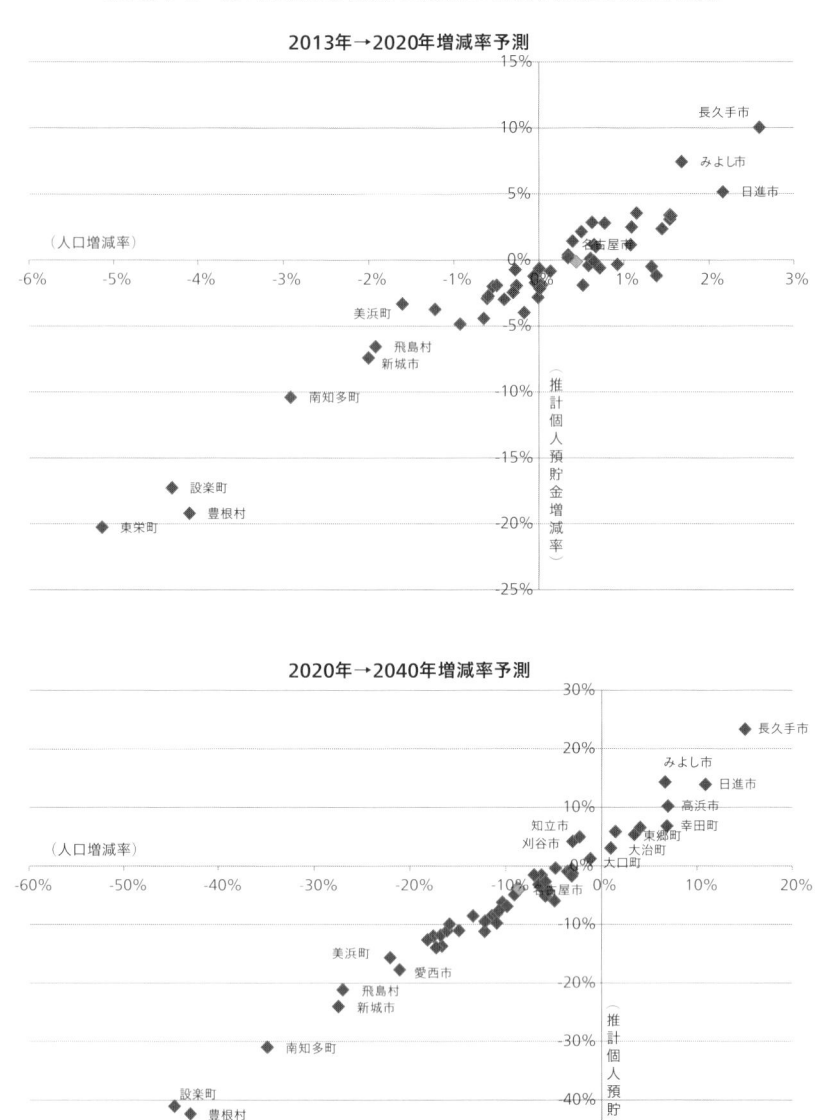

2013年→2020年増減率予測

（人口増減率）／推計個人預貯金増減率

主な該当市町村：長久手市、みよし市、日進市、名古屋市、美浜町、飛島村、新城市、南知多町、設楽町、豊根村、東栄町

2020年→2040年増減率予測

（人口増減率）／推計個人預貯金増減率

主な該当市町村：長久手市、みよし市、日進市、高浜市、東郷町、幸田町、知立市、刈谷市、大治町、大口町、名古屋市、美浜町、愛西市、飛島村、新城市、南知多町、設楽町、豊根村、東栄町

（出所）「日本の地域別将来推計人口（平成25年3月推計）」（国立社会保障・人口問題研究所）等をもとに三菱UFJリサーチ＆コンサルティング作成

【図表V-7　市町村別個人預貯金残高の将来予測（名古屋市の例）】

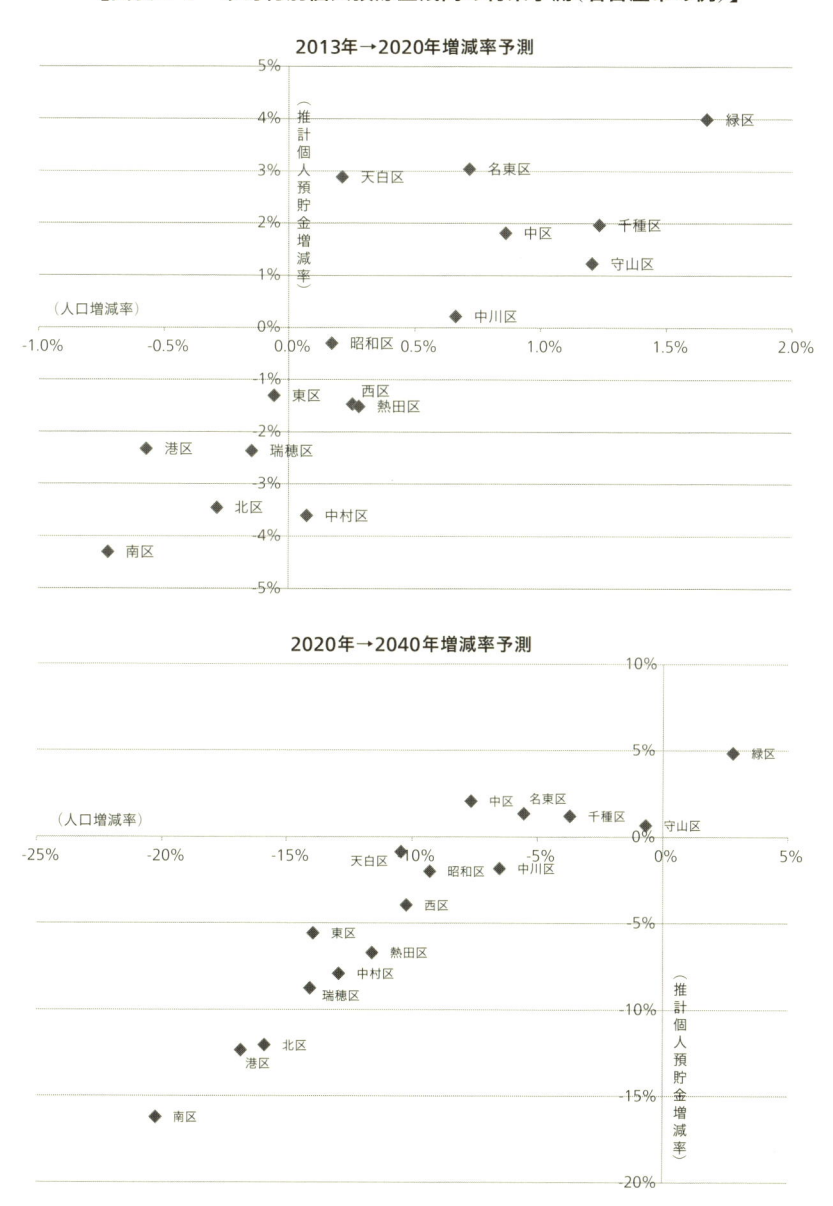

2013年→2020年増減率予測

（縦軸：推計個人預貯金増減率、横軸：人口増減率）

主なプロット点：
- 緑区：人口増減率約1.7%、預貯金増減率約4%
- 天白区：約0.3%、約3%
- 名東区：約0.7%、約3%
- 千種区：約1.2%、約2%
- 中区：約0.9%、約1.8%
- 守山区：約1.2%、約1.3%
- 中川区：約0.7%、約0.3%
- 昭和区：約0.2%、約-0.3%
- 東区：約0.1%、約-1.2%
- 西区：約0.3%、約-1.5%
- 熱田区：約0.4%、約-1.6%
- 港区：約-0.7%、約-1.8%
- 瑞穂区：約-0.1%、約-1.9%
- 北区：約-0.6%、約-3.3%
- 中村区：約-0.1%、約-3.5%
- 南区：約-0.8%、約-4.3%

2020年→2040年増減率予測

（縦軸：推計個人預貯金増減率、横軸：人口増減率）

主なプロット点：
- 緑区：約3%、約5%
- 中区：約-8%、約2%
- 名東区：約-6%、約1%
- 千種区：約-5%、約1%
- 守山区：約-1%、約0.5%
- 天白区：約-10%、約-1%
- 昭和区：約-8%、約-2%
- 中川区：約-6%、約-2%
- 西区：約-10%、約-4%
- 東区：約-14%、約-6%
- 熱田区：約-11%、約-6%
- 中村区：約-13%、約-7%
- 瑞穂区：約-14%、約-8%
- 北区：約-16%、約-10%
- 港区：約-17%、約-11%
- 南区：約-19%、約-15%

（出所）「日本の地域別将来推計人口（平成25年3月推計）」（国立社会保障・人口問題研究所）等をもとに三菱UFJリサーチ＆コンサルティング作成

出等) も成長率に大きな影響を与える。「人口減少社会」が顕在化しつつある現在、地域金融機関経営を行ううえでは、こうした人口動態に基づくエリア分析によりエリア間の成長性の違いを把握することは必要不可欠といえよう。

(3) 競合度

　金融サービスの需要を表す地盤力に対して、金融サービスの供給の大きさを表すのが「競合度」である。競合度は、エリアにおける他金融機関との競合状況を評価する。

　一般的に、人口や経済規模が大きく金融サービスに対する需要が大きい (= 地盤力が大きい) エリアや成長が期待されるエリアには、金融機関が多数出店している。多数の金融機関がひしめくなかでは、いくら地盤力が大きくて当該金融機関が多数の職員を配置したとしても、取引を拡大させて収益を獲得することはむずかしくなってくる。このため金融機関がエリアを分析するうえでは、地盤力や成長性に対する競合状況の評価が必要であり、金融機関にとって望ましいのは、相対的に競合が弱く取引拡大が期待できるエリアである。

　競合度を評価する指標としては、エリア内の金融機関の店舗数や、金融機関店舗職員数などが一般的に利用される。同じような地盤力のエリアであれば、エリア内の他金融機関店舗数や職員数は少ない (= 競合度が低い) ほど望ましいエリアといえる。他金融機関の店舗数や職員数は一口に金融機関といっても、都市銀行や地方銀行、信用金庫・信用組合、ゆうちょ銀行など業態は多様であるため、業態ごとのデータから分析目的に合わせて利用することが望ましい。

　競合度を評価するうえで重要なことは、競合度単一の指標では意味がなく、必ず地盤力や成長性などの指標と合わせて、相対評価により評価することである。基本的に金融機関にとっては他金融機関との競合度が低いエリアほど望ましいが、競合度が低いだけでは、単に他の金融機関にとっても魅力の小さいエリアである可能性が高い。金融機関にとって最も望ましいのは、地盤力や成長性がある程度高いにもかかわらず、競合度が相対的に低いエリアであり、地盤力・成長性 (= 需要) に対する競合度 (= 供給) のバランスで、相対的にエリアを比較する視点が必要である。

(4) 開拓率

「開拓率」とは、エリア内の需要に対して、自らの金融機関がどの程度取引を獲得しているかを示す指標である。エリア内シェアとも言い換えられる。

開拓率は、外部統計データによるエリアの地盤力と、当該エリアでの金融機関内部の取引データ（取引先数、預金・貸出残高等）を組み合わせることで算出することができる。地盤力で利用したデータの指標・エリア単位と、内部データの指標・エリア単位を一致させることに留意する必要がある。

今後取引を拡大する余地が各エリアにどの程度あるかという観点でみると、金融機関にとって開拓率は低いほうがよい。開拓率100%とは、そのエリアのすべての取引を当該金融機関でカバーしている状態であり、取引を拡大する余地がほとんどない。取引の拡大を目的とした新規出店や営業店職員の増強を検討する際には、開拓率の低いエリアを優先的に検討することが望ましい。

一方で開拓率が非常に低いエリアは、逆に金融機関にとって望ましい状態とはいえない。たとえば開拓率0%というエリアがあったとすると、当該金融機関にとっては、いわゆる「縁もゆかりもないエリア」ということである。こうしたエリアに新規出店したり営業推進を強化したりすることは、取引拡大に非常に大きな営業コストの投下が必要になることが想定される。10年や20年の長期的なエリア戦略のなかで、成長余地を求めて開拓率の非常に低いエリアに注力するということは考えられるが、その場合には一定期間の収益性の低下を十分に考慮しておく必要がある。

このため、開拓率は高すぎても低すぎても、金融機関にとっては望ましいエリアとはいえない。一定水準の範囲内のなかに入っていることが望ましく、このなかで分析の目的に応じて判断することが必要である。

新規店舗の出店や営業職員の増強等により取引基盤の拡大を目的とする場合には、開拓率の低いエリアの評価が高くなる。さらにいうと、開拓率が低くてもエリア地盤力の急速な衰退が予想されるエリアでは、取引基盤を拡大してもやがて成長は限界に達し、減少するパイをめぐる消耗戦になってしまう。開拓率の評価においては、成長率と組み合わせた評価という観点も必要である。

逆に開拓率が高いエリアが望ましいケースもある。開拓率が高いということは、当該エリアにおける金融機関の存在感が高いということであり、ある程度プライス・リーダーとして金融機関間の競合を回避できている可能性がある。

プライシング改善や経費効率性の改善などを目的としたエリア分析の場合には、開拓率の高いエリア、かつ競合度の相対的に低いエリアのほうが望ましいと考えられる。

(5) 収益性

　エリア評価の最後の観点が、金融機関にとっての「収益性」である。収益性は金融機関にとっての取引行動が反映されるため、エリアの評価という点では、やや他とは異なる観点である。

　金融機関の収益（リスク・コスト調整後収益）を構成する「粗利益」「経費」「信用コスト」のうち、エリア分析で対象とするべきは「粗利益」と「信用コスト」である。経費は、金融機関がどのエリアにどれだけ資源を投下するかという意思決定に依存するため、エリア要因として分析することはなじまない。これに対して、粗利益・信用コストは、金融機関の取引要因も大きいもののエリアの影響要因も受ける。

　粗利益では、たとえば、エリアごとの貸出平均レートには差がある。特定の金融機関だけでなく、エリア全体において他よりも相対的に低いレートが一般化しているエリアや、逆に低金利下でも高いレートを保っているようなエリアもある。これらの背景には地盤力や競合度もあるが、合理的には説明できない地域性や取引慣行などもある。エリア評価においては、こうした部分も考慮したうえで評価することが望ましい。

　また信用コストにおいても、エリアの平均的な信用リスク水準に影響を受ける。エリアによって、立地する企業の信用力の水準や、個人の所得・資産状況は異なるため、エリアによって平均的な信用力水準には差が生まれやすい。もちろんエリアのなかでも審査基準の運用によって、どういった先を対象に与信をするかはコントロールできる部分もあるが、ある程度取引を拡大していこうとすると、エリアの平均的な信用リスク水準は負担する必要がある。

　こうした観点から、地盤力や競合度が同一水準であったとしても、エリアの平均レートや平均信用力の差から、エリアから期待される収益には差が生まれる可能性がある。エリア分析では収益性の観点からもエリアごとの状況を評価することが望ましい。

　収益性の評価は、金融機関内部のエリア別の取引データが想定されるが、金

融機関自身の要因か、エリアの要因かを判断するためには、外部データも利用できることが望ましい。収益性に関する外部統計データは、特に細かいエリア単位では非常に限定されるが、たとえば、企業信用データベースのエリア別評価水準など、関連する指標で推定することも可能であろう。

3.エリアの総合評価

　エリア分析の五つの観点は、分析の目的に応じて利用することが重要である。五つの観点すべてを評価してエリア分析を行うことが望ましいが、利用可能データや評価可能なエリア単位の制限、分析負担なども勘案して、評価の観点を絞り込んだ分析を行うことは問題ないと考えられる。
　ただし、単一の観点だけで分析することは避けなければならない。必ず二つ以上の複数の観点を用いて、エリア分析を行う必要がある。これは各評価の観点でも述べたとおり、各評価の観点でエリアごとの関連性が高いためである。地盤力・成長率の高いエリアでは金融機関の競合度が厳しいことが多く、開拓率の高いエリアでは収益性が高いことが多い。そのため単一の観点によりエリア分析を行うと、高い地盤力・成長率のエリアでも競合が厳しすぎて期待した成果が得られなかったり、取引拡大を求めて開拓率の低いエリアに注力し、残高シェアは拡大しても低い収益率に抑えられたりする懸念がある。こうしたエリア評価を防ぐためには、複数の観点でエリア分析を行い、指標間のバランスによる相対評価とすることが必要である。地盤力・成長率に比べて競合度が厳しくないエリアや、開拓率が低い割にある程度の収益性が確保できているエリアなどが、金融機関にとって「望ましいエリア」であり、こうしたエリアを分析のなかで抽出できることが望ましい。
　複数の観点でエリア分析を行う場合には、それぞれの評価の観点（＝評価指標）を組み合わせる方法が問題となる。単一の評価指標であれば数値の大きい順に並べればよいが、複数の評価指標を利用する場合には、各指標による評価を合成・加工・編集して、どのようにエリア全体を総合評価するかが分析の鍵となる。
　複数の評価指標を利用したエリアの総合評価の方法としては、主に以下にあげる三つの方法が利用されている。

(1)二次元マトリクスによる評価

　特に2指標によるエリア評価を行う場合には、各指標によるエリアごとの評価を二次元グラフにプロットすることにより、指標ごとのバランスを相対評価することができる。

　たとえば、地盤力を縦軸、競合度を横軸で各エリアをプロットすることにより、地盤力と競合度のバランスによるエリア評価が可能であり、開拓率を縦軸、成長率を横軸でエリアをプロットすると開拓率と成長率のバランスでエリア評価が可能である。

　二次元グラフでは、対象エリアの平均値などで基準線を設定し、基準線からの乖離状況で各エリアのバランスを評価することが有効である。

　たとえば、地盤力と競合度のバランスによるエリア評価では、基準線を下回るエリアは地盤力に対して競合度が相対的に厳しく、逆に基準線を上回るエリアでは地盤力に対して競合度が相対的に緩い。この傾向は、当該エリアの基準線からの乖離が大きいほど強く、基準線から大きく上方に乖離しているエリアが、地盤力と競合度のバランスからみて、金融機関にとって望ましいエリアと判断することができる。

　二次元マトリクスによる評価のよい点は、2指標間のバランスにより各エリ

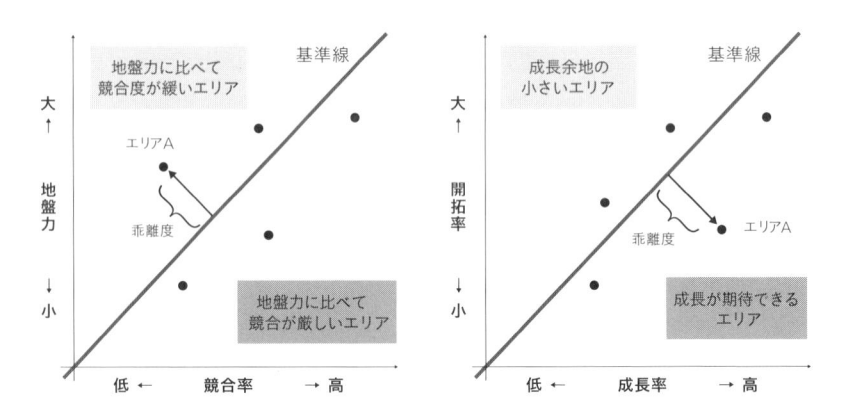

【図表Ⅴ-8　二次元マトリクスによるエリア評価】

(出所)三菱UFJリサーチ＆コンサルティング作成

アを視覚的に評価することができる点にある。指標を目的に応じて入れ替えることによって、指標間の組合せを変えてさまざまな評価を行うことが可能である。先にあげた地盤力・競合度評価のほか、開拓率・成長率評価、開拓率・収益性評価など、目的に応じた評価が可能である。

逆に、3指標以上を一度に評価する場合や、指標間で評価のウェイトを調整したい場合には、指標間の合成や重み付け調整が必要になる点には留意する必要がある。

(2) 各指標の加重平均による評価

3以上の複数指標によりエリアの総合評価を行う場合には、エリアの各指標を点数化し、重み付けを行うことにより、エリアの総合評点を算出する方法が考えられる。信用格付評価における財務定量評価モデルのように、エリアの各指標を評点化しスコアリング評価を行う手法である。総合評点を利用することにより、各指標のバランスにより総合的にみて、金融機関にとって望ましいエリアを評価することができる。

この方法では、各評価指標の評価の重み付けとして、配点を設定する必要がある。各指標を均等に評価する場合には均等な配点でよいが、分析目的に応じ

【図表V-9　各指標の加重平均によるエリア評価】

評価指標	地盤力	成長率	競合度	開拓率	収益性	総合評点
配点	50	20	10	10	10	100
エリアA						
エリアB						
エリアC						
エリアD						
エリアE						
…						

(出所) 三菱UFJリサーチ＆コンサルティング作成

て指標間の評価に強弱をつける場合には配点を調整することが望ましい。

　配点の設定方法は、分析目的に応じて定性的に設定する方法が一般的に利用されている。たとえば、新規出店や人員増強により業績伸長を目的とする場合には、開拓率や成長率を重点的に評価するよう配点を大きくすることが望ましく、店舗統廃合等による効率化を目的とする場合には競合度や収益性の配点を大きく設定することが考えられる。

　各指標の配点を調整する場合には、恣意（しい）的にならないよう一定の考え方をもって設定することが望ましい。定量的な根拠をもって配点を設定する場合には、次項にあげる回帰分析や主成分分析の結果を参照する方法もある。

(3) 多変量解析を利用した評価

　三つ目のエリア評価方法として、「多変量解析」を利用することができる。多変量解析とは、複数の指標からなるデータに対して統計的手法を利用してデータ間の因果関係や傾向を分析する手法であり、リスク分析やマーケティング分析などで金融機関でもよく利用されている。エリア評価においても、多変量解析を利用することで、複数の指標を利用してエリアの傾向や指標間の関連性などを分析することができる。

　エリア評価で利用される多変量解析手法として、重回帰分析、主成分分析、クラスター分析などがあげられる。各手法の理論的な背景や具体的な方法は専門書に譲るが、いずれの手法も多変量解析のなかでは比較的平易な手法であり、直感的にも理解しやすいため、エリア分析での活用範囲は広い。

　「重回帰分析」は、一つの目的とする指標を複数の指標で説明する手法であり、エリア分析では、エリアの残高や収益、人員数等を目的として、地盤力や競合度などの複数の評価指標がどの程度それらに影響を与えているか、因果関係を分析することができる。重回帰分析を利用することで、地盤力や競合度などのそれぞれの指標がエリアの残高や収益に与える影響度の大きさを比較分析することが可能であり、この指標間の影響度の大きさを指標間の配点ウェイトに利用することで、エリアごとの総合評価を行うことも可能である。エリアごとの目的とする指標（残高、シェア、収益、人員数等）が明確な場合に、非常に有効な分析手法となる。

　逆に、エリアごとの目的とする指標（残高、シェア、収益、人員数等）が明確に

【図表V-10　多変量解析によるエリア評価】

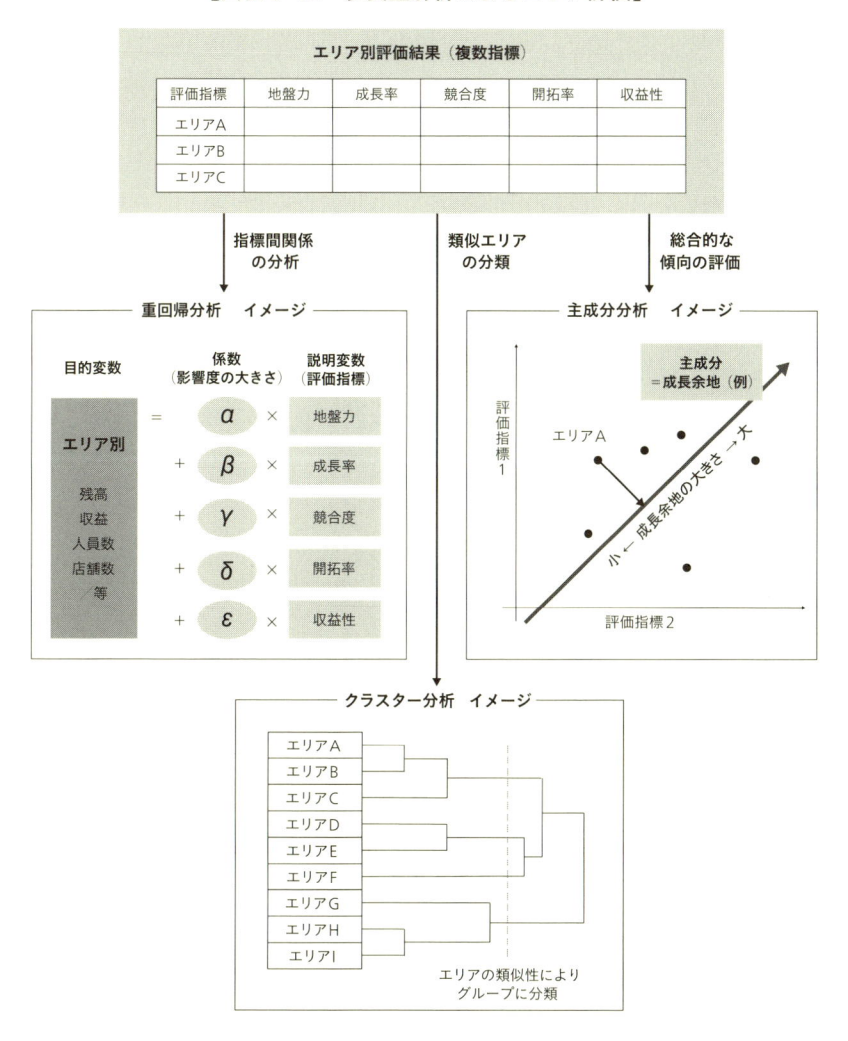

エリア別評価結果（複数指標）

評価指標	地盤力	成長率	競合度	開拓率	収益性
エリアA					
エリアB					
エリアC					

- 指標間関係の分析 → **重回帰分析 イメージ**

目的変数（エリア別：残高／収益／人員数／店舗数／等）＝ α × 地盤力 ＋ β × 成長率 ＋ γ × 競合度 ＋ δ × 開拓率 ＋ ε × 収益性

係数（影響度の大きさ）／説明変数（評価指標）

- 類似エリアの分類 → **クラスター分析 イメージ**

エリアA／エリアB／エリアC／エリアD／エリアE／エリアF／エリアG／エリアH／エリアI

エリアの類似性によりグループに分類

- 総合的な傾向の評価 → **主成分分析 イメージ**

主成分＝成長余地（例）

評価指標1／評価指標2／エリアA

小 ← 成長余地の大きさ → 大

(出所) 三菱UFJリサーチ＆コンサルティング作成

存在しない場合には「主成分分析」が有効である。主成分分析は、複数指標間の全体的な傾向を分析する手法であり、複数指標を合成して総合的な指標（＝主成分）をつくりだす手法である。エリア分析では、評価の各指標からエリア間の総合的な傾向を表す指標をつくりだすことにより、当該指標の大きさによ

りエリアの評価を行うことが可能である。たとえば、地盤力や成長力、開拓率などの複数の指標に対して主成分分析を行うことで、「成長余地の大きいエリア」に関する合成指標を抽出し、各エリアの成長余地を評価して順位付けすることが可能になる。主成分分析は目的とする指標を設定する必要がないため柔軟性の高い分析手法であるが、分析により抽出された主成分が何を表す指標となっているかは分析者の判断が必要になる点は留意を要する。

「クラスター分析」は、エリア間の類似性を分析して、グループ化する手法である。エリア分析では、地盤力や競合度などの各指標が類似しているエリアを抽出し、エリアごとの類似グループを階層的に作成する。類似するエリアを分類することにより、たとえば成長余地の大きいエリア群・小さいエリア群や、経営資源が不足するエリア群・過剰なエリア群など、エリアの分類ごとにその状況を把握しやすくなる。また、類似するエリアに対しては基本的に同一のエリア施策を適用するなどエリア方針の策定にも活用することができる。クラスター分析も対象とする評価指標のみで分析が可能であるが、エリア分類ごとの特徴の評価は分析者の判断が必要になる点は留意を要する。

4.エリア分析の活用

地域金融機関にとって、営業地域となるエリア分析の重要性はいうまでもない。単純にエリアの状況を分析し、地盤力や競合度を把握しておくだけでも、経営管理・営業推進面で大きな意味があるが、経営上のさまざまな判断のなかでエリア分析をふまえた意思決定を行うことが求められるようになってきている。

特に、前述のように人口減少社会が現実化し、人口動態がエリアごとに大きく変化するなかでは、これまでのような均質的なエリアの発展は望めず、エリアの状況に合わせた金融機関経営が必要になる。たとえば、成長が見込まれるエリアには、その成長を促進する資金供給の貢献とともに、エリアの成長力を当該金融機関の収益として確保できるように店舗や職員の増強が必要となる。逆に縮小が見込まれるエリアには地域を活性化するための金融面での支援を行いつつも、業務効率化のためのダウンサイジングを検討することが求められる。

もちろんこうしたエリアごとの経営判断は、エリア分析による定量的な分析結果だけで行うべきものではないが、逆に日々の取引活動や定性情報だけでの

判断にならないように、客観的なエリア分析を適切に活用し、定量・定性それぞれの分析を組み合わせて判断することが望ましい。

以下では、地域金融機関におけるエリア分析の主な活用範囲を、五つに分類して、事例とともに分析と活用のポイントを整理したい。

（1）経営計画策定におけるエリアの需要予測

経営計画策定における活用事例

当該金融機関では、3年ごとの中期経営計画を策定するにあたり、エリア分析を行っている。市町村別や店舗エリア別（町丁別）に、地盤力、将来成長率、競合度、開拓率を分析し、エリアの総合評価を行っている。

エリア評価では、エリアごとの将来の成長性を特に重視している。中計の将来の残高・収益計画の策定にあたり、もとになるエリアの需要の中長期的な予測を行ったうえで、需要動向にシェアの見通しを掛け合わせて策定している。

エリア分析の結果、当該金融機関のエリアおよびその周辺では緩やかな預金・貸出の減少が見込まれ、大きく成長するエリアが少ないため、新規出店や大規模店舗投資は抑制し、既存のエリア内でのシェアアップに向けた取組みを中心とする施策を検討した。

人口減少が予想されるなかで将来の経営計画を策定するうえでは、人口動態によるエリアの金融サービス需要変化を予測し、残高・収益計画などに反映することが必要不可欠になっている。

金融庁の金融モニタリング基本方針においても「人口減少等事業環境が変化するなかにおけるビジネスモデルの持続可能性」（出所「金融モニタリング基本方針の概要（平成26事務年度）」2014年9月金融庁）が重点施策としてあげられているように、将来環境の変化を考慮しないビジネスモデルは早晩成立しえなくなる。預金・貸出残高が全体として拡大基調であった環境下でのこれまでの経営計画は、基本的に既存の体制・ビジネスモデルの延長線上で問題はなかったが、エリア全体の需要の減退が予測される環境下では、エリアの需要に合わせた経営資源の調整や拡大戦略の見直しが必要である。

このため経営計画の策定にあたっては、エリア分析を利用して、まず経営計画の基礎となるエリアの将来の需要動向を適切に把握する必要がある。エリア

分析における地盤力、将来成長率の観点から、金融機関の営業エリアにおける将来需要（預金・貸出残高など）の推移を、将来の中長期にわたり予測することが望ましい。将来成長率のエリア評価で述べたように、人口動態予測にはエリアごとにバラつきがあるため、エリアごとの需要予測を積み上げて、当該金融機関の営業エリア全体の需要予測を行うことが望ましい。

　金融機関の将来の預金・貸出残高は、おおまかには「エリアの需要×エリア内での当該金融機関のシェア」で予測することができる。エリアの将来需要をふまえ、エリア内での金融機関シェアをどのように目標設定するかは、残高・収益計画策定の勘所となる。エリア全体の需要が増加しているなかでは、エリア内シェアは目標とする残高水準に合わせて設定することも可能であるが、エリア全体の需要が減少するなかでは、エリア内の競合度などを勘案した現実的なシェア設定が必要になる。たとえば、エリア内の需要が年率3%で減少していくとすると、金融機関が現状と同じ残高を維持しようとした場合には、シェアも年率3%ずつ高めていく必要がある。現状のシェアが30%だとすると、10年後には約40%のエリア内シェアを確保していなければならない。

　エリア内の需要が将来縮小するということは、当然ながら限られた需要をめぐる金融機関間の競合は激化することが予想される。こうしたなかでシェアを大幅に高めていくことは容易ではなく、他の金融機関に優位する施策や、収益性を犠牲にしたプライシングなどが必要となる。こうした観点から、現状からみて実現可能なシェアの水準には限界があり、「エリアの需要×エリア内での当該金融機関のシェア」で計算される残高についてもおのずと実現可能な限界水準をある程度把握することが可能になる。

　当然ながらエリア分析による将来需要予測は一定の仮定に基づくものであり、経済環境や金融機関の施策などによって変化しうるが、エリア需要予測とシェアから予測される水準に対して大幅に乖離する計画は現実的ではない。経営計画である以上、予想される需要から乖離した目標を立てることは、経費投下やプライシング管理などでひずみを発生させる懸念がある。エリア需要予測とシェアに基づく将来残高予測を発射台として、金融機関の施策や努力目標、NII分析結果（第Ⅳ章参照）などによる調整を加えたうえで、経営計画を策定することが望ましい。

　なお、エリアごとの需要予測に基づいて経営計画を策定するもう一つの意義として、エリア内やエリア間でのバランス変化を反映し、同じ預金・貸出金残

高でも内容構成の違いを反映することが可能になる点があげられる。たとえば、今後の金融サービス需要の動向として、各経済主体の資金シフトに合わせて個人から法人、法人のなかでも中小企業から大企業へとニーズはシフトしていくことが予測され、これに合わせて金融機関の預金・貸出金残高の構成は変化することが予測される。また、エリア間での成長力に格差があるため、残高・収益の柱が県内エリアから県外エリアへとシフトするような変化も予測される。同じ預金・貸出金残高でもこうした内容構成の変化は、利回りや継続率の違いを通して収益性にも変化を与えるため、単純に金融機関合計の残高水準だけでなく、エリア別や人格別の予測に基づく構成変化も合わせて予測し、経

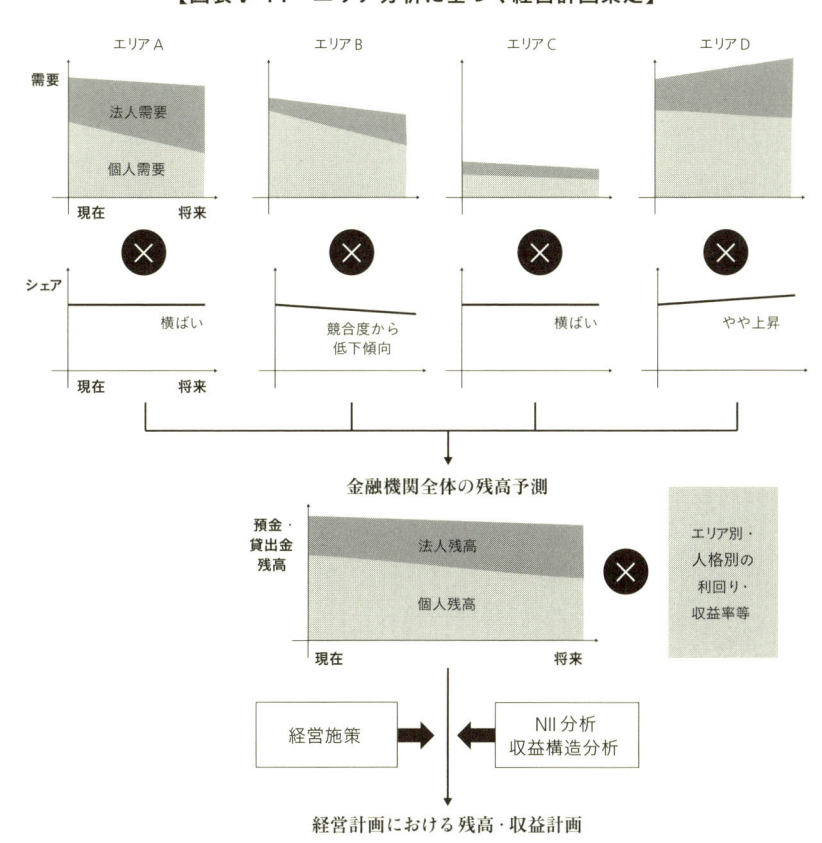

【図表Ⅴ-11　エリア分析に基づく経営計画策定】

(出所) 三菱UFJリサーチ＆コンサルティング作成

営計画策定に反映させることが望ましい。

(2)新規出店戦略検討における活用

新規出店戦略検討における活用事例

　当該金融機関では、新規取引拡大を目的として営業店の新規出店を検討し、候補エリアとして、現在の営業エリアの周辺地域から5カ所程度を設定したうえで、エリア分析により定量的な評価を行った。

　エリア分析では、出店候補エリアの5カ所の相対評価、および既存の営業エリアとの比較による評価を行い、出店候補地の絞込みを行った。新規出店は特に長期的な個人取引基盤の拡大を目的としていたため、エリアの個人地盤力、成長性を中心に評価し、競合度を勘案して、出店候補エリアの相対的な順位付けによる評価を行った。

　出店候補エリアのうち最も望ましいと考えられる候補エリアは、既存の営業エリアと比較しても、地盤力・成長性が有望であり、地元金融機関のシェアもその他のエリアほどは高くないため、取引拡大の余地がある程度見込まれると結論付けられた。最終的な判断は予算や経営体力、その他の経営計画とも合わせて検討が必要ではあるが、投資予算の見積りや立地の検討、職員の人繰りなど、具体的な出店計画に向けた検討を始めた。

　エリア分析は特に地域金融機関の店舗戦略の検討において活用度が非常に高く、特に営業店の新規出店戦略の検討では、エリア分析は必須といえるだろう。
　地域金融機関の営業店数は全体としては減少傾向にあるが、業態や個別の金融機関によっては新規出店により増加している。特に地方銀行（地方銀行協会加盟行）は業態全体の店舗数が増加傾向であり、近年では取引拡大を求めて本店所在地以外の他都道府県に新規出店するケースがふえており、これまで以上に競合は厳しさを増している。
　新規出店を検討するうえでは、エリア分析により出店候補エリアを分析することが必要である。ある程度候補エリアがある場合には複数の候補エリアを、候補エリアがない場合には現在の営業エリアの周辺地域を中心に、新規出店に適したエリアかどうか、候補エリアのなかではどのエリアが最も望ましいか、などについて定量的に評価を行うことが望ましい。

新規出店は長期的な取引拡大による成長基盤の確保を目的とすることが多いため、エリア分析では現在の地盤力に加えて、将来の成長性に重点を置いて評価することが望ましい。新規出店にかかる投資費用を回収して金融機関の収益に貢献するためには、非常に長い時間を要することが通常である。投資回収期間までにそのエリアの人口減少が進み、金融サービス需要が大きく縮小してしまっては、取引基盤も収益確保もできなくなってしまう。新規出店エリアは、将来の中長期でみても金融サービス需要の成長が見込まれるエリア、少なくとも周辺地域に比べて相対的に人口減少等が小さいエリアを評価することが必要である。

　地盤力、成長性を中心として、開拓率や競合度を勘案したエリアの総合評価により、新規出店候補エリアを評価し出店エリアを検討することが望ましいが、重要なことは「新規出店戦略ありき」で評価・検討を行わないことである。新規出店は取引拡大と金融機関の成長の重要な施策の一つであるが、多くの施策の選択肢のなかの一つである。新規出店以外にも、既存の営業店の増員や店舗拡大など既存エリアの増強も、取引拡大に向けた重要な施策の一つである。新規出店を前提として、出店候補エリアのなかだけでエリア分析により評価してしまうと、相対的に望ましいエリアの順位付け評価ができても本当に新規出店という選択肢の有効性が高いのかどうかは評価できない。

　このためエリア分析においては、新規出店候補エリアだけの分析に限定せず、既存の営業エリア全体と比較した分析を行う必要がある。新規出店候補エリアが地盤力や成長性等の観点で既存の営業エリアよりも大きく上回っていれば、新規出店という戦略の有効性が高いと考えられるが、既存営業エリアと大きな差がなかったり下回ったりする評価結果の場合には、既存営業エリアの推進強化戦略のほうが、投資リスクや収益獲得までの期間という観点でも有効性が高い施策となる可能性が高い。

　既存の営業エリアで人口減少やエリア需要の飽和が進むなかでは、既存の営業エリアよりもまだみぬ新規エリアのほうが魅力的にみえやすい傾向にある。しかし、新規エリアもいずれ人口減少を迎え、他金融機関との競合の激化も勘案すると業績伸長の余地はイメージよりも小さい可能性がある。エリア分析では、こうした「新規出店ありき」や「他エリアのほうが魅力的にみえる思い込み」などを取り払って、客観的でフラットな観点から評価を行うことが重要である。

【図表V-12 新規出店戦略検討におけるエリア分析例】

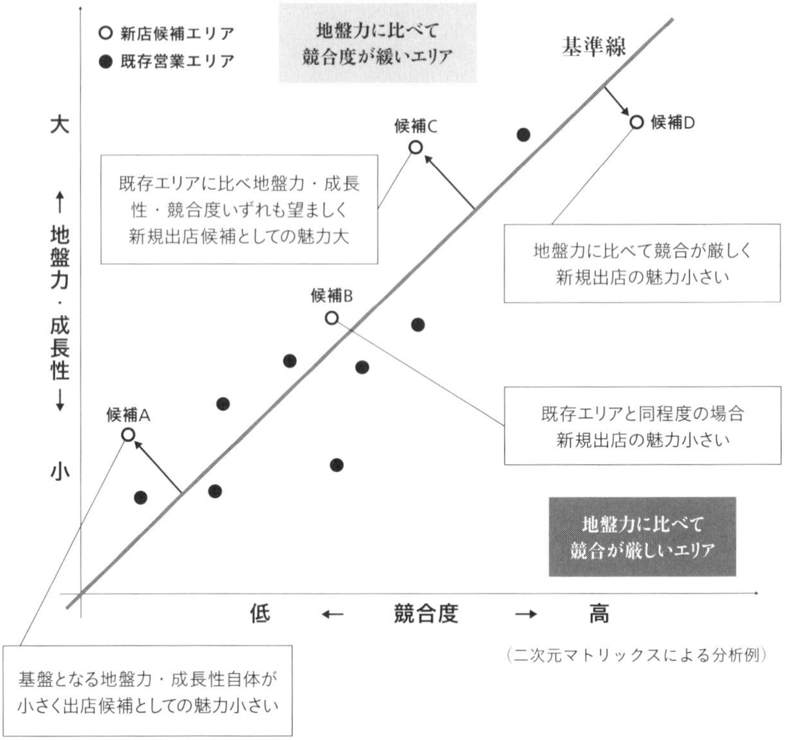

○ 新店候補エリア
● 既存営業エリア

大 ↑ 地盤力・成長性 ↓ 小

低 ← 競合度 → 高

地盤力に比べて競合度が緩いエリア

基準線

候補C
候補D
候補B
候補A

既存エリアに比べ地盤力・成長性・競合度いずれも望ましく新規出店候補としての魅力大

地盤力に比べて競合が厳しく新規出店の魅力小さい

既存エリアと同程度の場合新規出店の魅力小さい

地盤力に比べて競合が厳しいエリア

基盤となる地盤力・成長性自体が小さく出店候補としての魅力小さい

（二次元マトリックスによる分析例）

(出所)三菱UFJリサーチ＆コンサルティング作成

(3)店舗再編検討における活用

店舗再編検討における活用事例

　当該金融機関では、将来の縮小が見込まれるエリア需要への対応と、高い経費率の改善を目的として、既存営業店の店舗再編を検討した。

　店舗再編にあたり、各店舗の対象エリアごとにエリア分析を行い、地盤力や成長性、競合度等により各店舗エリアの評価を行った。特に将来の成長性と競合度などを重視し、将来の業績伸長余地が小さい（縮小の可能性が高い）エリアを中心に、店舗再編の候補営業店エリアを抽出した。また、対象店舗を再編した場合の、エリア全体の競合度等に与える影響も勘案した。

エリア分析に加えて、営業店再編時の顧客影響度や経費投下額、立地、職員対応等を勘案し、最終的な店舗再編対象店舗と再編の形態（店舗統廃合、店質転換等）を検討した。

　将来の人口減少等によりエリアによっては大きな金融サービス需要の縮小が予測されるなかで、地域金融機関にとって「店舗再編」は今後避けて通れないであろう。エリアの需要に合わせて自らの事業規模も適正化し、営業店ネットワークを効率化していかなければ、経費構造の悪化をまねき、金融機関の経営体力を奪い続けることになる。仮に将来の事業規模拡大を見込む場合にも、エリアごとの将来の成長率に大きな格差が予想されるなかでは、縮小するエリアから成長するエリアへ営業店ネットワークをシフトする「スクラップ＆ビルド」が必要になるだろう。

　これまでも多くの地域金融機関で店舗再編は行われてきたが、現状の不採算店舗を再編することによって経費効率性の改善をすることが主な目的として行われており、エリア分析が十分に活用されてきたとは言いがたい。過去に行われた店舗再編をエリア分析により事後的に検証すると、実はエリアの魅力度は相対的には高く、残された営業店よりもむしろ注力するべきエリアであったようなケースも散見される。店舗再編は、エリアの状況に加えて、現在の採算性や営業店の立地、顧客への影響度、歴史的経緯などさまざまな要素を勘案する必要があるが、一方で現状の延長線上だけで考えると、顧客への影響度、歴史的経緯などが重視されすぎて、大胆な決断や適切な判断ができなくなる懸念がある。組織内外のさまざまな意見に振り回されすぎないように、店舗再編のように「痛みを伴う決断」には、エリア分析による客観的・定量的な評価を重視した検討が必要不可欠である。

　店舗再編におけるエリア分析では、エリアの成長性と開拓率、競合度等により将来のエリアにおける取引拡大余地を中心に評価することが望ましい。現時点の地盤力が小さくても将来の成長が見込めるのであれば店舗を維持する意義は大きく、逆に現時点の地盤力が大きくても急速な縮小や非常に厳しい競合度では将来的な店舗維持負担が大きくなる可能性が高い。

　また、こうしたエリア分析は、法人／個人、預金／貸出などの主要な区分ごとに行うことが望ましい。店舗再編は単純な店舗統廃合だけとは限らない。営

業店形態も多様化しており、個人特化店や融資業務を行わない店舗などもふえてきている。たとえばエリア分析によって、法人需要は見込めないものの安定した個人需要が続くエリアや、住宅ローンは頭打ちだが高齢化による資産運用ニーズが見込まれるエリアなども、細かくエリア分析を行うと抽出することができる。こうしたエリアでは、現在のフルバンク型店舗から機能特化型の店舗に絞込みを行うことも、エリア分析を活用した店舗再編の一つの形態である。

エリア分析による評価結果は、採算性と組み合わせて評価することが有効である。不採算の営業店には、エリアの需要や競合度を要因とする場合（エリア要因）と営業店経営を要因とする場合（営業店要因）が考えられるが、店舗再編で対象とするべきはエリア要因による不採算店舗であり、エリアの魅力も低く、採算性が低い店舗が相対的に再編の候補になりうる。逆にエリアの魅力は高いものの、採算性が低い店舗は営業店経営になんらかの課題がある可能性があり、逆に店舗への積極的な投資等も含めて対応策を検討する必要がある。

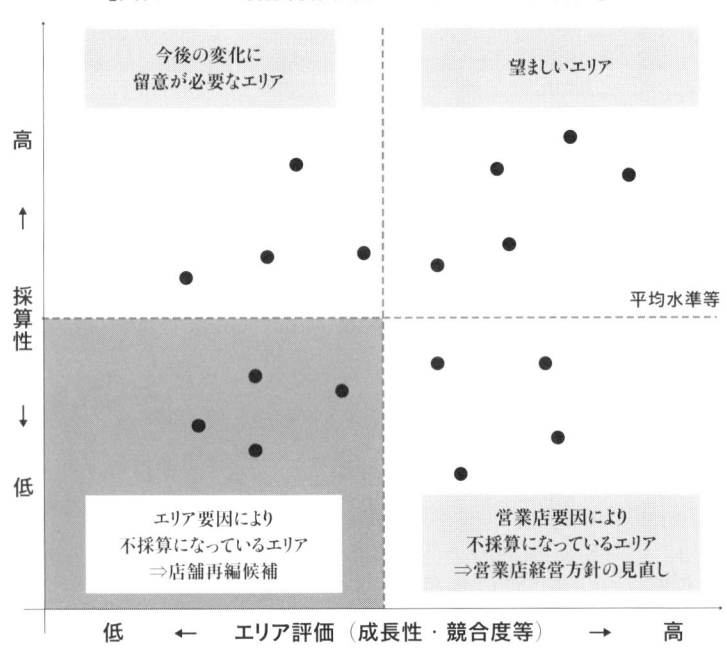

【図表V-13　店舗再編検討におけるエリア分析例】

(出所) 三菱UFJリサーチ＆コンサルティング作成

166　　第V章　「地域」を知るエリア分析

（4）営業店職員配置最適化における活用

営業店職員配置最適化における活用事例

　当該金融機関では、エリアの状況を反映した職員配置の最適化を行うため、エリア分析を行った。主に渉外担当者の配置を対象として、法人・個人それぞれのエリア評価により、各担当の営業店別・エリア別の配置を検討した。

　渉外担当者の配置においては、エリアの地盤力、成長性、競合度等を重視して評価を行った。基本的に成長余地の大きいエリアに増員配置するよう検討したが、現状各店の人員が全体的に不足気味であるため、原価計算上の稼働率も加味して優先順位付けを行った。

　店舗再編の検討に類似した活用方法として、営業店職員配置の最適化があげられる。いずれも既存営業店のエリア評価という点で分析手法も類似してお

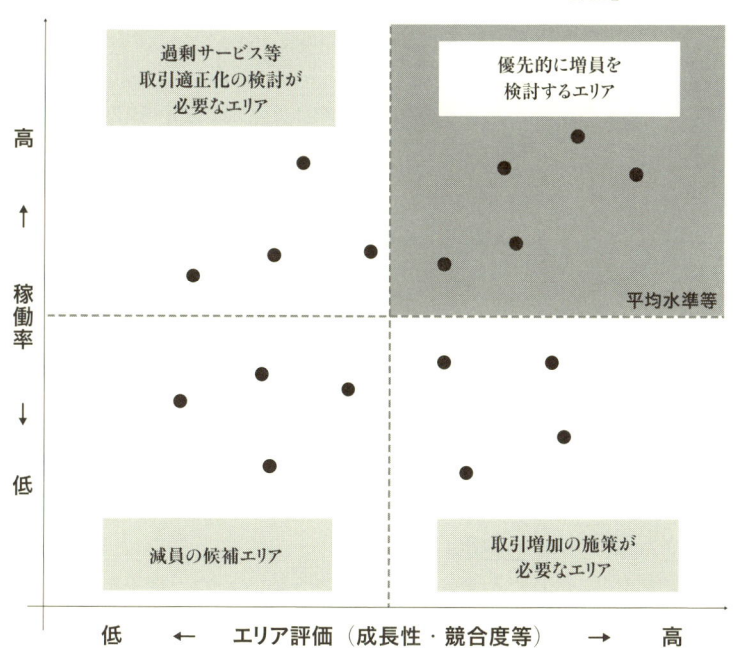

【図表Ⅴ-14　職員配置最適化におけるエリア分析例】

- 過剰サービス等取引適正化の検討が必要なエリア（左上：稼働率高、エリア評価低）
- 優先的に増員を検討するエリア（右上：稼働率高、エリア評価高）
- 減員の候補エリア（左下：稼働率低、エリア評価低）
- 取引増加の施策が必要なエリア（右下：稼働率低、エリア評価高）

縦軸：稼働率（低←→高）　横軸：エリア評価（成長性・競合度等）（低←→高）　平均水準等

（出所）三菱UFJリサーチ＆コンサルティング作成

り、経営資源の有効な配分という点で目的も共通する部分がある。

　営業店職員はさまざまな担当業務があるため、営業店職員合計数の配分を検討しても意味はない。預金為替業務担当、融資業務担当、法人営業担当、個人営業担当などの区分ごとに最適化を検討する必要がある。

　また職員の担当業務によって、エリア評価において重視する観点は異なる。取引の維持・拡大を担う法人・個人営業担当は、成長性や競合度などによる評価が重要であるが、預金為替や融資などの事務担当については地盤力や原価計算を利用した稼働率（＝店別単価）などを重視することが望ましい。

　営業店職員配置の最適化では、増員するべきエリアと減員するべきエリアを評価する必要がある。成長率等のエリア評価が高く稼働率も高いエリアが職員を優先的に増員するべきエリアであり、エリア評価が低く稼働率も低いエリアが減員するべきエリアと評価することができる。逆にエリア評価と稼働率のミスマッチが大きいエリアについては、たとえば取引規模に応じた渉外訪問活動の適正化や店頭・ATM・インターネット等のチャネル適正化など、業務体制や仕事のやり方などの見直しによる改善を検討することが望ましい。

(5) 営業店目標管理における活用

営業店目標管理における活用事例

　　当該金融機関では、営業店の業績目標設定にあたり、エリアの潜在需要を反映するためにエリア分析を行っている。

　　主にエリアの地盤力を中心に、開拓率や競合度の評価を勘案して各営業店の目標設定に反映している。特に新規貸出残高目標は、エリア評価を重視して全体目標を設定している。

　　目標設定・業績評価に利用するため、エリア分析は最新データを反映して定期的に実施している。

　営業店の業績目標は、現状の収益性や営業店職員数に加えて、営業店のエリアの状況を反映することが望ましい。

　営業店が対象とするエリアによって地盤力や成長性、競合度が異なるため、業績拡大のたやすさ・むずかしさにエリア間の差が生まれることは、ある程度やむをえないことである。これに対して「全店一律前期比 a ％増」や「全体

目標の職員数比例配賦」などで一律的に目標設定をすると、当然エリアにより目標達成状況に差が生まれる。相対的に業績拡大が期待しやすいエリアで目標達成して高く業績評価される営業店が多くなると、営業店間の不公平感が強まり、営業店職員のモチベーションや本部施策理解にも影響が懸念される。エリア分析を活用する目的の一つは、営業店間の目標設定の公平性を確保することにある。

　エリア分析のもう一つの目的は、営業店に効率的な営業活動を促進することがある。営業店ごとに対象とするエリアが異なり、重点的に取り組むべき活動も異なるが、全店に同じ取組みを求めるような目標設定によってこうした営業店活動が阻害される懸念がある。たとえば、成長率が低く開拓率も高いエリアでは新規取引先の獲得よりも既存取引先の取引拡大や収益改善に取り組むべきであるが、一律的な新規取引目標を設定すると営業店の営業体力を新規取引に注力せざるをえなくなる。逆に成長に伴って取引拡大を期待するエリアにおいて、過度に取引ごとの収益性目標を重視しすぎると、エリアの成長機会を取り逃す可能性もある。全営業店がすべての取引で業績拡大を目指すことが理想ではあるが、現実にはエリアの需要や競合に差があり、営業店の体力も有限であることから、金融機関全体最適の観点から、エリアの状況に応じて目標項目ごとにメリハリのある目標設定を行うことが望ましい。

　営業店目標管理におけるエリア分析では、地盤力や競合度を重視した評価を行うことが望ましい。目標は半期や1年という単位で設定されることが多いため、中長期的な成長率はなじみにくい。また、現状の取引構成に依存する既存の残高（ストック）よりも、新規取引獲得（フロー）などの目標設定のほうがエリア分析を反映しやすい。地盤力や競合度などから取引の伸ばしやすさをエリアごとに評価し、全体目標の配分において相対的に取引拡大が期待できるエリアの営業店に配分するなどの利用方法が望ましい。

5.まとめ

　地域金融機関にとってエリア分析が必須である一方で、分析技術や経営管理への活用はいまだ発展段階にある。小売業や飲食業などの他業態では、エリア・マーケティングを店舗戦略などに当然のように活用しており、分析データ

や分析技術の進展も著しい。業態や店舗に対する考え方の違いはあるものの、分析技術やデータに基づく客観的な評価の重要性については参考にするべき部分も大きい。

　エリア分析の活用手段としてあげた店舗戦略や職員配置等は、特に地域金融機関では地域とのかかわりなどもあって、エリア分析だけで判断できるものではない。しかし、さまざまな要素を考慮する必要があるからこそ、定量的で客観的なエリア分析が判断の軸として必要なのである。エリア分析がなければ、さまざまな判断要素のなかで何を重視するかまとまりを欠き、議論が迷走する懸念が強い。

　人口動態によりエリアごとの状況が大きな変化を迎えるなかで、エリア分析の重要性は高まる一方である。また時系列での地盤力や競合度の変化にも大きな意味があるため、エリア分析は一度だけの分析ではなく、定期的な定点観測が必要な分析手段でもある。人口減少社会への転換点を迎えているいま、店舗戦略等を担う営業部門だけの問題ではなく、経営全体の問題意識として、エリア分析への取組みが求められている。

「顧客」を知る 収益構造分析

第 VI 章

地域金融機関の収益は、地域内の多数の顧客の預金・貸出金・その他の取引や市場性取引で構成されているが、では、個人先、法人先、公共先などの各人格でどのような収益構成比になっているだろうか。またいずれの人格で過去から現在において収益の伸び率が高くなっているだろうか。それぞれ収益赤字先の割合はどの程度になっており、収益性の高い先はどのような属性・取引傾向があるだろうか。営業地域を細分化した場合、地域ごとに人格別等の収益構成に違いはあるだろうか。個人の年齢や法人の企業規模、業種などの顧客属性や、与信の有無などによる取引形態によって収益性はどのような差があり、地域金融機関の収益のどの程度を構成しているだろうか。取引歴の長さや取引地位、取引規模ごとでは――。
「収益構造分析」は、こうした顧客や取引形態、地域等による金融機関の収益状況（＝収益構造）を把握し、将来の経営戦略に活用する手法である。
　人口減少や地域の産業構造の変化など、地域金融機関を取り巻く社会経済環境や地域環境が将来大きく変化することが予想されるなかで、地域金融機関が経営戦略において「どこで、どのようにして将来の収益を確保していくか」ということについて、地域金融機関自身が選択しなければならない時代になっている。注力して経営資源を投入するべき分野は法人取引か個人取引か、貸出取引か預り資産取引か、県外か県内か、収益の拡大に向けた取組みは残高の増加か、スプレッド改善か、経費や信用コストの削減か、などさまざまな選択肢から、現状と将来の見通しをふまえて選択しなければならない。
　地域金融機関の将来に向けた経営戦略を検討するうえで最も重要なことは、現状を適切に把握することである。現状の経営課題や収益状況が適切に把握できていなければ、将来への変化に対応した見通しや対応施策も立てようがない。特に、地域金融機関はすでに顧客基盤や取引基盤、地域社会との関連性などの収益基盤を資産として保有している。金融業は基本的にはストック・ビジネスであり、過去からの顧客基盤・取引基盤が将来の収益基盤となる。顧客や地域との関係の長期継続性が地域金融機関の特性であり、地域に根差した地域金融機関ほど過去から現在の顧客基盤によって将来収益が影響を受ける割合は高い。冒頭にあげたような地域金融機関の収益構造に関する問いかけは、将来の経営計画を検討するうえで当然に把握しておかなければならないものである。
　収益構造分析の目的は、金融機関の収益状況を適切に把握することにより、

顧客基盤や取引基盤の将来の変化に対する収益影響や対応策を経営計画において検討することにある。過去から現在において、金融機関の収益が「どういった顧客層により、どのような割合で構成されているか」という金融機関自身の収益構造を分析することで、取引の拡大や収益性の改善のための施策の検討に利用することができる。金融機関の収益は顧客との取引により構成されているため、収益構造分析は、金融機関に収益をもたらしてくれる「顧客の特性」を収益というフィルターを通して把握するための分析であり、顧客セグメント別の推進施策の検討やマーケティングへの活用範囲も広い。

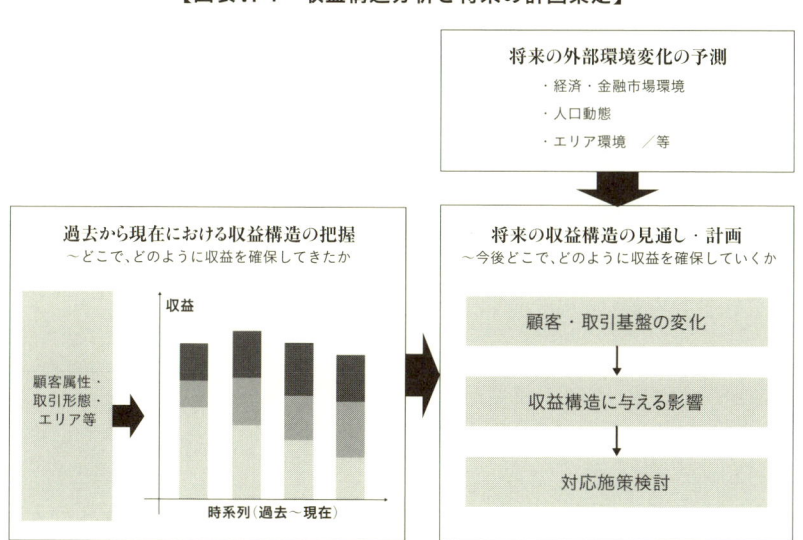

【図表VI-1　収益構造分析と将来の計画策定】

(出所) 三菱UFJリサーチ＆コンサルティング作成

　収益構造分析は、金融庁の地域金融機関に対する監督・モニタリングにおいても重視されるようになっている。金融モニタリング方針では、「金融機関の将来にわたる収益構造の分析」として、「金融機関の健全性を判断する上では、現在のビジネスモデルの将来にわたる持続可能性はどうか、また、金融機関を取り巻く経済金融情勢の今後の変化を踏まえ、潜在的リスクはどこに存在するか、について分析することが重要であり、こうした観点から金融機関の収益構造及び将来の展望についての議論を金融機関との間で深めていく。」と記載されている

(出所「平成25事務年度　金融モニタリング基本方針」平成25年9月、金融庁)。将来計画の策定に向けた収益構造分析は、地域金融機関の収益性・健全性を高めるために必要な分析として、金融監督の観点からも重要性の高い取組みといえるだろう。

1.収益構造分析のポイント

　経営計画策定の前提としての収益現状分析は、これまでの多くの地域金融機関で行われてきた。経営計画の策定において現状把握は非常に重要なプロセスであり、欠かすことはできないものである。

　しかし、従来の収益現状分析は、前回の経営計画の反省を目的としたものが多く、科目・商品別や営業店別などを中心とした分析が主流であった。このため収益分析結果に対して、将来計画や施策が十分にリンクしていないケースも多くみられた。

　これに対して、本章で取り上げる「収益構造分析」では、将来の環境変化に対応した経営計画策定に活用することを大きな目的としており、分析の観点や分析手法が大きく変わってきている。収益構造分析は決められた定型手法があるわけではなく、さまざまな分析手法があるが、近年主流となっている取組みでは以下の3点にあげる事項が特に重視される傾向にある。

(1)顧客を分析軸とした収益構造分析

　収益構造分析で最も重視される分析軸は、「顧客」である。これまで重視されてきた部門や営業店などの組織単位や、科目や商品単位での分析に対して、法人先・個人先などの顧客セグメント別や場合によっては一先一先の顧客ごとの収益性の違いが分析対象となる。

　顧客分析軸が重視される理由の一つには、将来の顧客基盤の変化の影響を分析し、将来計画において対応策を検討する目的がある。今後の地域金融機関経営では、人口減少やエリアの変化など顧客基盤の変化が最も重要な要素であり、将来計画の策定においても反映せざるをえない。たとえば簡単な例では、これまで個人取引において大半の収益を獲得してきた金融機関は、将来的な人口減少に備えた事業規模の適正化や、高齢化する個人顧客向けの注力商品の見直しなどを検討する必要がある。法人取引に収益基盤のある金融機関では、業種ごとの将来の成長性に大きな差が予想されるなかで、業種別の推進方針・信

用リスク管理などの検討に活用することができる。さらには、現在の顧客属性ごとの収益構成に、顧客基盤の将来の変化予測を掛け合わせることで、簡易的に将来の顧客属性ごとの収益見通しも分析することが可能になる。組織や商品ごとの収益は、顧客取引の積上げであり結果であるため、より直接的に収益性改善への取組みを行うためには「顧客」単位で分析することが望ましい。

　もう一つの理由は、収益管理制度・システムの整備とITを含めた分析技術の進展により、顧客別収益データを利用した多様な分析が可能になったことにある。収益構造分析では、基本的に金融機関の「全顧客」を対象とするが、個人先・純預金先も含めて全顧客を対象とすると、地域金融機関でも数百万先の顧客数になることも珍しくはない。これらの巨大な顧客別収益データを利用し、さまざまな属性ごとに収益性を比較分析できるようになったのも、顧客別に収益を計測するシステムとそれを利用するIT分析技術のおかげである。これまで部門や営業店などの単位で集約をせざるをえなかったデータを、顧客単位で細分化することにより、顧客ごとの細かい属性や取引状況の違いなど多様な切り口で収益性に与える影響の分析が可能になっている。

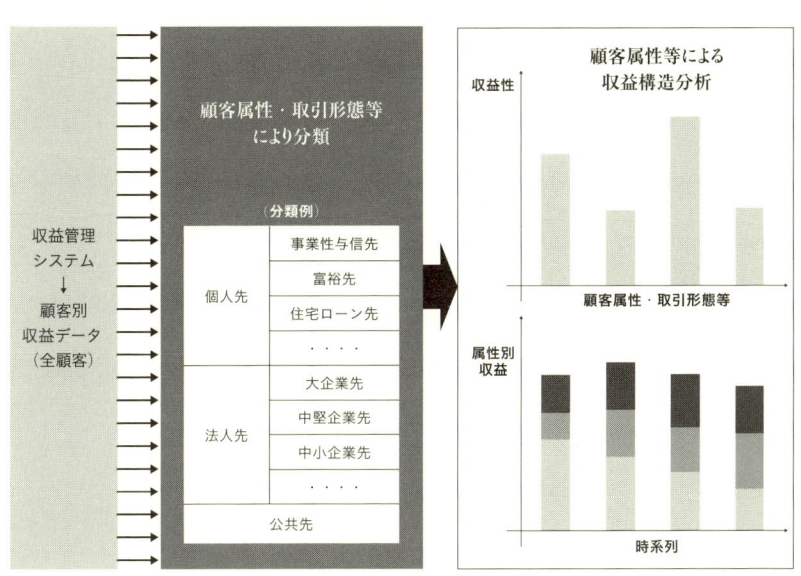

【図表VI-2　顧客を分析軸とした収益構造分析の流れ】

(出所) 三菱 UFJ リサーチ＆コンサルティング作成

(2) 時系列変化に注目した分析

　収益構造は、現時点の断面を把握しただけでは十分ではない。将来の計画策定に活用するためには、過去から現在にかけての収益構造の時系列変化の把握が特に重要である。

　将来の環境変化に伴う収益構造の変化を予測することはむずかしいが、ある程度ベースとなる変化トレンドは、過去から現在への時系列変化が影響する可能性が高い。こうした収益トレンドを考慮せず、現時点の断面だけで判断すると、収益性が低下傾向にある顧客属性や、将来の顧客・取引基盤の縮小が予測される顧客属性などに注力して収益を拡大する、といった「非現実的な」収益計画を策定してしまう懸念がある。

　収益構造分析においては、各顧客属性の収益性について時系列での変化トレンドを把握し、合わせてその変化の要因を分析することが重要である。同じく収益が低下傾向にある顧客属性であったとしても、顧客基盤そのものが縮小傾向にあるのか、当金融機関の取引シェアが低下しているのか、残高に対する収益率が低下しているのか、さらには粗利益率の低下か、経費率・信用コスト率の増加かによって、将来の収益構造に与える影響度の見通しも変化し、将来の計画策定において検討するべき施策は変わってくる。

　時系列変化の分析を行うためには、収益構造分析を定期的に行うことが重要である。一時点の分析により、各時点の過去データをつなぎ合わせて分析することも可能であるが、前回分析時点との変化などをより精緻に把握し、その時点その時点での収益構造の変化に合わせた施策を検討するためには、定期的な収益構造分析を行うことが望ましい。すでに収益構造分析を活用している金融機関では、半期ごとの定例分析業務として収益構造分析を行い、前期との比較分析や当初計画との乖離などのモニタリング指標としても活用している事例がある。

(3) 収益管理制度に基づく分析

　ある意味当然のことであるが「収益構造分析」である以上、収益の定義は明確にし、金融機関内で目標とするべき収益基準と一致している必要がある。

　これまでの計画策定における現状分析では、データ制約などの問題から財務会計収益による分析や、残高・粗利益などによる分析が利用されることもあった。しかし、分析の精緻さや目標とリンクしたモニタリングなどの点では大き

な課題があり、収益構造分析は収益管理制度における「管理会計収益(=リスク・コスト調整後収益)」(第Ⅱ章参照)に基づく分析が必要である。

　管理会計上のリスク・コスト調整後収益を利用することにより、金融機関全体の収益を顧客別や取引別などに細分化することができ、任意の分析軸により比較分析が可能になる。また収益の変化を商品種類別の粗利益や経費、信用コストに区分することで、収益変化の背景にある要因分析も可能になる。金融機関の目標や業績評価を管理会計ベースで行っている場合には、分析結果と目標や実績値の乖離を分析し、将来的なモニタリングにも活用することができる。

　収益管理制度の収益を用いた収益構造分析は、収益管理制度の非常に重要な活用方法の一つでもある。収益管理制度に基づく分析結果を金融機関内で共有し、収益の改善に向けた取組みを各部署間で検討することによって、収益管理制度に対する理解や浸透が進み、収益改善に向けた活用度も向上する。経営管理においては収益分析に基づく経営判断が浸透し、営業現場においても収益管理制度を活用した、顧客取引の収益改善への取組みが進展することが期待される。

　収益構造分析では、収益管理制度による粗利益・経費・信用コストによるリスク・コスト調整後収益を利用し、実態採算での収益性を分析する。リスク・コスト調整後収益の収益額だけではなく、与信残高に対する収益率や一先当り収益額、収益増減率などの指標を利用して多面的に分析することが望ましい。また収益性が高い・低いだけでなく、その要因を粗利益・経費・信用コスト等に分類して分析することが望ましい。全般的な傾向として、相対的に高いスプレッドにより高い粗利益率が確保できる顧客・取引では、取引残高が小さく経費率が高かったり信用コストが大きかったりするなど、各要素間の関連性は高い。このため、粗利益と経費、信用コストのバランスによる、総合的な収益性の高さによって収益構造を分析することが必要である。

　収益管理制度を利用した収益構造分析を行うためには、まず収益管理制度に基づくリスク・コスト調整後収益が顧客別に計測されていることが必要であり、全顧客分の一定期間の時系列収益データが蓄積されていることが望ましい。近年の収益会計制度・システムの進展により多くの金融機関では分析データが整備されているものの、収益管理制度の未整備の中小地域金融機関ではまずは分析に必要な収益データの作成が必要となる。収益構造分析に基づく経営判断を誤らないためにも、収益管理制度は適切に構築・運用されなければならない。

【図表VI-3　収益管理制度に基づく収益構造分析】

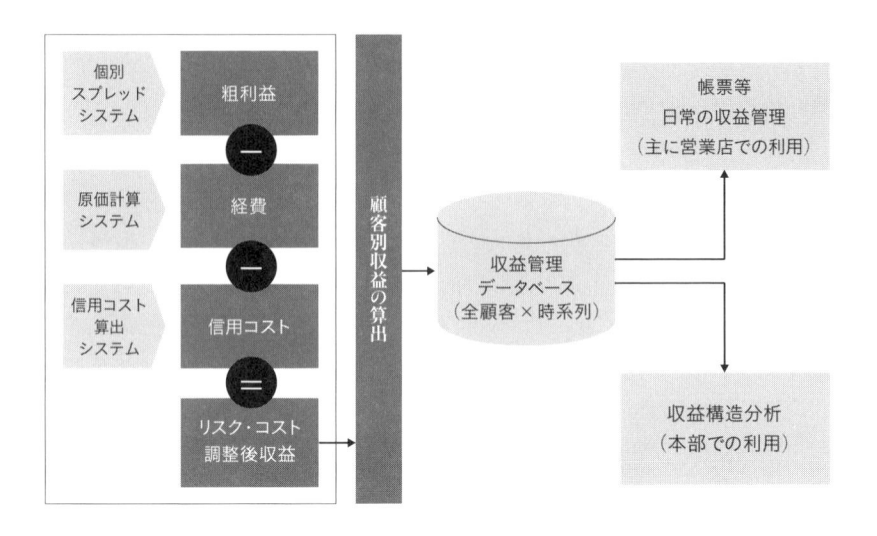

（出所）三菱UFJリサーチ＆コンサルティング作成

2.収益構造分析のフレームワーク

　収益構造分析は、定型化されたメニューがあるわけではない。地域金融機関ごとの特性や分析ニーズ、利用可能データに合わせて最適な分析手法を検討しながら取り組む必要がある。収益の構成比が大きい顧客属性や時系列変化が大きい商品取引については詳細に深掘り分析するべきであるし、地域金融機関内で利用可能な顧客属性データなどがある場合には、属性情報と収益データを組み合わせた、多様な切り口での顧客属性別の収益性分析を行うことが望ましい。

　一方で、地域金融機関では直面する地域環境や収益の特性、収益管理制度に共通する部分も多く、収益構造分析のニーズとしても共通する部分がある。以降では、三菱UFJリサーチ＆コンサルティングが行った地域金融機関における収益構造分析の分析事例をもとに、地域金融機関において有効と考えられる収益構造分析の「フレームワーク」を、可能な限り一般化して整理する。分析手法や観点に加えて、多くの地域金融機関に共通する収益構造の傾向等を合わせて記載し、将来に向けて必要となる施策を検討したい。なお本章であげる分

析例や収益構造の傾向は、特定の金融機関の収益構造を表したものではなく、三菱UFJリサーチ＆コンサルティングが行った複数の地域金融機関の収益構造分析における傾向をもとに筆者が設定した仮想例であることにご留意いただきたい。

【図表Ⅵ-4　収益構造分析のフレームワーク】

(1) 部門別分析	営業部門、市場部門等の部門間の収益性比較
(2) 顧客属性別分析	人格、企業規模、業種、年齢など、顧客の属性による収益性の比較分析
(3) 取引形態別分析	与信の有無、特定商品の取引有無、取引規模など、金融機関取引の状況に応じた収益性の比較分析
(4) 累積収益構造分析	顧客ごとの収益の偏在状況の分析
(5) 収益性区分の遷移分析	収益貢献度に応じた顧客の区分とその特性、時系列での収益性の変化の分析
(6) 他のデータと組み合わせた分析	収益構造と渉外活動や顧客満足度等を組み合わせた分析

(出所) 三菱UFJリサーチ＆コンサルティング作成

(1) 部門別分析

　金融機関の収益は、まず営業部門、市場部門、ALM部門などの部門別収益に分解される。部門別分析においては、部門間の収益構成比や時系列変化を中心に分析することが望ましい。特に地域金融機関では、以下のような点が分析のポイントとなる。

　一つ目は、営業部門の収益性と金融機関全体の収益に占める構成比である。顧客との預貸金等の取引を所管する営業部門は地域金融機関にとって事業の中

核であり、地域金融機関全体の収益を左右する最も重要性の高い部門である。しかし、預金・貸出金のスプレッド収益が縮小するなかで、多くの地域金融機関で営業部門の収益性は低下しており、経費や信用コストの水準によっては部門全体として赤字に転落している例も少なからずある。

　一般的な収益管理制度では、預貸金による資金利益のうち、市場金利に対するスプレッド部分を営業部門収益、市場金利利鞘をALM部門収益として分割しているため、営業部門単体で収益性が低くてもALM部門・市場部門への収益貢献を勘案すると単純に縮小やリストラの対象とするべきではない。しかし、顧客との取引で得られるスプレッド収益等で、取引サービス提供にかかる経費・信用コストをカバーできていないゆがんだ状況にあり、適正な収益水準の確保に向けた取組みが必要となる。

　部門別の収益構造分析では、営業部門の収益性の過去から現在への変化を把握したうえで、低収益性となっている要因を分析する必要がある。営業部門内の詳細分析は続く顧客属性別・取引形態別の分析対象になるが、部門別分析では「部門全体の共通課題」として粗利益や経費、信用コスト等の収益要素や貸出・預金等の商品別の分析などを行うことが望ましい。現在の金利・市場環境や人口減少等を勘案すると、営業部門の粗利益（特に資金利益）は大きな成長を期待することはむずかしい。この場合に将来の計画策定において、施策による粗利益の拡大を目指すのか、粗利益に合わせた経費や信用コストの適正化を中心とするのか、またはこれらの施策をどのようにミックスしていくのか、この部門分析の結果が重要な判断材料の一つとなるだろう。

　二つ目の分析上のポイントは、市場部門の収益性の時系列変化である。

　預貸率の低下と営業部門の収益性低下により、地域金融機関の収益に占める市場部門の貢献度は高くなっている。一方で、長引く低金利により余資運用で十分な利回りを確保することもむずかしくなっている。また市場部門の収益は市場環境に左右されやすく、市場環境の急変等により場合によっては赤字部門に転落する可能性もある。

　将来の収益計画においては、市場部門の収益貢献をどの程度見込むのか、営業部門と市場部門の収益バランスが重要になる。現状の収益貢献の維持・拡大を見込むのであれば、リスクテイクの拡大に対応するリスク管理制度と資本の備えが必要となる。地域金融機関の経営理念からすると、市場部門の収益貢献

が高い傾向は是正の方向に向かうことが望ましいが、そのためにはやはり営業部門の収益性の改善が前提となる。

預貸金のバランスに応じた有価証券ポートフォリオ構築や預貸金収益と合わせた金利リスク管理など、市場部門の収益は営業部門の影響を強く受ける。部門別収益構造分析では市場部門収益の時系列分析(投資商品別、担当ライン別などのリスク対比リターン)などに加えて、NII分析(第Ⅳ章参照)を活用した分析により、将来の適切な収益水準の検討を行うことが望ましい。

(2)顧客属性別分析

顧客取引の収益性は一先一先異なり、類似する顧客属性でも赤字の先もあれば黒字の先もあるが、顧客の属性によって主に取引される商品や規模に傾向があり、金融機関側の営業推進方法も異なるため、顧客属性によって収益性に差が生まれやすい。こうした観点から収益構造分析では、顧客を人格や企業規模等の顧客属性に集約して比較することで、顧客属性による収益性の違いや顧客属性ごとの収益構成を分析する。

分析対象となる顧客属性は、金融機関で保有する属性情報や分析ニーズに合わせて選択されるが、一般的には人格によって「個人先」「法人先」「公共先」などに区分したうえで、さらに人格ごとの詳細な属性により分析する手順がとられることが多い。以下では、人格ごとに収益構造の特性と分析上のポイントを整理したい。

①個人先の収益構造分析

個人先は、人口減少により顧客基盤自体が縮小していくことが予想され、将来最も大きな収益構造の変化が予想されるセグメントである。

個人先の収益性が低迷し、収益構造上の課題となっている地域金融機関は多い。個人先は法人に比べて取引規模が小さく、非常に取引先数も多いため、営業推進や取引管理にかかる経費が過大となりやすい。金融機関によっては粗利益を超える経費投下により、個人先全体として赤字セグメントとなっているケースも多い。特に近年の預金スプレッドの低下により預金取引の粗利益が縮小しており、預金取引の割合が高い個人先のさらなる収益性の低下を招いている傾向がある。顧客ごとの取引規模の拡大やローン、預り資産ビジネス等によ

る粗利益の拡大施策も重要であるが、将来の顧客基盤の変化に合わせた経費投下の適正化の検討も必要であろう。

　個人先のなかでは、個人事業主と純個人、年齢、性別、職業、地域などのさまざまな属性があり、収益性の違いを生み出している要因になっている。なかでも将来の計画策定に非常に大きな影響を与えるのが「年齢階層別分析」である。個人先は「マネー・ライフ・プランニング」という言葉もあるように、年齢階層によって必要とする金融サービスが異なる。一般に、若年層では預貸金ともに取引規模が小さいものの、30～40歳代で住宅ローンなどの貸出金取引が増加し、50歳代以降で預金取引や預り資産の取引規模が年齢を重ねるごとに大きくなってくる。個人先を年齢階層ごとに区分して収益性を比較すること

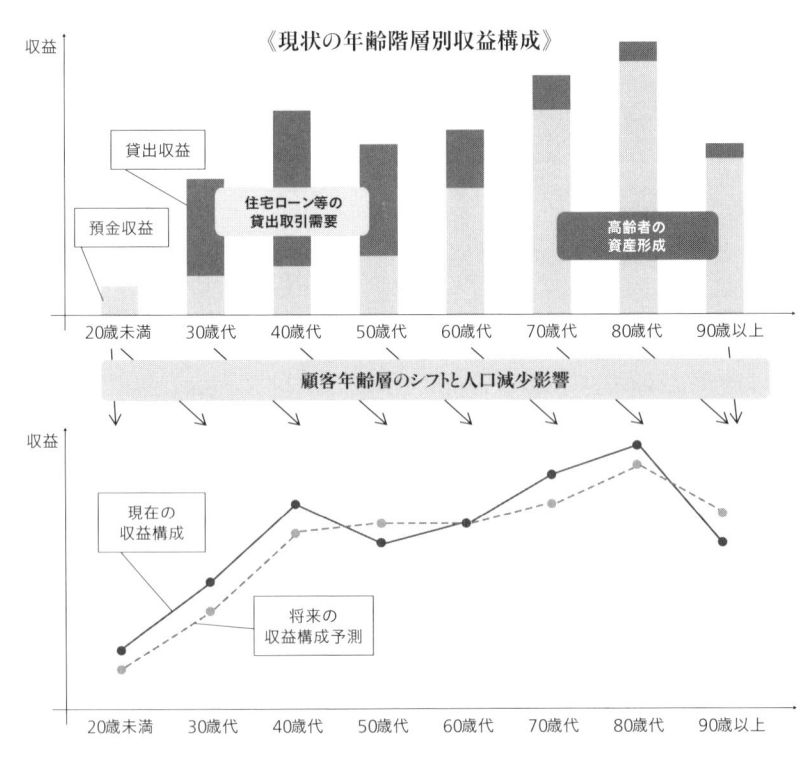

【図表Ⅵ-5　個人先の年齢階層別収益構造分析例】

《現状の年齢階層別収益構成》

（出所）三菱UFJリサーチ＆コンサルティング作成

で、個人先の収益がどの年齢階層で構成されているか把握することができる。

　将来計画においては、個人先の少子高齢化の進展を勘案することで、年齢階層ごとの収益構造に与える変化を分析することが望ましい。地域金融機関においては、個人先の収益は主に住宅ローンと高齢者の預金・預り資産取引により構成されていることが多い。たとえば、現在住宅ローンにより高い収益性をもたらしている年齢階層の顧客が、ローンの返済が進む年齢階層にシフトすることによって取引残高と収益性は低下することが予想される。替わりに現在の若年層にローン需要が生まれるが、この年齢層での顧客基盤をしっかり確保しておかなければ、現在と同水準の収益維持は困難になる。預金取引、預り資産取引においても、中心となる高齢者の年齢階層のシフトにより資産残高は増加する傾向もあるものの、逆に高齢化による資産の取崩しや相続による流出影響の発生も予想される。

　こうした将来の年齢層シフトの影響は、地域金融機関が現在どの年齢層でどの程度の収益構成となっているかに依存し、特定の年齢層への収益の偏在が大きい金融機関ほど影響が大きいと考えられる。将来においても安定した個人顧客取引収益を確保するためには、収益構造分析をふまえて年齢層ごとの収益・顧客基盤を平準化するよう取組みを検討することが望ましい。

②法人先の収益構造分析

　法人先は、顧客により取引の個別性が強いため、収益性も顧客によりバラつきがある。顧客属性ごとに収益性を比較した場合、顧客属性に共通する傾向なのか、特定の先の影響による個別要因なのか、適切に判断する必要がある。

　法人先の顧客属性には業種や資本金などさまざまあるが、多くの地域金融機関で収益性に大きな影響を与えている属性として、以下のような項目があげられる。

　一つ目は「企業規模」があげられる。売上高や資本金、従業員数などによる企業規模は、取引規模やスプレッド水準、経費率の水準の違いから収益性に差が生まれやすい。企業規模を大企業、中堅企業、中小企業で区分した場合、それぞれ異なる収益性の傾向がみられる。地域金融機関における大企業取引は取引規模が大きく、経費率・信用コスト率は低いものの、市場の競合により貸出等のスプレッドも十分に確保できず、結果として収益性は低くなっている場合

が多い。逆に中小企業では、相対的に貸出スプレッドは大きく粗利益は大きいものの、取引規模や格付から経費率・信用コスト率が高くなり、収益性は低くなりやすい。結果として地域金融機関では、粗利益と経費、信用コストのバランスから、中堅企業から上位の中小企業の企業規模での収益性が相対的に高くなっている傾向がある。

　二つ目の属性は「格付」があげられる。収益管理制度では格付によって信用コストの水準が異なり、格付が高いほど信用コストが小さく、低格付先ほど信用コストは大きくなる。一方で、信用力が高い企業ほど金融機関の競合が強く、貸出スプレッドは小さく粗利益も小さい。格付ごとの収益性を比較すると、地域金融機関では、高格付・低格付の先では収益性は低く、正常先の中位程度の格付先の収益性が高くなっている傾向がある。

　三つ目の属性は「取引地位」があげられる。法人顧客は複数の金融機関と取引していることが一般的であるが、当金融機関がメインバンクなのか、他の金融機関がメインバンクの先の準メインなのか、それ以下の取引地位なのかなどの取引順位によって収益性は大きく異なる。メインバンクや準メインなどの取引地位が高い先ほど、取引の規模も大きく、貸出スプレッドの確保や預金・役務収益の獲得でも有利な取引条件となり、収益性は高くなる傾向がある。逆に取引地位が低下すると、取引規模やスプレッドで競合上厳しい条件となり収益性は低くなる傾向がある。類似の傾向として、「取引歴」が長いほど収益性は高くなる傾向もあり、長期的な取引関係により取引地位を向上させ、収益性を確保するリレーションシップ・バンキングの成功モデルともいえる。

　こうした顧客属性による収益性の違いは、現時点だけでなく、時系列での変化も分析することが必要である。法人先全体として収益は低下傾向にある金融機関が多いが、法人先のなかでも顧客属性による収益性の変化の傾向には差がある。一般的には、競合が厳しく相対的に収益性の低い顧客属性でさらに収益の低下が続き、高収益の顧客属性も収益性低下の影響を受けながらも低下幅は小さいため、顧客属性による収益性の格差は拡大の傾向にある。

　顧客属性による収益性の違いや時系列の変化は、将来計画における法人セグメントへの取組方針の検討に活用することが望ましい。収益性の違いを反映して、収益性の高い顧客属性の維持・拡大に注力する方針や、逆に収益性に課題のある顧客属性での収益性改善に取り組む施策も考えられる。

【図表Ⅵ-6　法人先の属性別収益構造分析例】

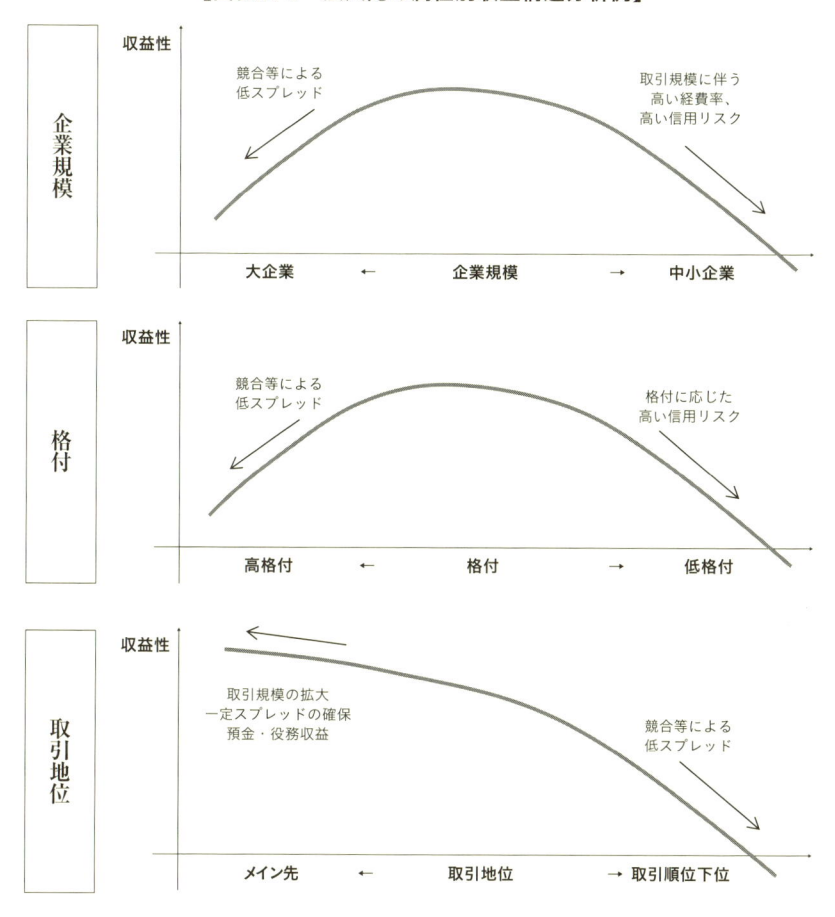

企業規模

収益性

競合等による
低スプレッド

取引規模に伴う
高い経費率、
高い信用リスク

大企業　←　企業規模　→　中小企業

格付

収益性

競合等による
低スプレッド

格付に応じた
高い信用リスク

高格付　←　格付　→　低格付

取引地位

収益性

取引規模の拡大
一定スプレッドの確保
預金・役務収益

競合等による
低スプレッド

メイン先　←　取引地位　→　取引順位下位

(出所) 三菱UFJリサーチ＆コンサルティング作成

(3) 取引形態別分析

　顧客属性により一定の収益性の傾向があるとしても、同じ顧客属性のなかでも収益性の高い先や赤字先など収益性のバラつきは大きい。これは同じ顧客属性のなかでも取引規模や取引商品に違いがあるためであり、たとえば全体として収益性の低い顧客属性でも、一定以上の取引規模のある先や特定の商品取引がある先では収益性が高い、などの傾向がみられる。

　こうした取引による収益性の違いを分析するのが、取引形態別の収益構造分

析である。取引形態別の分析は、将来の計画策定において、「目標とする取引のモデルケース」を検討する場合などに有効である。たとえば、個人先の収益を改善するためにはどういった商品取引を推進すればよいか、顧客ごとにどの程度の取引量（貸出残高、預り資産残高など）を目指せばよいか、などの検討に活用することができる。

①個人先の取引形態別分析

　個人先は、顧客数も多くさまざまな取引商品が存在するため、取引形態による収益性の違いは大きい。一般的に、貸出商品の有無による収益性に大きな差が生まれやすいため、貸出商品の分類により、「事業性与信先（＝個人事業主）」「住宅ローン先」「消費性ローン先」「純預金先（＝貸出取引のない先）」などの取引形態に分類することができる。

　「事業性与信先」は、貸出取引による収益により相対的に収益性は高い傾向はあるが、法人中小企業の収益構造と類似して、スプレッド収益に対して経費や信用コストが収益上の課題となりやすい。このため、事業性与信先全体の収益性に加えて、貸出残高別や格付別などの分析も合わせて行うことが望ましい。特に貸出残高別の収益性分析では、経費率の違いにより貸出残高が小さくなるほど収益性は低下する傾向があり、比較的スプレッド収益の大きな個人事業主取引でも一定の残高がなければ収益を確保できない可能性が高い。この収益性が確保できる水準の残高（＝損益分岐点）を把握することで、個人の事業性与信取引に対する取引のモデル水準として利用することができる。

　また事業性与信先のなかでは、近年特に不動産賃貸業を営む個人事業主へのアパートローン等の取組みが拡大している地域金融機関が多く、個人セグメントや金融機関全体の収益への貢献度も高くなっている。ただし、アパートローンについては特有の不動産リスクが存在するため、過度なリスクテイクとならないように、収益性だけでなく与信の集中度や信用リスク状況に関する分析を合わせて行うことが望ましい。

　「住宅ローン先」は、個人取引のなかでは収益性の高い商品としてこれまで位置づけられてきたが、近年の金利競争の激化により収益性に対する懸念が広がっている。収益構造分析においても、個人先全体および金融機関全体の収益に対する影響度の大きさから、分析の重要性は高い。

住宅ローンに関する収益性の分析として、地域金融機関でも利用が広がっている「住宅ローン生涯採算分析」がある。住宅ローン取引の完済まで、35年間などの時間変化による残高・期限前償還・利回り等の変化を勘案し、経費や信用コストに対して収益性が確保されているかどうか、を分析する手法である。金利競争の激化と将来の金利上昇リスクが懸念されるなかで、住宅ローンの適正金利水準を分析する手法として近年活用が進んでいる。収益構造分析は、住宅ローンの収益性を分析する手法としてこの生涯採算分析と類似しているが、分析の目的や手法は異なる。

　まず、分析対象として住宅ローン生涯採算分析では住宅ローン取引単体での収益性を対象としているが、収益構造分析は住宅ローンを利用している「顧客」の収益性が対象であるため、当該顧客の預金取引やその他の貸出取引などを含む。分析対象期間も、将来採算分析が完済までの約35年間の累積損益を対象とするが、収益構造分析では金融機関の収益サイクルに合わせて半期や1年の期間損益を対象とする。最大の違いは、将来採算分析が将来の予測収益であるのに対して、収益構造分析は過去の実績収益であるという点である。

　こうした分析手法の違いは、目的の違いに由来している。生涯採算分析が住宅ローンという商品の特性を考慮した住宅ローンの収益性のみに特化した分析手法であるのに対して、収益構造分析は事業性与信やその他のローン、預金取引または法人先取引などの金融機関のさまざまな商品との同一基準で収益性を比較し、金融機関全体に対する収益貢献度を評価することを目的としている。住宅ローンは、生涯採算分析において商品単体での累積損益の収益性を確保することも重要であるが、一方で金融機関全体では住宅ローンを中心とする総合取引として期間ごとの損益でも収益性を確保する必要があり、両面での分析が必要である。生涯採算分析は住宅ローン金利の適正水準を検討する目的で、収益構造分析は住宅ローン先に対する推進方針や経営資源の配分全体を検討する目的で利用されることが望ましく、金融機関にはいずれの分析にも重要性が高い。

　住宅ローン先の収益構造分析では、住宅ローン全体での収益性について時系列で分析することに加え、残高や金利水準ごとの収益性を比較することで、目標とする残高・金利水準を把握することが望ましい。特に近年の金利低下競争が激しい住宅ローンでは、取組時期や優遇幅、適用金利水準によって同じ住

【図表VI-7　個人先の取引形態別収益構造分析例】

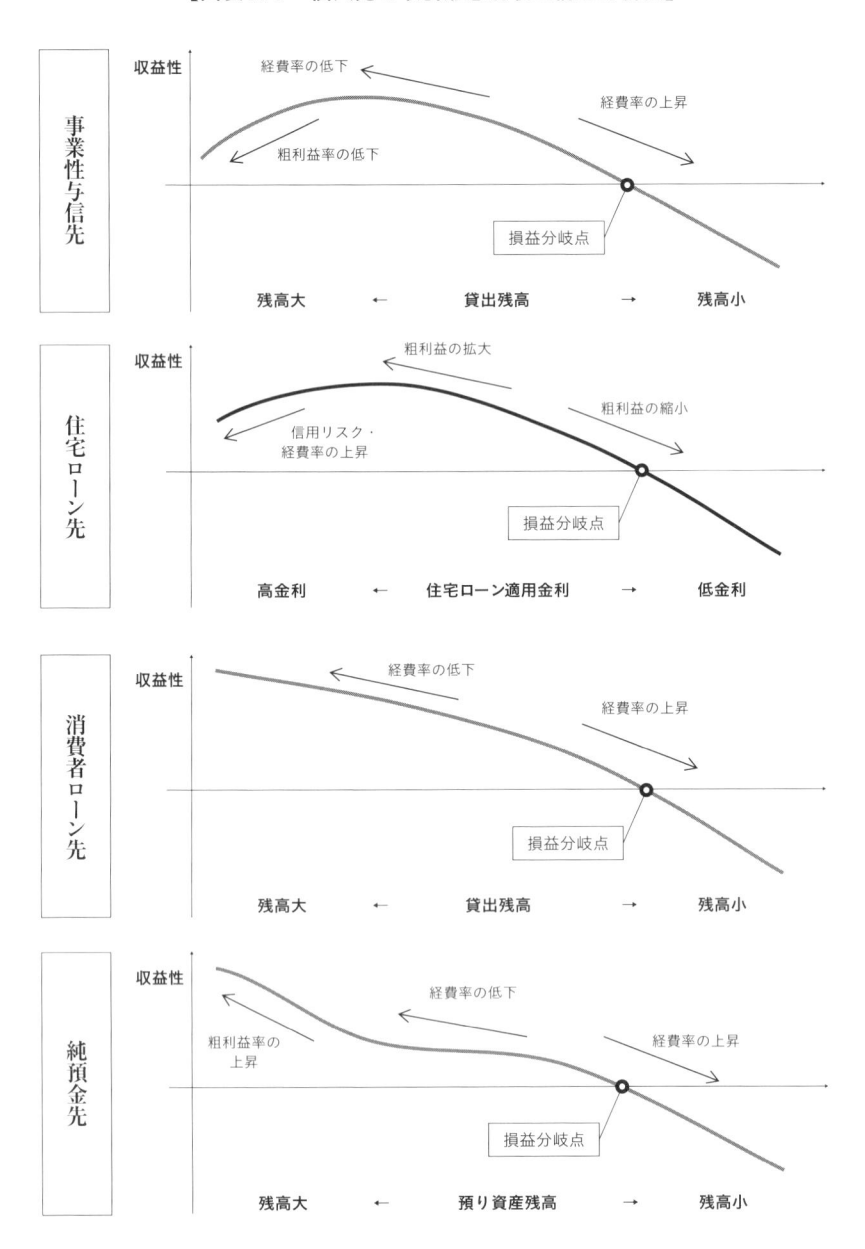

事業性与信先

収益性／経費率の低下／経費率の上昇／粗利益率の低下／損益分岐点
残高大　←　貸出残高　→　残高小

住宅ローン先

収益性／粗利益の拡大／粗利益の縮小／信用リスク・経費率の上昇／損益分岐点
高金利　←　住宅ローン適用金利　→　低金利

消費者ローン先

収益性／経費率の低下／経費率の上昇／損益分岐点
残高大　←　貸出残高　→　残高小

純預金先

収益性／経費率の低下／経費率の上昇／粗利益率の上昇／損益分岐点
残高大　←　預り資産残高　→　残高小

（出所）三菱UFJリサーチ＆コンサルティング作成

宅ローンでも収益性が異なる傾向があり、こうした観点からの分析の有効性が高い。また住宅ローン先の総合収益として、年齢や取引タイプごとに住宅ローン・住宅ローン以外での収益の構成比などの分析により、住宅ローン先への総合取引化に向けた取組みを検証する分析を行うことが望ましい。

「消費者ローン先」や「純預金先」では、取引規模（＝貸出残高、預り資産残高）により収益性の違いが生まれやすい。残高が大きい先ほど得られる粗利益が大きくなり経費投下をカバーできるようになるが、残高が一定水準を下回ると経費の要因により赤字となる可能性が高い。残高規模別の収益性の比較等により、適正な経費投下水準の検討に活用することが望ましい。特に純預金先の残高別の収益性比較では、各金融機関で重視される「富裕層」取引の収益性評価に活用することができる。どの程度の取引規模の先を富裕層として定義し、どの程度の経費を投下して推進していくか、取引規模ごとの収益性の違いがその判断基準として活用できる。

②**法人先の取引形態別分析**

法人先の取引形態は、個人先ほど多岐にわたるわけではないため、「与信先」「純預金先」などの区分が基本となる。これに加えて、法人向けの多様なサービスの収益性を評価するため、「外為取引先」「EBサービス利用先」「保証協会保証利用先」「政策株式保有先」などの特定商品利用の顧客ごとに収益分析を行い、それ以外の顧客との収益性を比較することが望ましい。

「法人与信先」は、地域金融機関の最も重要な取引セグメントといえるだろう。この収益性と金融機関に占める収益構成によって、金融機関全体の収益性が左右されるといっても過言ではない。法人与信先の収益性は、顧客属性であげた企業規模と類似するが、貸出残高の大きさによって収益性が異なる傾向にある。残高が大きい先ほど経費率が低下する一方で粗利益率も競合により低下するが、残高の小さい先では経費率が上昇し、一定の貸出残高水準のない先は経費投下を考慮すると赤字取引となっている可能性が高い。

こうした貸出残高による経費率の差は、取引・粗利益の大きさに対して経費投下が一律的である地域金融機関の営業推進体制の課題も表している。貸出取引には、顧客に対する営業推進活動のほか、格付付与や自己査定、貸出にかかる審査や与信管理など、さまざまなコストを必要とし、法人与信先は最も経費投

【図表VI-8　法人先の取引形態別収益構造分析】

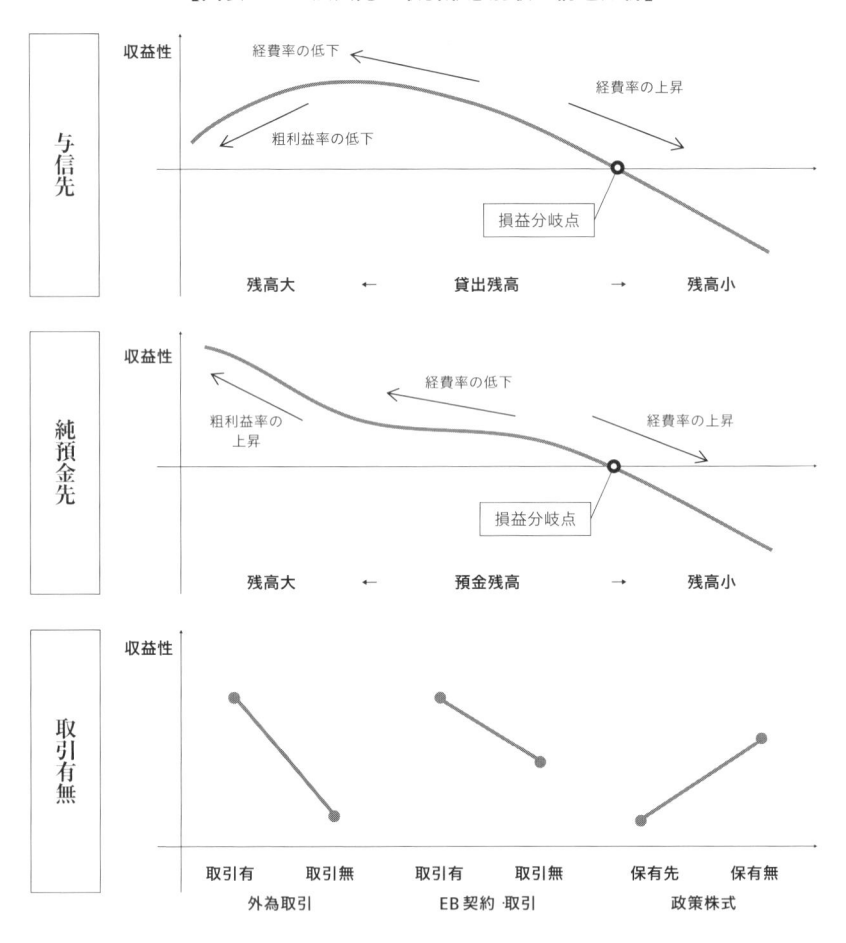

与信先

収益性／経費率の低下／粗利益率の低下／経費率の上昇／損益分岐点

残高大　←　貸出残高　→　残高小

純預金先

収益性／粗利益率の上昇／経費率の低下／経費率の上昇／損益分岐点

残高大　←　預金残高　→　残高小

取引有無

収益性

取引有	取引無	取引有	取引無	保有先	保有無
外為取引		EB契約・取引		政策株式	

(出所) 三菱UFJリサーチ＆コンサルティング作成

下の大きいセグメントの一つである。この顧客管理・与信管理経費が取引の規模にかかわらずほぼ一律的にかかっていることが、残高に対する経費率の差になっている。一定の残高以下の先で構造的に経費超過による赤字が続いている場合には、収益・経費管理の観点からは一律的に個別審査を行う方法が限界に達している可能性が高い。与信管理経費は信用リスク管理のための経費でもあるため簡単に削減することはむずかしいが、たとえば一定の残高以下の先には簡

易的なスコアリング評価による貸出や営業店決裁での貸出を認めるなど、取引規模による適正な経費投下水準のビジネスモデルを検討する余地はある。収益構造分析により残高水準ごとの収益性を比較することで、こうした課題の把握と管理方法の見直しを検討するべき残高の基準を分析することが可能になる。

これまでの地域金融機関の推進方針では、法人与信先への貸出取引の拡大が最重要課題であったため、「法人純預金先」はあまり重視されていなかった。しかし将来的に個人預金が減少し法人への資金シフトが予想されるなかでは、法人預金は金融機関の重要な預金調達源となる可能性が高い。これまでは法人純預金先をいかに貸出取引により法人与信先へシフトさせるかが課題であったが、今後は純預金先からの預金取引の拡大や付随する役務取引をいかに取り込むかが戦略として重視されるだろう。

法人純預金先も残高による経費率の差を主な要因として、残高が小さいほど収益性は低下し、一定残高以下の先は赤字となる傾向がある。法人先は個人先と比較して推進コスト・事務コストも大きいため、個人先よりも損益分岐点は高くなる傾向がある。同様の取引形態でも顧客属性により損益分岐点は異なるため、収益構造分析では、顧客属性や取引形態を組み合わせた分析を行うことが望ましい。

(4) 累積収益構造分析
①累積収益構造分析とは

「全商品中で上位20％の商品が売上げの80％を構成する」「全顧客のうち上位20％の顧客が売上げの80％を占める」。経済やマーケティングの世界において「パレートの法則」と呼ばれる、売上げ等の偏在状況を表す経験則である。

金融機関も他の一般事業会社以上に顧客ごとの収益の偏在は大きい傾向にある。顧客ごとに取引規模や取引内容が異なり、収益性の高い顧客、収益性の低い顧客、赤字の顧客などさまざまな収益水準の顧客が多数存在することが要因にあげられる。

金融機関にとって収益の偏在が大きい（＝一部の顧客への収益の集中度が高い）状態は当然ながら望ましい状態ではない。これらの収益の集中度が高い一部の顧客との取引を他の金融機関に奪われたり、顧客の信用状態が急速に悪化したり、個人の死亡や相続で取引がなくなったりするなどした場合、金融機関の収

益に大きな影響を与える可能性がある。金融機関の収益構造の理想は、すべての顧客から同水準の収益を安定的に確保することであり、収益偏在はできるだけ小さいことが、個別の顧客の動向に左右されない将来にわたる安定的な収益基盤につながる。金融機関は収益の偏在がある現状を適切に把握したうえで、収益集中度の高い一部の顧客の管理を特に重視しつつ、収益偏在の緩和に向けて低収益顧客などの収益性改善を図っていく必要がある。

　こうした金融機関の顧客ごとの収益偏在状況を分析する手法が、「累積収益構造分析」である。パレートの法則に従い、「パレート分析」とも呼ばれる。

②累積収益構造分析の手法

　累積収益構造分析では顧客ごとの収益データを利用し、分析対象全顧客の顧客別収益を収益額の大きい順に並べ、収益順に累積していく。全顧客を並べて収益を累積したうえで、収益上位顧客の顧客数の構成比（横軸）と収益額の構成比（縦軸）を比較分析することで収益の偏在状況を把握することができる。

　累積収益構造分析では、収益上位の「高収益顧客」が収益を大きく積み上げ、収益が小さいながらも黒字を確保している「低収益顧客」がさらに収益を加算するが、「赤字顧客」が積み上げた収益の一部を減少させて、分析対象顧客全体の最終的な収益が構成される。累積収益構造分析においては、金融機関の収益構造において、この高収益顧客・低収益顧客・赤字顧客が先数や収益構成においてどのような収益構成になっているかを把握することが重要な分析ポイントになる。

　たとえば、収益偏在の大きい収益構造の金融機関では、高収益顧客の先数の構成比は小さいが収益構成比は非常に高く、大多数の低収益顧客・赤字顧客は収益構成比が小さい。逆に、高収益顧客・低収益顧客・赤字顧客で先数構成比や収益構成比の差が小さい場合は、顧客間の収益偏在が小さい収益構造と考えることができる。

③累積収益構造分析のポイント

　累積収益構造分析では、上記の累積収益額と顧客数を用いて収益偏在状況の分析を行う。顧客全体のほか、個人先・法人先や大企業・中堅企業・中小企業・個人事業主などの主要顧客セグメントごとに区分して、それぞれの収益偏在状況を分析することが望ましい。

【図表VI-9　累積収益構造分析の手順】

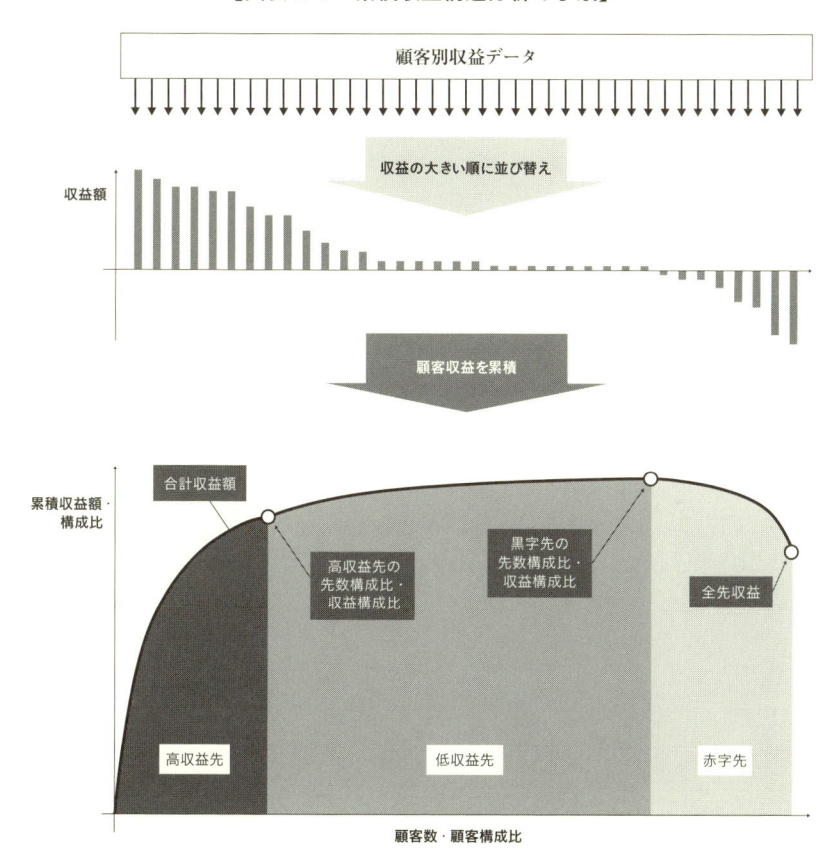

顧客別収益データ

収益の大きい順に並び替え

収益額

顧客収益を累積

累積収益額・構成比

合計収益額

高収益先の先数構成比・収益構成比

黒字先の先数構成比・収益構成比

全先収益

高収益先　　低収益先　　赤字先

顧客数・顧客構成比

（出所）三菱UFJリサーチ＆コンサルティング作成

　累積収益構造分析では、まず、黒字先・赤字先の顧客数の構成比と収益額の構成比に注目するべきである。対象顧客全体で収益の黒字が確保できていても、一部の先のみの高い収益によって支えられ、大多数の顧客が赤字という状況は望ましい収益構造とはいえない。対象顧客全体の収益性が同程度であれば、黒字先の顧客数の割合は高いほど望ましく、対象顧客全体で満遍なく収益が確保できていることが理想である。このため、黒字先が顧客先数でどの程度を占めており、黒字先全体でどの程度の収益を貢献して、赤字先がどの程度収益を減少させているか、ということをまず把握し、収益性の改善に向けて黒字

【図表VI-10　累積収益構造分析の分析例】

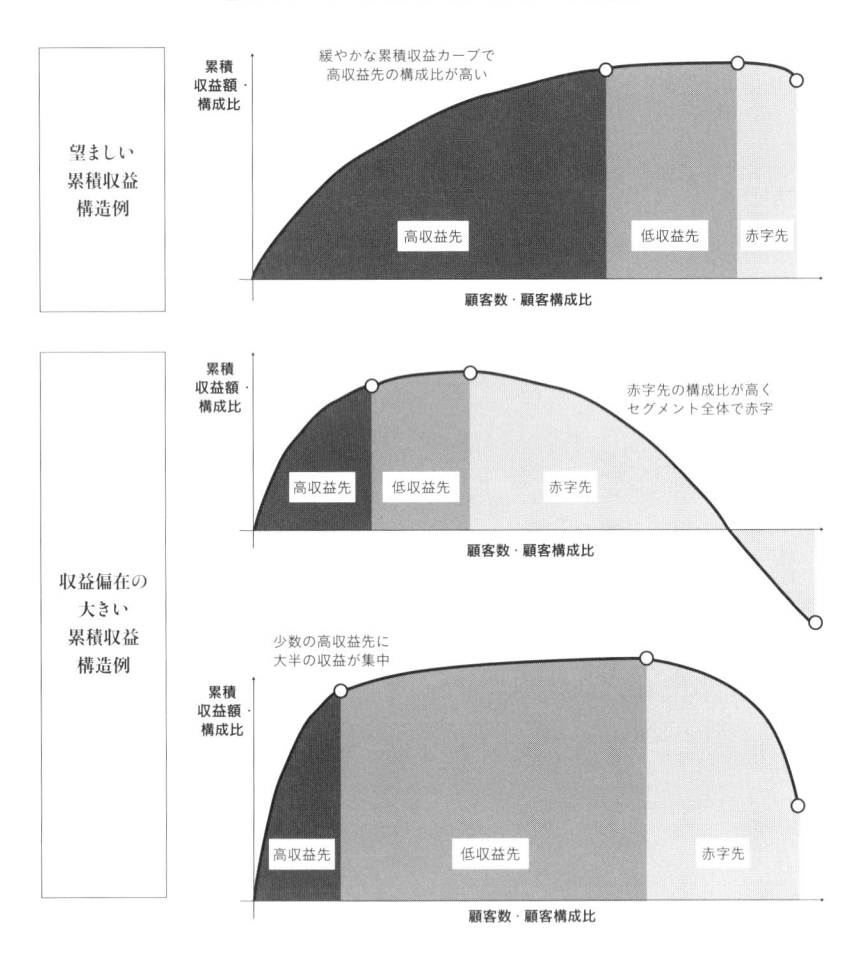

望ましい
累積収益
構造例

累積収益額・構成比

緩やかな累積収益カーブで
高収益先の構成比が高い

高収益先　低収益先　赤字先

顧客数・顧客構成比

収益偏在の
大きい
累積収益
構造例

累積収益額・構成比

赤字先の構成比が高く
セグメント全体で赤字

高収益先　低収益先　赤字先

顧客数・顧客構成比

少数の高収益先に
大半の収益が集中

累積収益額・構成比

高収益先　低収益先　赤字先

顧客数・顧客構成比

(出所) 三菱UFJリサーチ＆コンサルティング作成

先の収益拡大が必要なのか、赤字先の改善が必要なのか、必要な対応を検討する必要がある。

　そのうえで黒字先のなかで、高収益先と低収益先の顧客数の構成比と収益額の構成比を分析することが望ましい。パレートの法則に従って、高収益先を「黒字先収益の80％を構成する先」と定義したとすると、高収益先の顧客数が上位何％程度になっているかが一つの注目すべき指標となる。パレートの法則では

高収益先の構成比は 20% 程度であるが、地域金融機関ではそれ以上に収益の偏在は大きく、高収益先は数 % 程度の上位先に限定されるケースも少なくない。

　こうした偏在の大きい収益構造の場合には、高収益先を重点的に管理して取引の縮小や収益性の悪化を防ぐことが最重要課題であるが、合わせて低収益先や赤字先の収益性改善に向けた取組みにより収益偏在の緩和を検討する必要がある。

　一般的な傾向として地域金融機関では、個人の事業性与信先や住宅ローン先などは取引ごとの収益性の差が小さく、「収益偏在の小さい」セグメントになっている一方、個人純預金先や法人与信先などは収益性の高い一部の先に収益が集中し、低収益・赤字先の構成比が比較的高い「収益偏在の大きい」セグメントとなっている傾向にある。

④収益性区分の特性分析

　地域金融機関の収益偏在状況を確認しただけでは、その後の収益偏在の緩和や収益性の改善に向けた取組みにつなげることはむずかしい。一部の高収益先に収益が集中しているとした場合、同じ顧客属性のなかでどのような要因でこうした収益性の違いが生まれているのか、収益性区分（高収益先・低収益先・赤字先など）ごとの特性を分析することが重要である。

　まず、収益性区分ごとの収益性の違いが粗利益の要因なのか、経費や信用コストの要因なのか、収益状況を比較して分析することが必要である。高収益先は、当然ながら粗利益が大きく経費や信用コストが一定に抑えられているが、低収益先や赤字先の収益性の課題はさまざまな要因がある。取引残高が小さい場合や、スプレッド幅が小さい場合、貸出以外の預金・役務取引が足りない場合、渉外訪問経費が過大の場合、信用コストが過大の場合など、高収益先との比較分析によりその要因が明確化され、収益性の改善に向けた施策の検討にも活用することが可能になる。

　そのうえで、こうした収益性区分が顧客属性や取引形態とどういった関係があるのかを分析することが望ましい。収益性区分は、必ずしも顧客属性や取引形態だけで決まるものではないが、経験上一定の傾向はみられる。たとえば、法人与信先のなかで、中堅企業では高収益先の割合が高く一定規模未満の中小企業では低収益先が多かったり、メインバンク先の多くが高収益先である一方で取引順位下位の先は赤字先が多かったりするなど、顧客属性が収益性に影響

を与えている傾向はみられる。取引形態でも貸出・預金の残高や金利・スプレッド水準と収益性区分の関連性は強くみられる。

　収益性区分ごとの特性を把握することは、効率的な営業推進に向けたターゲット顧客層の明確化に利用することができる。収益性の改善には高収益先の維持・拡大が重要になるが、広く全顧客を対象に収益拡大に向けた取組みを展開しても、営業負担が大きくそのなかで実際に高収益先まで収益拡大ができる先は少数にとどまりやすい。収益構造分析を通して高収益先の顧客属性・取引属性を把握したうえで、「高収益先に類似した顧客属性の先や類似の取引が期待できる取引先」を優先的・重点的に推進することで、より少ない推進コストの投下で高収益先の拡大を期待することができる。このように収益構造分析は現状を把握するだけでなく、分析方法を適切に組み合わせることによって、経営管理や営業推進にも非常に有効な情報として活用することができる。

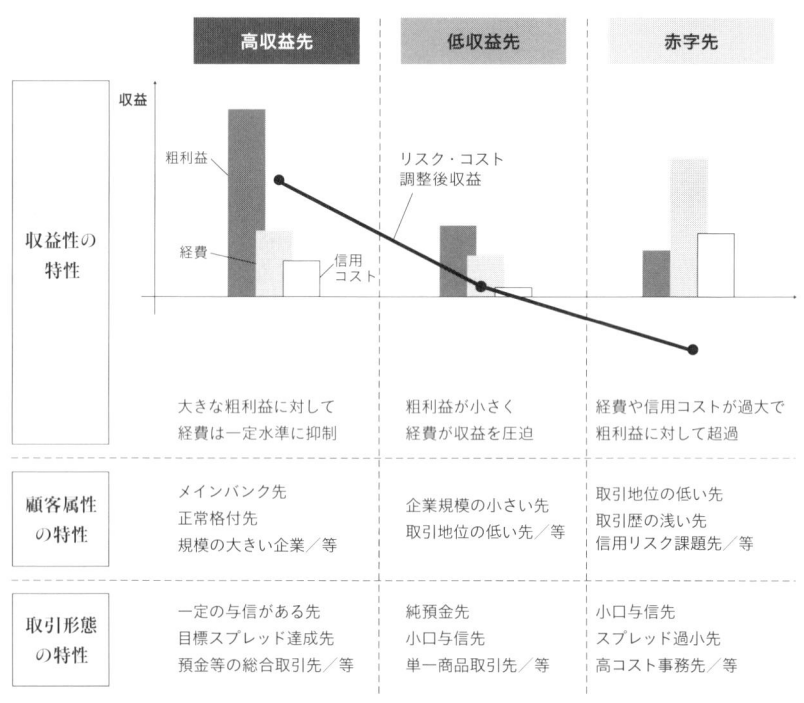

【図表VI-11　収益性区分別の特性分析】

	高収益先	低収益先	赤字先
収益性の特性	大きな粗利益に対して経費は一定水準に抑制	粗利益が小さく経費が収益を圧迫	経費や信用コストが過大で粗利益に対して超過
顧客属性の特性	メインバンク先 正常格付先 規模の大きい企業／等	企業規模の小さい先 取引地位の低い先／等	取引地位の低い先 取引歴の浅い先 信用リスク課題先／等
取引形態の特性	一定の与信がある先 目標スプレッド達成先 預金等の総合取引先／等	純預金先 小口与信先 単一商品取引先／等	小口与信先 スプレッド過小先 高コスト事務先／等

（出所）三菱UFJリサーチ＆コンサルティング作成

(5)収益性区分の遷移分析

　累積収益構造および各顧客の収益性区分は、一時点の断面図である。顧客属性や取引形態別の収益性比較でも時系列比較が重要であるように、累積収益構造および収益性区分も時系列での変化を分析することが重要である。

①累積収益構造の変化

　累積収益構造分析では、各時点での累積収益構造を比較することによって、収益の偏在状況について時系列の変化を把握することが重要である。高収益先・低収益先・赤字先の収益性区分ごとの先数構成比・収益構成比を比較することによって、集中度が高まっているのか緩和しているのかを把握することができる。集中度がいっそう高くなっている場合には、高収益先の収益が拡大したことが要因であれば大きな問題にはならないが、低収益先や赤字先の構成比・赤字幅が拡大していることが要因である場合には要注意である。逆に収益の集中度が低下していても、それが高収益先の先数・収益額が減少していることによる要因である場合にも、収益構造の変化としては望ましくない状況であろう。

　収益の偏在状況は顧客間のバランスであるため、単純に高収益先の構成比だけで判断するのではなく、顧客全体の収益額の変化と組み合わせて判断する必

【図表VI-12　累積収益構造の変化の分析】

顧客全体の収益の変化		収益偏在状況の変化	
		集中度が上昇	集中度が低下
	収益増加	● 収益増加は一部高収益先のみの収益増加効果 ● 一部高収益先への依存度がいっそう高まる ↓ 低収益先・赤字先の収益改善が必要	● 収益増加は低収益先・赤字先を含めた全体的な押し上げ効果 ↓ 最も望ましい変化
	収益減少	● 低収益先・赤字先の収益減少が要因 ● 一部高収益先への依存度がいっそう高まる ↓ 全顧客的な収益改善が必要	● 一部の高収益先の収益減少が要因 ● 高収益先の収益力が低下 ↓ 高収益先の収益低下防止が必要

(出所) 三菱 UFJ リサーチ ＆ コンサルティング作成

要がある。収益変化の要因が高収益先によるものなのか、低収益先・赤字先によるものなのかによって、必要とする収益改善施策が異なる。複合的な観点での分析と、適切な要因分析が必要である。

② **収益性区分の遷移**

　地域金融機関の収益構造が変化するように、顧客ごとの収益性も変化する。高収益先であった顧客が低収益先や赤字先になったり、逆に低収益先や赤字先から高収益先になったり、収益性区分も時間とともに遷移する。この顧客ごとの収益性区分の変化の状況を分析する方法が「収益性区分の遷移分析」である。

　収益性区分の遷移は、地域金融機関にとって非常に重要な分析である。地域金融機関が目指す「リレーションシップ・バンキング」では、顧客との長期取引関係に基づく収益性の確保を目的としている。これは収益構造分析においては、「高収益先が長期的に継続している」状態といえる。各時点の収益構造分析における高収益先のなかには、今期大きな取引があって一時的に収益が大きくなっている先や、他行融資の肩代わり戦略により取引を獲得したが再度の肩代わり攻勢で取引継続がむずかしくなっている先なども存在する。地域金融機関において、こうした先を高収益先として積み上げていくことは競合や顧客基盤の変化により不安定な収益構造となってしまい、望ましい状況ではない。地域金融機関にとっては、高収益先のなかでも継続的な取引関係により「高収益であり続ける先（継続的な高収益先）」をいかに維持・拡大していくかがきわめて重要であり、本来のリレーションシップ・バンキングの目的といえよう。

　また、将来計画の策定において、将来の収益基盤の安定性を評価するうえでも収益性区分の遷移状況は活用できる。金融機関の収益性に影響の大きい高収益先がどの程度継続し、どの程度低収益先や赤字先に遷移するかによって将来の収益性は影響を受ける。地域金融機関としては、高収益先はできるだけ高収益先のまま継続し、低収益先や赤字先から高収益先に遷移する顧客をふやすことによって、高収益先が増加していくことが理想的な姿である。しかし近年の収益低下傾向のなかでは、高収益先から低収益先や赤字先へ遷移する確率も高く、高収益先が減少する傾向が続く場合も少なくない。こうした傾向が将来もある程度トレンドとして継続することを前提とすると、将来そのままの状態では高収益先が減少を続け、全体の収益も減少トレンドを継続する懸念がある。

こうした傾向を将来の収益計画でも考慮し、対策と合わせて検討することにより、顧客の収益構造状況をふまえた計画策定が可能になる。

こうした観点から収益性区分の分析では、高収益先を中心に、高収益先に継続する確率、低収益先や赤字先に遷移する確率、逆に低収益先や赤字先から高収益先に遷移する確率などに注目して分析することが望ましい。また、施策検討への活用という観点では、遷移状況だけでなく遷移の要因も合わせて把握することが必要である。預金・貸出残高の増減なのか、スプレッドの変動なのか、経費や信用コストの増減なのかなど、顧客別に収益変化の要因は異なるものの、傾向としてどういった要因が多いかという点を把握しておくことが、高収益先の維持・拡大のための具体的な施策検討において非常に有効性が高い。

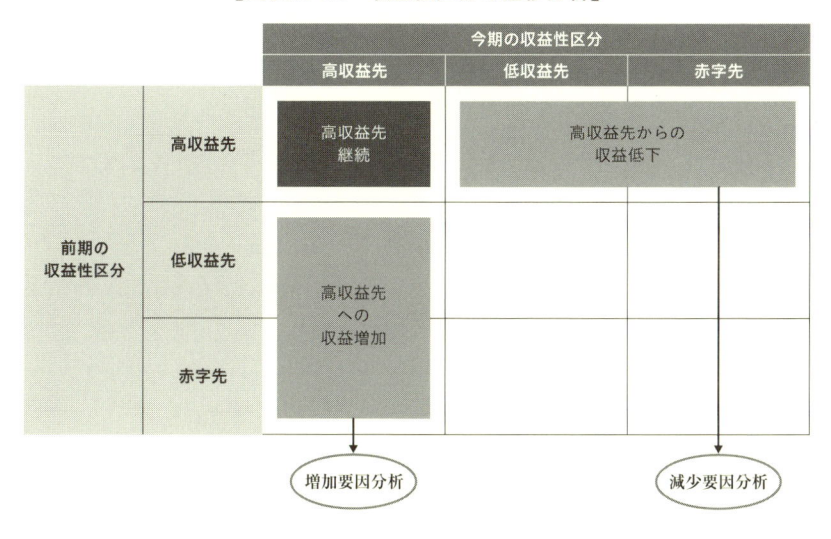

【図表VI-13　収益性区分の遷移分析】

		今期の収益性区分		
		高収益先	低収益先	赤字先
前期の収益性区分	高収益先	高収益先継続	高収益先からの収益低下	高収益先からの収益低下
	低収益先	高収益先への収益増加		
	赤字先	高収益先への収益増加		

→ 増加要因分析　　　　→ 減少要因分析

(出所) 三菱UFJリサーチ＆コンサルティング作成

(6) 他のデータと組み合わせた分析

ここまで述べてきた収益構造分析では、顧客別の時系列収益管理データを利用して行うことができる。地域金融機関の収益構造の把握、という点ではここまでの分析でも十分ではあるが、この非常に重要な収益分析結果を具体的な施策に活用し、収益改善につなげていくためには、他のデータと組み合わせて、

もう一段踏み込んだ分析を行うことが望ましい。

　収益構造分析は顧客別のデータを利用しているため、顧客別データとの組合せによる親和性が高い。地域金融機関内にある既存の顧客別データと組み合わせることによって、収益構造との関連性を比較分析することが可能になる。

　収益構造分析と組み合わせられる顧客別データということではさまざまな可能性が考えられるが、これまで三菱UFJリサーチ＆コンサルティングが行った収益構造分析のなかで有効性が高い分析として、「渉外活動分析」「顧客満足度分析」「エリア分析」があげられる。

①渉外活動分析

　営業店の顧客への渉外活動は、近年では多くの地域金融機関で渉外支援システムなどの導入が進み、顧客別の渉外活動の管理がシステム的に可能になっている。このため、渉外支援システムから顧客別の渉外活動データを取得することにより、収益構造分析と組み合わせて、渉外活動と顧客の収益性の関連性を分析し、渉外活動の効率化に向けた取組みに活用することができる。

　渉外活動は、営業店渉外担当者の時間と訪問にかかるコストを消費する「有限の経営資源」である。地域金融機関にとって、渉外担当者と顧客の接点は収益の源泉であり、渉外活動の経営資源をどのように効率的に活用するかが、地域金融機関の収益性を左右しうる。限られた渉外活動の資源を有効に活用するためには、一定の渉外活動に対してより多くの収益を確保できるよう、収益性の高い顧客層や収益の拡大が期待できる顧客層への渉外活動を中心に行うことが望ましい。

　顧客ごとの収益性と渉外活動を比較し、顧客属性や収益性の区分ごとに渉外活動の傾向を比較すると、収益性と比較して必ずしも最適な渉外活動のバランスとなっていない状況が多くの金融機関でみられる。高収益先は収益貢献に対して渉外活動が過少となっており、逆に低収益先・赤字先などに過剰な渉外活動となっていることが多い。もちろん渉外活動は、将来の顧客基盤のため現在取引のない新規先や収益性の低い先にも推進していく必要がある。しかし、現在の金融機関の収益を支える高収益先とのリレーションをおろそかにしてまでも、多くの渉外活動時間を投入して新規先などの拡大を行うべきものかは議論の余地がある。将来の顧客・取引基盤の大きな成長が見込めないなかで、高収

益先の取引と収益性を維持・拡大することは地域金融機関の収益性安定のための最も重要なことである。こうした取引の維持にかかる活動は、新規取引獲得などが重点的に評価される業績評価制度などの影響によって、営業店でも軽視されがちである。

具体的にどの顧客にどの程度の頻度で渉外活動を行うかは各営業店で顧客のニーズ等に応じて決定するとしても、どのような顧客層に重点的な渉外活動を行うべきか、望ましい渉外頻度はどの程度か、などの「渉外活動の基本的な方針」は、本部である程度設定することが望ましい。渉外活動データと収益構造分析を組み合わせることで、顧客セグメントや収益性区分ごとの渉外活動の配分状況や渉外効率性の比較、渉外頻度と収益性の関連性などを分析し、渉外活動の理想的なモデルケースについて検討することが望ましい。

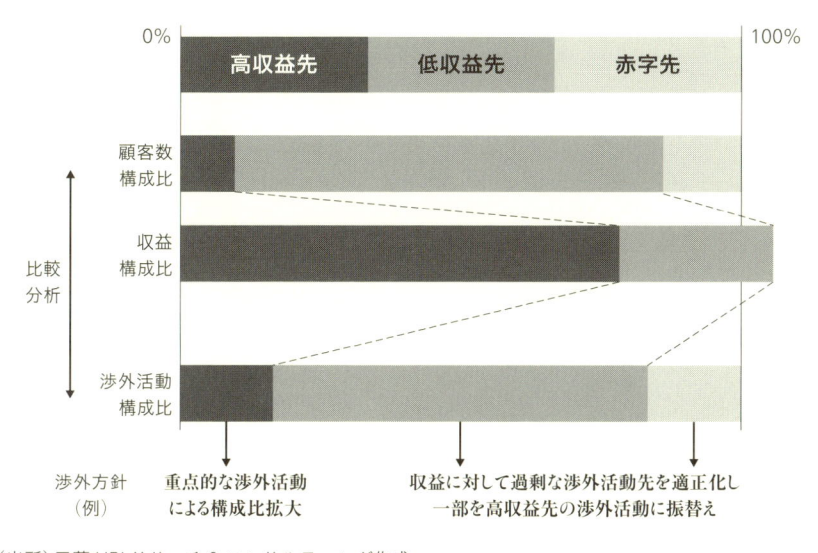

【図表VI-14　渉外活動分析】

(出所)三菱UFJリサーチ＆コンサルティング作成

②**顧客満足度分析**

高収益先を維持・拡大するためには、高収益先の「顧客の声」を聞くことが重要である。高収益先が金融機関に何を期待しているのか、なぜ当金融機関と

取引を継続しているのか、当金融機関との取引に満足しているのかどうか、といった声を分析することで、高収益先の取引維持のモニタリングにも活用できるほか、高収益先に求められるサービスの提供や施策の展開にも活用することができる。

　顧客の声を聞く方法として、少数の高収益先に直接インタビュー調査を行う方法もあるが、より多くの顧客の声を分析する方法としては地域金融機関の多くで実施されている顧客満足度調査のアンケート調査と組み合わせる方法が望ましい。

　顧客満足度のアンケート調査は、一般的には、ランダムに抽出された一部の顧客（無作為抽出法と呼ばれる）を対象にアンケート調査を行うが、この方法ではアンケートによる顧客の声が当金融機関にとってどういった取引・収益をもたらしてくれている顧客かは判別することができない。全顧客的な満足度を高めていくことは当然重要なことであるが、限られた経営資源のなかで改善施策に取り組むためには、取引や収益性に与える影響の大きい項目の満足度から優先的に改善に取り組むことが重要である。

　収益構造分析と組み合わせた顧客満足度分析を行うためには、収益性等の区分を考慮して抽出した顧客（層化抽出法と呼ばれる）を対象にアンケート分析を行う方法がある。

　この方法を利用することにより、顧客満足度のアンケート結果を収益性の区分ごとに比較分析することが可能になる。高収益先と低収益先・赤字先では、もともとの顧客属性等にも違いはあるが、金融機関に求めるサービスの違いや当金融機関に対する満足度の違いを要因としている可能性も高い。この収益性を分ける要因となるニーズや満足度の違いはどういった項目で発生しているのかという観点から、高収益先とそれ以外での満足度の違いや特に満足度の差が大きい項目、収益性との関連性が高い項目などを分析することが望ましい。収益性に影響を与えうる重要な項目から重点的な改善施策を検討することで、高収益先の継続や低収益先・赤字先の収益性改善に活用することが可能になる。

　なお、アンケートの分析手法として、各評価項目の単純な満足度の比較では、顧客との取引における各評価項目の「重み」が判別できない。たとえば、取引全般の満足度分析のなかでは、「貸出商品」「預金商品」「店舗等の利便性」「職員のサービス」など多数の項目に分解して満足度を分析することが多いが、重要なことは、取引の継続を決める「金融機関に対する総合的な満足度」に対

して影響度の高い項目で満足度が高いかどうか、という点にある。預金商品の取引を重視されていない場合に預金商品の満足度が高くても意味は小さく、逆に貸出商品の取引が重視されている場合には、一項目であっても満足度が低いと取引の解消につながりかねない。各項目が「総合的な満足度」に与える影響の大きさは、適切なアンケートを設計したうえで相関分析などの多変量解析手法を利用することで把握することが可能である。満足度の改善を取引・収益の拡大につなげるためには、こうした分析手法を活用して、適切に項目間の優先順位を考慮して改善施策に取り組むことが必要である。

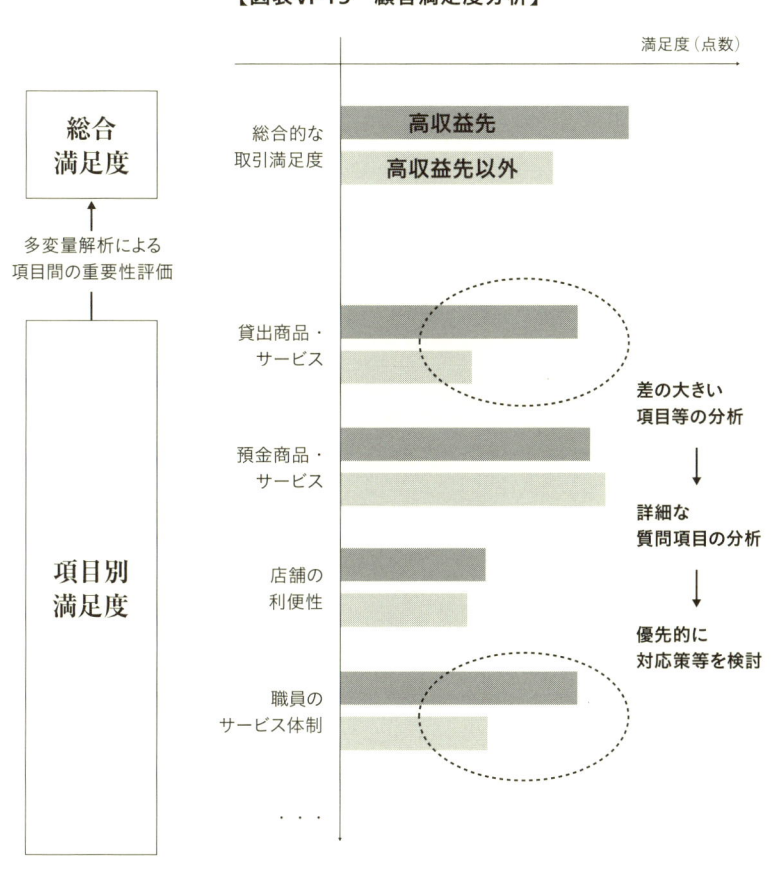

【図表VI-15　顧客満足度分析】

満足度（点数）

総合満足度
- 総合的な取引満足度
  - 高収益先
  - 高収益先以外

多変量解析による項目間の重要性評価

項目別満足度
- 貸出商品・サービス
- 預金商品・サービス
- 店舗の利便性
- 職員のサービス体制
- ...

差の大きい項目等の分析
↓
詳細な質問項目の分析
↓
優先的に対応策等を検討

（出所）三菱UFJリサーチ＆コンサルティング作成

③エリア分析

　第Ⅴ章のエリア分析と同様、収益構造分析もエリア別に細分化して行うことが可能である。顧客を所在地等のエリア単位で集計することにより、同じ顧客属性でも地域により収益性に違いはあるか、地域ごとの収益の集中度はどの程度か、などの観点で、一連の収益構造分析のなかでエリアの影響を分析することができる。

　第Ⅴ章のエリア分析において「収益性」がエリア評価の五つの観点の一つとしてあげられるが、エリアの収益構造も収益性の一部として含まれる。エリア全体としての収益性が高くても、収益の集中度がきわめて高く、一部の顧客や一部の顧客属性に集中していることが要因である場合には、エリアの収益性としては望ましい状態とはいえない。エリアで集約した合計収益だけで評価するだけでなく、収益構造分析を通してエリア内の顧客単位の収益構造も含めてエリアの評価を行うことが望ましい。

　もう一つのエリアと収益構造の重要な関係は、高収益先がどの程度エリア内に存在するか、という観点である。金融機関の収益に対する貢献度の高い高収益先が多く存在するエリアは、高収益先に対する適切な渉外活動の観点からも、単純なエリアの需要評価よりも、職員や店舗など多くの経費投下が行われるべきである。営業店目標管理においても、高収益先の維持・拡大を促進するような目標設定・業績評価を行うことが望ましい。

　将来の経営計画の策定においては、現状の把握として、エリア分析と収益構造分析は同時に行われることが多い。利用するデータや分析手法などで共通する部分も多い。それぞれの分析が分断され不整合のまま行われないように、相互の分析の範囲や目的を整理しながら、協働して分析に取り組むことが望ましい。

3.収益構造分析に基づく経営管理

　これまで述べたように、収益構造分析は、経営計画の策定にあたって地域金融機関の現状を把握し、将来を予測・検討するための非常に重要な分析スキームである。中長期経営計画の策定や収益管理制度の導入・高度化の時期に合わせて、収益構造分析に取り組む金融機関もふえてきた。

しかし収益構造分析自体は現状の分析である。これを地域金融機関の収益性改善につなげていくためには、単なる分析にとどまらず、計画策定や期中のモニタリングなどの経営管理において活用していかなければならない。具体的には、以下にあげる経営管理の「PDCA」（Plan・Do・Check・Action）の各プロセスにおいて、収益構造分析を活用することが望ましい。

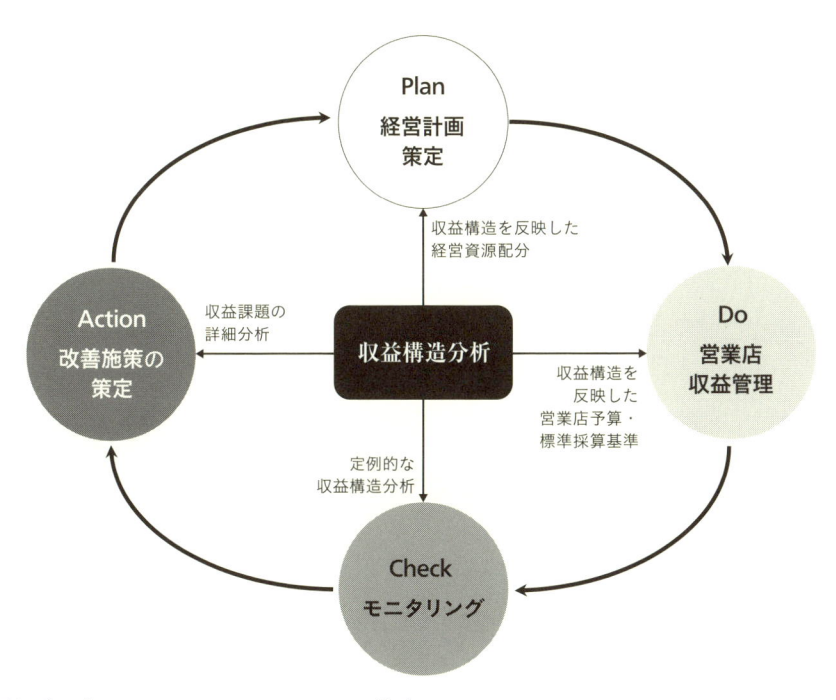

【図表Ⅵ-16　収益構造分析とPDCA管理】

（出所）三菱UFJリサーチ＆コンサルティング作成

① **Plan　計画策定**

　収益構造分析を最も幅広く活用できるのが、計画策定（Plan）の部分である。収益構造分析の自らの収益構造の現状と将来の変化予測をふまえたうえで、将来の目指すべき収益水準や主要事業領域ごとの収益構成、さらにそれを達成するための施策や経営資源配分などについて、計画を策定していくことが望ましい。

計画策定において活用するためには、収益構造分析は「未来志向」で分析を行う必要がある。時系列変化の分析を重視した分析や、一定の将来シナリオのもとで現在の収益構造の変化をシミュレーションする方法、さらには、将来計画において取り組もうとする施策を検証するため、類似する施策の収益効果を過去の実績のなかから検証する方法などがあげられる。定例的な分析メニューだけでなく、計画策定のニーズに合わせて柔軟に分析手法や分析の観点を変えて収益構造分析に取り組むことが望ましい。

　一連の収益構造分析により収益構造上の課題が明確化された場合、それに対してどのように取り組むかは、各地域金融機関の判断によってくる。収益性の高い顧客属性や高収益先に対する取組みを強化する戦略もあれば、逆に現在収益性に課題のある顧客属性や低収益先・赤字先への収益改善を優先的に取り組む戦略も十分に考えられる。どちらを重視するかは、地域金融機関の置かれた環境や収益の集中度にもよるが、これまでの地域金融機関の戦略がどちらかというと既存先よりも新規の取引拡大に偏っていた側面があり、将来の顧客基盤に大きな成長が見込めない環境であるため、近年では収益構造分析を通して、既存の取引先を再評価し、高収益先の取引や収益性を維持・拡大していくことを重視する傾向にある。

② Do　営業店収益管理

　計画に基づいて、実際に顧客との取引のなかで収益改善に取り組むのは、営業店の役割である。しかし、計画さえつくれば営業店がそのとおり行動するわけではない。計画を策定した本部は、営業店が計画に従って行動し、その結果収益性の改善につながるようにさまざまなサポートを行う必要がある。

　第Ⅱ章の収益管理制度の活用でも述べたとおり、営業店の収益改善に向けた行動をサポートするためには、「営業店目標管理」「標準採算基準」「収益シミュレーション・ツール」などが重要になるが、いずれも収益構造分析結果を活用する余地は大きい。

　営業店目標管理においては、収益性の高い顧客セグメントや高収益先の各店への配置状況など、各営業店の収益構造が営業店目標水準に反映されることが望ましい。高収益先が多い営業店に対しては、相対的に大きな収益目標と同時に職員の配置をふやすなど、経営計画の推進方針に基づいた目標配分を行うこ

とが重要である。

　貸出ガイドライン金利などの標準採算基準は、収益構造分析における顧客属性や取引形態別の収益率（粗利益率、経費率、信用コスト率）の違いをより精緻に反映した水準で設定することが望ましい。実績に基づいた標準採算基準の精緻化により、顧客に対しても取引状況に応じたきめ細やかなプライシングが可能になる。この標準採算基準に基づくプライシング管理を営業店で実現できるよう、収益シミュレーション・ツールなど用意するなどして、営業店の収益改善活動をサポートすることが望ましい。

　このほか、営業店に管理対象とするべき「高収益先一覧」を還元したり、高収益先への一定の渉外活動を必須としたりするなど、高収益先の取引管理を本部と営業店で一体となって取り組んでいる事例もある。

③ Check　計画進捗状況のモニタリング

　収益構造分析は、定期的に行うことで、計画の進捗状況のモニタリングとして活用することができる。

　望ましい運用方法として、3年ごとの中期経営計画の策定時に収益構造分析を行ったうえで計画策定し、半期ごとの収益構造分析で進捗状況をモニタリングする方法が考えられる。この場合、半期ごとの収益構造分析と3年ごとの収益構造分析で同じメニューとする必要は必ずしもない。長期取引に強みのある地域金融機関において半期ごとに収益構造が劇的に変化することは考えにくいため、費用対効果を考慮して、半期ごとの収益構造分析では主要部分に限定した分析などが現実的な運用方法といえるだろう。

　モニタリングにおける収益構造分析では、計画と比較した実績収益の分析が重要であるが、その際に計画対比の乖離の要因を適切に把握することが重要である。金融機関全体の収益性が変化した場合に、要因とする顧客の範囲（多くの顧客に共通する傾向か、特定の顧客セグメントの問題か）や収益性区分（高収益先の要因か、低収益先・赤字先の要因か）、収益科目（残高、粗利益、経費、信用コスト）などによって、変化に対する評価や必要な対応策も異なる。収益の変化が大きい顧客セグメントについてはより深く細かく属性や取引、地域で区分した分析を行うなど、要因が明確になるように柔軟に分析軸を使い分けることが望ましい。

④ **Action　改善施策の策定**

　収益構造分析のモニタリングにより、必要な場合には改善施策を策定することが必要である。

　収益性の改善は中長期的な時間を要することや、収益性の変化には一時的な外部環境要因なども影響を与えるため、当初計画からの改善が必要かどうかは、ある程度の時系列変化をモニタリングして判断することが望ましい。

　改善施策の検討において、収益構造分析は計画策定と同様に活用することが可能である。計画策定においては顧客全体を対象に共通的な手法で分析することが一般的であるが、改善施策の検討では収益課題によりフォーカスした詳細な分析を行うことが望ましい。

4.まとめ

　収益構造分析に先行的に取り組む地域金融機関での最も大きな変化として、金融機関内での「収益構造に関する共通理解の形成」があげられる。これまで、各部署で独自の問題意識に基づいた個別の分析がさまざまに行われ、その時点時点の都合のいいように分析結果が解釈されてきたため、組織によって金融機関の収益構造に関する認識がバラバラであることは、多くの地域金融機関でみられる問題である。時には、「個人先と法人先でどちらがどれだけ収益性が高いか」という基本的な収益構造でも部署によって認識が異なるケースがある。こうした状態では、将来の計画を検討する際に基盤となる土台が違いすぎて、議論が迷走することは目にみえている。

　重要なことは、収益構造分析に対して金融機関全体で取り組み、金融機関全体で分析結果を共有することである。経営計画策定の観点から経営企画部署などが実際に担当することが多いが、分析に利用するデータの提供や要因分析、結果の解釈などについては、実際に営業現場を所管する営業統括部署や審査部署、リスク管理所管部署などの各部署と協働して行うべきである。各部署間の施策や業績評価にかかわらず、金融機関の共通インフラとして収益構造分析に取り組む体制作りが必要である。

　収益構造分析は、決して目新しい分析でも、高度な技術や専用ツールを要する分析手法ではない。これまでも行われてきた収益の現状把握に関する分析

を、収益管理制度・リスク管理制度などに基づいて、将来の計画検討に合わせて体系立てた分析手法に組み替えて高度化しているものである。収益管理制度がある程度整備された地域金融機関では、決してハードルの高いものではない。

　これまで収益構造分析の一連の流れを述べて整理したが、収益構造分析は決められた定型的な手法があるわけではないのは前述のとおりであり、上記の分析フレームワークが唯一絶対の方法ではない。地域金融機関のおかれた状況や業務や収益の特性、取得可能なデータの特性によって、利用するべき手法や重点を置くべき分析対象も変わってくる。同じ金融機関でも時期によって取り巻く経営環境が異なるため、分析時期における経営課題を反映した柔軟な分析が求められる。そういう意味では、収益構造分析は常に変化するべきものであり、今後もさまざまな分析手法の進化やデータ蓄積が進むことで、より深く地域金融機関の収益構造を把握することが可能になる。今後いっそう将来の計画策定や推進戦略の検討への活用の幅が広がっていくであろう。

経営分析を活用した経営計画の策定

第 VII 章

これまでに述べた経営分析手法を実施することによって、地域金融機関の自らのバランスシート構成や地域、顧客の現状と将来見通しが明らかになってきていると思われる。こうした分析結果が明確化され、金融機関内で共有化されるだけでも、その後のさまざまなレベルでの意思決定に与える影響は大きいだろう。

　しかし最も重要な問題は、この分析結果をふまえて「地域金融機関自らの進む道」を見定めること、すなわち経営計画を策定することにある。変化の大きい将来環境のなかで「どこで、どのようにして、どれだけの収益を目指すか」「そのためにどういった施策が必要か」などを検討し、経営計画として決定するためには、適切な分析に基づいた客観的な現状分析と将来見通しが必須である。手間をかけて行った経営分析の結果を、単なる数字の羅列として眠らせないためにも、適切に経営計画策定のなかで活用することが必要である。

　本書の「はじめに」でも述べたとおり、金融庁の金融モニタリング方針の影響などもあり、地域金融機関における経営計画は、より中長期の経営環境変化をふまえて策定する方向に向かっている。これまでの3年程度の中期経営計画に加えて10年程度の長期経営計画を合わせて策定したり、中長期の変化に備えた施策を3年中計に反映したりするなどの動きが広がっている。人口減少や将来経済・金融市場などの経営環境は、3年程度の期間では変化は小さいかもしれないが、5年〜10年程度でみた場合には大きな変化となりうる。中長期を見据えた場合には、従来の延長線で策定する経営計画では行き詰まりを迎える可能性が高く、適切な分析による将来見通しに基づいて、将来環境をふまえた計画策定が求められる。

　本章では、こうした地域金融機関の将来経営計画の策定について、これまでに述べた経営分析手法の活用という観点から、計画策定のポイントを整理したい。経営計画の対象範囲は、経営ビジョンから、地域経済への貢献、人材戦略、システム戦略など非常に多岐にわたるが、本書で述べた経営分析手法の活用範囲が特に大きな分野として、「将来収益計画の策定」「顧客戦略の策定」「再編戦略の検討」の3分野について述べたい。

1.将来収益計画の策定

　将来収益計画は、金融機関が目指す目標の姿を数値で表したものであり、経

営計画のなかでも中核となる最重要項目である。

　従来型の経営計画では、現状の残高・収益水準の延長線上で、経営努力により「どの程度まで収益の上積みが可能か」というアプローチで検討する手法がとられることが多かった。さらに、収益計画は対外公表用の値としての位置づけが強く、経営管理上の目標としてさまざまな経営判断に利用されたり、必達目標として強く意識されたりすることは、地域金融機関ではあまり多くはなかったように思われる。

　本来収益計画は「金融機関として目指す姿・目標」であり、これを目標としてさまざまな経営施策を実行し、経営判断を行うための「羅針盤」である。特にこれからの地域金融機関の経営計画においては、進むべき道は従来の延長線上ではなく、多岐にわたる選択肢のなかから自らの進むべき道を選ばなければならない。多くの地域で金融サービス需要の縮小が予測されるなかで、そのなかでも拡大戦略をとるのか、地域需要に合わせて自らの事業規模の見直しを図るのか、または新たな地域や事業領域への進出により事業の再構築を図るのか、など、地域によっては大きな決断が必要となる時期が差し迫っている。こうしたさまざまな選択肢のなかから金融機関として目指すべき姿を選び、数値化したものが収益計画である。

　このため収益計画は、将来の環境変化をふまえたものである必要があり、地域金融機関自身の方向性と施策を反映したものである必要があり、さらには経営計画期間中に到達するべき目標値である必要がある。必然的に計画の策定方法についても、現在の実績収益の延長線をベースにする方法ではなく、環境変化やそれに対する対応施策の影響をそれぞれ評価し、影響度を積み上げて収益計画を策定していく方法が必要となる。

　以下では、前章までの経営分析結果を活用して将来収益計画を策定する方法について、手順ごとにポイントを整理している。

(1)マクロの経済環境・金融サービス需要を予測する

　まずは経営計画策定の前提となる、計画期間中の経済環境やそれに伴う金融サービス需要の大きさ（預金残高や貸出金残高など）をマクロベースで予測する必要がある。いきなり各地域の状況や個別の地域金融機関の状況を予測しようとすると、環境変化の大きさや影響度を見誤る可能性がある。少々遠回りに感じ

るかもしれないが、まずはマクロ経済全体の動向を予測したうえで、地域ごとに影響度を細分化していくことが望ましい。

　経営計画の策定において予測が必要な指標としては、GDP成長率や短期金利・長期金利、株価インデックス、主要通貨為替レートなどがあげられる。それに加えて、金融機関収益への影響が大きい項目として、人口動態や経済全体の預金残高、貸出金残高の動向について予測を行うことが望ましい。

　経営計画策定における経済環境予測のポイントとしては、一つは、指標の前提となる「ストーリー」をしっかりともつことである。単にGDPや金利の予測水準を決めるのではなく、たとえば、「現在の金融緩和政策がxx年ごろに終了する見込みであるため、その時期から金利は緩やかな上昇に向かい、貸出金残高は縮小の圧力を受ける」「xx年ごろに予定される消費税増税により、GDP成長率のマイナスに転じる一方、為替の円安や政府債務の増加ペースは抑制される」などの背景にあるストーリーが共有化されると、関連指標の予測や対応施策の検討にもつながりやすい。

　二つ目のポイントは、指標間の関連性・整合性をもって予測することである。たとえば為替レートが円安になれば株高となる傾向や、GDP成長率が高くなれば株高になり金利も上昇に向かう、などの一般的な関連性はよく知られているとおりである。金融機関の経営計画における予測としては、こうした一般的なものに加えて、「預金残高は個人の人口動態と企業の経常収益水準、およびGDP成長率に影響を受ける」といった関係や、「貸出金残高はGDP成長率が高くなると増加し、金利が上昇すると減少に向かう」などのやや複雑な関連性も、可能な限り予測に反映できることが望ましい。

　三つ目のポイントは、一つの予測指標だけでなく、その予測が外れた場合の経済環境など、複数の経済シナリオを予測することである。経済見通しは、たとえ専門家の短期予測であっても、外れるケースは珍しくない。経営計画として一つのシナリオだけに特化してその環境下に最適化する施策は危険である。たとえば、最も実現する確率の高いメイン・シナリオに加えて、相対的に経済環境が悪化した場合のリスク・シナリオを1〜2本予測することで、メイン・シナリオを前提に経営計画を策定しながら、リスク・シナリオで予測が外れた場合の影響度を評価する、などの利用方法が望ましい。

　地域金融機関によっては、こうした将来の経済予測を行うためのノウハウや

人材が十分ではない場合もある。三菱UFJリサーチ＆コンサルティングでも「日本経済の中期見通し」（三菱UFJリサーチ＆コンサルティング調査部）を公表しているが、こうしたシンクタンクをはじめとする経済専門機関が作成している見通しを活用して、自行の経営計画策定に利用することも一つの方法として考えられる。その場合には、予測機関による水準や対象期間の違い、予測指標の過不足などについて留意する必要がある。

(2) 地域の金融サービス需要を予測する

　地域金融機関にとって、環境変化の影響をより強く受けるのは地域経済の動向である。金利や為替、株価はマクロ経済どおりであるが、地域内の経済の活性度（地域内GDP等）は、必ずしもマクロ経済全体の動向と一致するわけではない。したがって、マクロでの預金残高・貸出残高の動向と、地域における預金残高・貸出残高の動向は一致せず、地域ごとに将来見通しが必要となる。

　地域の預金残高・貸出残高の動向を予測するためには、「エリア分析」（第Ⅴ章参照）の結果を活用することが望ましい。地域金融機関が対象とする地域の金融サービス需要の現状を把握し、人口動態や企業業績を勘案しながら将来の需要を予測する、エリアの「将来成長率」の評価の手法が有効である。

　エリア分析の手法を利用すれば、地域金融機関の営業地域全体の需要だけでなく、地域ブロックや市町村などの細分化された単位でも需要予測を行うことが可能である。たとえば、複数の都道府県にまたがる金融機関や、同一県内でも地域により競合状況が大きく異なる金融機関では、エリアごとの需要見通しにブレークダウンすることで、将来需要の予測をより精緻に行うことが可能になる。

　エリア分析により、地域の需要動向を予測する場合には、マクロ経済の預金・貸出残高の動向との格差を分析することが重要である。一般的に、マクロ経済の預金・貸出金残高は、東京圏に集中している大企業の動向が大きく影響するため、地方圏の預金・貸出金残高はマクロの動向よりもやや下方推移する傾向がある。地域ごとの人口動態や企業構成、業種構成などに応じて、どの程度マクロ経済の成長率に追随できるかが異なるため、エリア分析の手法を利用して地域の成長率の違いを適切に分析することが必要である。

(3) 地域金融機関の預貸金残高計画を策定する

　預金・貸出金の資金収益が収益の大半を占める地域金融機関では、預金・貸出金の残高推移が収益計画に大きな影響を与える。マクロ経済における残高推移、地域の残高推移予測をふまえ、地域金融機関の施策効果なども勘案しながら、地域金融機関自身の残高計画を策定することが必要になる。

　地域金融機関の預貸金残高計画を策定する方法として、主に二つの方法がある。一つ目の方法は、地域の預貸金需要予測に対して、自身の「地域内シェア」予測値を掛け合わせる方法である。人口動態や企業成長等による地域内の需要内変化を地域金融機関の計画に直接反映することが可能であり、「地域内シェア」の将来予測値を変化させることにより、施策効果を反映した計画策定も可能になる。

　この方法では、「地域内シェア」をどのように設定するかが計画策定のポイントになる。一般的に地域内シェアは均一ではなく、個人・企業・公共などの顧客属性や、預金・貸出金などの取引種類、県内都市部・県内郡部・県外などの地域により異なる。また経営計画期間中の取引深耕や新規開拓などの施策や競合状況により、地域内シェアは変化する。このため残高計画の策定においては、エリア分析によるシェア分析（開拓率分析）の結果や、収益構造分析による時系列での残高・シェア推移の分析結果を活用して、エリアごとやエリア内の属性・取引ごとのシェアおよび施策による変化を可能な限り精緻に反映することが望ましい。

　二つ目の方法は、NII分析による残高推移予測結果を利用する方法である。NII分析では、外部経済環境に対する地域金融機関の残高変化を残高予測モデルにより予測するため、計画期間中の環境変化に応じたバランスシートの推移を予測することが可能になる。NII分析では、過去の残高推移をもとに成行での残高・収益推移を予測するため、計画策定においては、NII分析で予測した成行残高推移に施策効果による残高変化を加減算して反映することが可能である。またNII分析では、過去の残高推移状況および現状のストック・期落ち・新規等の残高状況など、残高構成の変化をより精緻に反映することが可能である。

　これら二つの方法は、それぞれ特徴が異なるため、可能な限り併用的・補完的に利用することが望ましい。地域需要とシェアによる方法では、地域の需要

変化を直接反映した計画策定や地域や顧客属性等に細分化した計画策定が可能である一方、将来のシェアおよび残高推移を合理的な根拠とともに設定することには課題がある。NII 分析は残高予測モデルにより、さまざまなシナリオにおける成行残高を客観的に算出可能であるものの、計画策定における施策の反映や予測の細分化という点では課題がある。たとえば、NII 分析で算出した成行残高予測をベースに、地域需要変化に応じて地域等の単位に細分化し、シェアの変化をふまえて計画を策定するなど、両手法を併用することでそれぞれの特徴と課題を補完して、合理性の高い計画策定を行うことが望ましい。

(4) 地域金融機関の収益計画を策定する

収益計画は、残高計画に基づいて算出される。収益計画は、NII 分析結果を利用することが望ましい。残高計画として策定した預貸金残高予測を利用し、残高計画が実現された際の資金収益を予測する。

預貸金の残高計画を前提とすると、収益計画において特に重要になるのが「資金利鞘」の将来予測であり、特に「貸出金利回り」の将来予測である。低金利が長期化するなかで、多くの地域金融機関でも貸出金利回りの低下と預貸金資金収益の減少が続いており、将来もこの傾向が続くことが予想されている。今後の経営計画策定においては、貸出金利回りがどの水準まで低下し、資金収益がどの程度まで減少するのか、それに対してどのような対応施策をとって資金収益の減少の抑制や増加に転じることができるかどうか、という点がきわめて重要な論点になる。

筆者の私見では、将来 5 年〜 10 年までの期間では、地域金融機関の預貸金資金収益は、現在の減少トレンドが継続すると考えている。現状の金融政策・財政政策からすると、段階的な消費税増税とそれに対する金融緩和政策により、特に短期金利については将来 10 年程度ほぼ現状の水準で推移すると予測している。継続的な金融財政政策にもかかわらず、低い投資収益率や手元流動性の厚さなどから企業の資金需要は緩やかな伸びにとどまる可能性が高い。この結果、現在のペースからはやや緩やかになるものの、預貸金資金収益の減少基調は続くと考えられる。

当然ながら地域により増減の状況は異なるため、計画策定においては、地域の資金需要の変化や地域金融機関の貸出金利の現状と推移、貸出金の金利構成

などによって自らの地域金融機関の金利水準を予測する必要がある。NII分析では、こうした商品や金利タイプごとの残高構成に応じて残高・金利・資金収益の予測を行うものであり、NII分析による予測結果をベースとしながら、プライシングに関する施策効果を勘案して、資金収益計画を策定することが望ましい。

2. 顧客戦略の策定

　収益計画の策定においては、環境変化に応じた成行の残高・収益予測に対して、地域金融機関の経営施策の効果を反映する必要がある。成行予測に対して取引や収益の拡大に向けた施策を定めたうえで、その効果を残高や収益として定量化する必要があるため、計画策定において特に多くの分析と議論を要する部分であり、難易度も高い。収益計画にも大きな影響があり、経営期間中の実際の役職員の取組み・行動の方向性を定めるという意味では、収益計画の策定が経営計画における「頭脳」であるとすると、経営施策の策定は「血や肉」となる部分である。

　これまでの経営計画では、ややもすると、総花的な施策や実行性のない理念中心の施策が並べられることも少なくなかった。しかし厳しい経営環境と経営分析手法の発達により、地域金融機関の経営課題に直結したより戦略的・具体的な経営施策の策定が求められている。

　経営施策は、チャネル戦略や商品戦略、エリア戦略、システム戦略、人材戦略など多くの分野にまたがるが、その中核を占めるのが顧客セグメント別の営業・取引施策に関する「顧客戦略」の策定である。先にあげたそれぞれの戦略は、顧客全体の戦略のもとで個別に議論されるべきものであり、まず顧客全体を「どこで、どのように取引・収益を伸ばすか」という戦略がなければ、そのために必要なチャネル、商品、システムなどは判断できない。

　顧客戦略の策定においては、「収益構造分析」（第Ⅵ章参照）による分析結果を最大限活用することが望ましい。顧客属性や取引形態との収益性との関連性、収益の集中度（偏在状況）、収益構造の時系列変化などから、顧客取引を維持・拡大し、収益性を確保していくための施策を導き出す必要がある。

　以下では、顧客の人格ごとに、収益構造分析をふまえた戦略検討の一般的なポイントをあげる。

(1)個人戦略

　個人取引については、人口減少・少子高齢化により、将来的に市場そのものの縮小が見込まれている。収益構造分析では、現時点でも個人取引の収益性は厳しく、個人先取引全体で赤字となっている地域金融機関も多い。将来的な市場の縮小によりさらなる収益性の悪化が懸念されるため、経営施策の重要性は非常に高い。

　個人先の収益性の低さは主に、一先当り取引残高の小ささ、預金スプレッド収益の小ささに対して、経費負担の大きさが要因である。経費の改善は、経費そのものを削減するか、同水準の経費投下に対して収益を増加させる施策のいずれかが必要である。現状および将来の市場縮小を見越すと、多くの地域金融機関で取り組んでいるように、営業店の統廃合や物件費支払いの見直し、人員削減など、一定の経費削減努力はさけて通れないだろう。しかし経費削減は、その効果には限界があり、金融サービスの質・量の低下も招くため、それだけで収益性の改善はむずかしい。経営理念に掲げられる「地域貢献」の役割を果たすためにも、一定の経費削減を行いつつも、収益を増加させる施策にも取り組んでいく必要がある。

　個人先取引は金利等の規格型商品が多く、収益の増加のためには「取引量・残高の増加」が非常に重要である。前述のとおり、人口減少等により全体の取引量の将来的な減少が予測されるなかでも、地域金融機関の取引量を維持・拡大するための施策が求められる。

　個人の取引量は、「個人顧客数」「一先当りの商品契約数」「一商品当りの取引量」の三つの要素に分解することができる。単純に金融機関全体の取引量の維持・拡大を目的とすると施策が総花的となり論点が不明確になる可能性が高いため、個人戦略を検討するうえでは三つのうちどの要素の拡大を目的とするのかをよく議論したうえで、施策を検討する必要がある。

　一つ目の「個人顧客数」については、人口減少が見込まれるなかで拡大をしようとすると、新しい営業エリアへの進出や他行顧客の獲得、営業人員の大幅増加など、営業推進投資に関する負担は大きい。収益構造分析で新規顧客の収益遷移をみると、獲得した新規顧客が金融機関に収益をもたらす黒字顧客に

【図表Ⅶ-1　個人戦略】

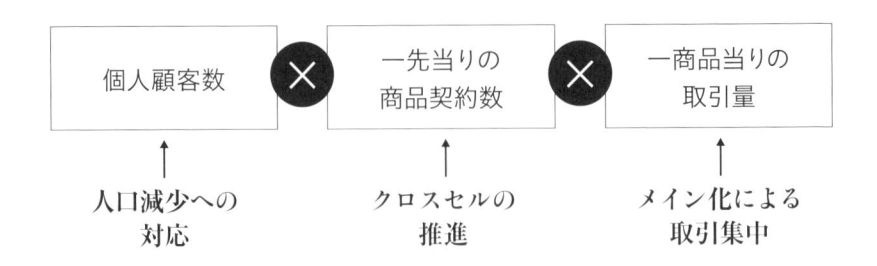

```
┌──────────┐     ┌──────────┐     ┌──────────┐
│  個人顧客数  │  ×  │  一先当りの  │  ×  │  一商品当りの │
│           │     │  商品契約数  │     │   取引量    │
└──────────┘     └──────────┘     └──────────┘
      ↑                ↑                 ↑
   人口減少への        クロスセルの         メイン化による
     対応             推進              取引集中
```

(出所) 三菱UFJリサーチ＆コンサルティング作成

なっていくためには相当程度の長期間を要する傾向がある。費用対効果の観点からすると、地域金融機関において顧客数の拡大施策に全力を注ぐことはむずかしく、地域や対象顧客を限定した取組みが現実的と考えられる。

　二つ目の「一先当りの商品契約数」は、商品のクロスセルの推進が考えられる。預金取引だけでなく、住宅ローン、消費者ローン、クレジット・カード、投資信託・保険等の窓販などの多様な商品を、同一顧客に取引してもらうことは、収益性の面でも営業推進の効率性の面でも非常に有効性が高い。しかし実際には、住宅ローンなどの資金調達需要と投資信託などの資金運用需要のニーズの強い年齢層などの違いや複数のローン取引の集中による信用リスクの問題などもあり、各金融機関のクロスセル推進施策は十分に効果をあげているとは言いがたい。クロスセル施策は顧客ニーズがあくまでも前提になるため、むやみに個人単位のクロスセルを推進するよりも、たとえば家族単位の取引や、個人事業主の事業性資金と消費性資金取引、企業取引と職域取引など、もう少し広い意味でのクロスセルのほうが顧客ニーズには合致しやすいように思われる。このためには、取引情報などが一元把握できる顧客・取引データベースの柔軟性や、ライフタイム・イベントに応じたマーケティング支援ツールなどの活用が、重要な施策になると考えている。

　三つ目の「一商品当りの取引量」は、すでに契約のある商品の利用度を高める施策である。たとえば、預金を含めた預り資産残高の拡大や個人事業性貸出の拡大、クレジットカード・カードローン利用率の引上げなどがあげられる。各商品の取引ニーズの喚起に加えて、他金融機関等に分散した取引を集約する

「メイン化」のための施策が必要である。特にメイン化施策については、経費効率性やクロスセル効果も高く、収益構造分析においてもメイン金融機関かどうかにより収益性の違いがみられる。収益構造分析における残高ごとの「損益分岐点」を参照しながら、利用残高に応じた特典サービスやスプレッド優遇などのメイン化施策を検討することが望ましい。

(2) 企業戦略

　企業は、縮小傾向の個人取引に対して、将来の成長力や金融サービス需要の点でますます重要性が高くなることが予想される。特に企業部門は日本経済のけん引役として期待されており、地域金融機関が地域経済とともに発展していくためには、企業部門の成長を支援し、地域金融機関も収益を確保するビジネスモデルの確立が必要不可欠である。

　企業取引は、個人取引以上に、地域金融機関により収益構造は大きく異なる。企業属性や取引状況による共通的な傾向はみられるものの（第Ⅵ章収益構造分析参照）、企業の業種や規模の構成、信用状態、影響の大きい大口先の取引状況などによって、金融機関全体の企業取引収益性は変動しやすい。このため企業戦略は、個人戦略のように「取引量の拡大」だけでは収益性を改善することはむずかしく、「取引の質の向上」にも取り組む必要がある。

　「取引の質の向上」については、地域金融機関に共通して必要と考えられる取組み施策として以下の3点があげられる。

　第一に、企業の総合取引化である。古くから取り組まれてきた施策ではあるが、環境の変化により再び注目されている。企業取引は取引の大半が貸出取引を目的としたものであったが、個人取引の将来的な市場の縮小を見据えて、預金・為替・外為取引などの貸出以外の取引の推進が活発化している。特に、資金余剰主体として重要な預金調達源となる預金取引や、職域の個人取引と関連性の深い決済取引などの取引拡大が、今後重要性を増していくと考えている。収益構造分析でみても、企業の純預金先は先数・収益貢献度の点で重要度が高く、経費投下のコントロールが条件となるが、取引の推進余地は大きい。こうした預金・決済等の取引による収益は、信用リスクテイクを必要とせず収益拡大を目指すことが可能であり、顧客総合採算管理においては、競争力のある貸出プライシングの設定にも活用することができる。

第二に、規模や業種等に応じた推進方針設定である。企業部門全体の成長余地が高いといっても一様ではなく、現在の金融・財政政策の継続を前提とすると、相対的に企業規模の大きな企業やグローバル企業などが高い成長力を実現する可能性が高い。一方で、内需型産業や個人消費関連業種などは現在よりも厳しい業種模様となる懸念もある。金融機関としては、企業およびその業界の将来見通しに応じて、成長企業・業種には成長のための資金供給を、課題のある企業・業種にはコンサルティング機能や円滑な資金支援を、それぞれ状況に応じて提供することが求められる。企業側の事業環境も変化が激しいなかでは、特定の業種や企業グループへの与信集中を避け、業種や企業規模、地域等に応じた与信方針設定やモニタリング管理も重要になる。地域金融機関には、「企業や業界に対する目利き」と「信用リスクの与信ポートフォリオ管理」という、金融機関本来の役割を今一度見直すことが求められている。

　第三に、貸出金利のプライシング高度化である。収益計画の項でも述べたとおり、貸出金利の低下が金融機関の収益性の低下を招いており、将来においてもその傾向は継続することが予測される。市場金利の低下や競合など、それぞれの金融機関の要因だけではないが、地域金融機関のプライシング管理にみられる「柔軟性の低いプライシング・ルール」や「競合に対応する採算外の金利引下げ」も貸出金利低下の要因の一つになっている。競合などにより取引残高を失うことは痛手ではあるが、それを過度に恐れると貸出金利は引下げが続く一方であり、結果として収益性の低い残高が積み上がるだけである。残高が一時的に減少したとしても、逆に貸出金利水準を維持することで、一定水準の収益を確保することも可能であり、これまでの「残高至上主義」からの脱却が、プライシング高度化の第一歩である。そのうえで、たとえば、競合上貸出金利を引き下げたとしても、預金取引や決済取引での収益を獲得したり、保全バランスを改善したりするなどして、顧客総合採算での収益性確保を目的としたプライシング・ルールを定めることにより、単純な引下げではなく、状況に応じた交渉が可能になる。貸出金利の水準は収益上の限界に近い水準まで低下しており、プライシング管理の高度化は単独の地域金融機関の問題というよりも、業界全体として取り組むべき喫緊の課題といえる。顧客総合採算管理（第Ⅱ章収益管理参照）、RORA管理（第Ⅲ章リスク管理参照）などの収益・リスク管理高度化と同時に取り組むことが望ましい。

(3)公共戦略

　地方公共団体などの公共先は、先数は限られるものの、地域金融機関にとっても非常に重要性の高い取引先である。金融機関によっては、特に貸出取引において大きな部分を占める場合もある。しかし、一般的に公共取引は、低いスプレッド水準や派出等による経費負担の大きさなどから、収益性は厳しい。赤字取引も少なくない。

　公共取引は、将来的にも需要は拡大していくことを予測している。公共先は地域によって人口減少により税収等の減少が見込まれるものの、人口減少でも一定の公共サービス需要には応える必要があり、支出の水準は大きくは変わらない。税収と公共支出のギャップは拡大する方向にあり、特に地方債による資金調達ニーズは拡大することが予想される。

　一方で、これは公共先の財政状態の悪化も意味する。地方財政は、中央政府の地方交付税や公共投資に関する政策の動向に大きく左右されるが、基本的に人口減少は税収減や地方経済の低迷を通して、公共先の財政状態を悪化させる。これまでの地方公共団体の財政破綻は過去の過剰債務が主な要因であったが、将来的には過疎化を要因とした財政破綻が発生する可能性もある。

　こうしたなかで地域金融機関に求められるのは、公共取引の経費や信用リスクを勘案した「市場メカニズム概念」の導入である。たしかに公共取引は関連するソフト面でのメリットも大きいが、これまでの多くの地域金融機関で行われていたように収益性を無視して取引拡大を目指すことが許される環境ではなくなってきている。必要な経費や財政状態に基づく信用リスクは適切に評価したうえで、一般企業取引先と同様に、公共先にも経費・信用リスクを勘案した必要なプライシングや与信上の財政規律の確保を求めていくことが望ましい。

3.再編戦略の検討

　地域金融機関の再編戦略は、いままさに注目を集めている。従来は、金融危機等により経営状態が悪化した金融機関の救済的な意味合いの強い再編が中心であったが、地域の環境変化などを背景として、健全な金融機関同士による規模拡大等を目的にした「攻め」の再編もふえてきた。多くの地域金融機関で共

通の経営課題に直面しており、再編は、多くの地域金融機関にとって現実的な選択肢の一つとして認識されている。

　しかし、常にいわれることであるが、再編は「手段」であって、「目的」ではない。再編は地域金融機関の生き残りのためではなく、再編によって地域金融機関が何を実現し、地域や取引先に対して何を提供するのか、という明確なビジョンが必要である。たとえば、地域金融機関が再編によって存続したとしても、再編の過程で事業規模を大幅に縮小したり、大規模な店舗統廃合などにより金融サービスの質が低下したり、顧客に対する与信方針が大きく転換されたりすると、それは地域や顧客が望む地域金融機関の姿とは異なるだろう。あくまで「地域貢献」や「顧客への安定的な金融サービスの提供」などの経営理念を守りつつ、それを実現するために再編という手段を最適な形態で利用することが必要である。

　経営計画の策定においては、基本的に、直接再編を前提とした計画策定を行うことはない。しかしこうした環境下では、常日頃から再編に備えた分析や検討が必要であり、さまざまな経営分析を行う経営計画策定において、再編戦略を議論することは非常に有効性が高い。通常時から、想定されるさまざまな「再編の組合せパターン」において、再編にかかる論点を広く整理しておくことで、実際に再編施策が具体化した場合に、時間が限られるなかでも冷静で的確な判断を行うことが可能になる。再編はタイミングと参加金融機関の意識の共有が重要であり、再編相手やタイミング、再編後のビジョンを見誤らないためにも、通常時の備えが重要である。

　以下では、経営計画策定時などの通常時に行うべき再編戦略の検討ポイントを整理したい。再編戦略の検討では、再編によって実現するべき目的が実現できるかどうかが検討の論点となる。地域金融機関の再編における主な目的を5点あげ、それぞれのポイントを整理したい。

(1) 顧客基盤の拡大

　限られた地域で営業する地域金融機関にとって、再編は顧客基盤を一気に拡大する最大の機会である。特に将来の顧客基盤の縮小傾向が予想されるなかでは、顧客基盤の重要性は非常に大きく、今後の地域金融機関の再編の最も大きな目的となりうる。

顧客基盤の拡大は、単に取引の残高や収益の拡大をもたらすだけではない。顧客基盤の拡大とともに顧客間のネットワークも拡大するため、たとえばビジネス・マッチングや顧客間の取引先・仕入先（＝商流）の把握、顧客からの取引先紹介や事業に関連するソフト情報の収集など、得られるメリットは非常に大きく多方面にわたる。特に、金融機関の「情報力」は飛躍的に向上する。
　顧客基盤の拡大は、再編相手の営業エリアによる。同一地域で営業する競合地域金融機関と統合したとしても、重複する顧客が多く、拡大する顧客基盤は限定的であろう。逆に地理的に非常に距離のある地域金融機関同士の再編でも、顧客数はふえても、上記にあげた顧客間のネットワークという点ではやや効果は小さいだろう。理想的には、隣接する都道府県や地域など、近隣の営業地域で経済的にもつながりの深い地域間での再編が、顧客基盤の拡大という点では最も望ましいと考えられる。
　顧客基盤の拡大という点では、再編候補となる地域金融機関の顧客基盤の大きさだけでなく、こうした営業地域の地理的な距離や重複状況、経済的な関連性などが評価のポイントとなる。
　さらにいうと、再編候補となる地域金融機関の対象とする顧客属性（個人・企業の人格構成や、個人の年齢層・年収層、企業規模・業種ごとの水準等）も重要である。相互の顧客属性である程度バラつきがあることが望ましいが、あまりに地域金融機関間で異なるとビジネスのやり方そのものが異なる可能性がある。限られた公表情報のなかで、主要な顧客属性の違いについても評価できることが望ましい。

(2) 経費の削減

　収益と経費のバランスに課題を抱える地域金融機関が多いなかで、経費の削減は再編の大きな目的になる。特に将来の顧客基盤の縮小等により収益力の低下が予測される場合には、再編を通した経費の削減は重要な課題である。地域金融機関間では類似した業務が多いため、重複する営業店の統合や、本部機能の統合、システムの統合、関連会社の統合など、類似・重複する業務を統合することにより、同じ収益力を維持しながら経費を削減することが可能になる。
　経費の削減効果は、再編形態によって大きく異なる。再編形態は、地域金融機関本体を統合する「本体合併方式」と、持株会社を設立したうえで地域金融

機関それぞれがその傘下に入る「持株会社方式」に主に区分されるが、本体合併方式のほうが経費削減効果は大きい。本体合併方式は合併により「一つの組織」となるため、これまでそれぞれの金融機関で行っていた重複業務・機能の削減は比較的容易であるが、持株会社方式では各金融機関と持株会社の「三つの組織」となる。金融機関には規制上の要因などから、組織ごとに行わなければならない業務は多く、完全に持株会社などに機能集約することはむずかしい。現在の地域金融機関の再編は、各地域金融機関の特色を生かす目的などから持株会社方式が主流であるが、経費削減効果という点では課題が残る。

　このほか経費削減効果については、地域金融機関間の物理的な距離や重複店舗の状況、利用システムの状況などによって異なる。また経費削減効果を考えるうえでは、重複機能の統合や物件費の削減は可能であるものの、その業務にかかる人件費の削減は、現実問題として困難を伴うことは留意する必要がある。地域金融機関の経費の大半は人件費であり、地域の雇用という大きな役割も担うなかで、経費削減効果は短期的には実現することがむずかしい。こうした観点からすると、地域金融機関の再編において、経費の削減は重要な目的の一つとはなりうるが、それを最大の目的とした再編施策は大きな困難を伴う。あくまでも副次的な効果として評価することが望ましい。

(3) 地域内プレゼンスの向上

　地域金融機関の再編は、地域内のシェアに大きな影響を与える。これまで単独ではシェアの大きくなかったそれぞれの地域金融機関が、再編により地域内シェアの上位になるケースも多い。

　地域内シェアの上昇は、単に数字上のランキングや残高・収益の増加だけでの効果ではない。「顧客基盤の拡大」で述べたような顧客間のネットワーク拡大に加えて、地域内でのプレゼンス・存在感が増すことによって、地域内の顧客から「頼りがいのある金融機関」になることができる。

　三菱UFJリサーチ＆コンサルティングがこれまでに行った顧客満足度や取引意向に関する調査において、地域内のシェアと満足度や親近感には一定の関連性があることが傾向として表れている。地域の顧客にとって、金融取引ニーズがある場合に「最初に相談したい金融機関」であることが非常に重要であり、このためには地域における存在感の大きさは重要な要素になっている。

一方で留意が必要なのは、地域内シェアは単純に高ければいいというわけではなく、地域内シェアが高くなりすぎる再編施策は逆に課題があるという点である。地域内シェアが高くなりすぎると、顧客基盤という点では申し分ないが、逆に地域内の信用リスクや資金需要の問題が一つの金融機関に過度に集中してしまうという課題が発生する。その金融機関の判断が、企業の資金繰りの命運を握る結果になってしまったり、そのために企業の適切な与信判断ができず、過剰な信用リスクを抱えてしまったりするなどの弊害が考えられる。地域の円滑な資金供給のためには、健全な水準での競合と多面的な与信判断が重要であり、リスク管理の観点からも地域内シェア水準は高くなりすぎないことに留意する必要がある。

(4) 地域内競合状況の緩和

　地域内のシェア・競争環境という点では、これまで競合関係にあった地域金融機関同士が再編することによって、厳しい競争環境が緩和されることが期待される。特に住宅ローンや企業融資の獲得競争が現状厳しく、競合により貸出金利の低下が続いていることから、競争環境の緩和により金利引下げに歯止めをかけたいという目的もあるだろう。

　わが国では、金融機関の数が過剰である「オーバーバンキング」の問題がしばしば指摘されるように、現在の競争環境が金融機関の収益性の低下の重要な要因の一つとなっている。このため地域内のオーバーバンキング状態を緩和するための手段として、再編という選択も考えられなくはない。

　しかし、競合金融機関同士の再編が実現したからといって、実際に貸出金利が上昇に転じるかというと、その効果に対しては疑問が残る。個別の取引単位では競合状態が解消され、メイン取引金融機関としてプライシングの改善が可能になるケースも生まれると思われるが、そこにはまた新たな競合関係が生まれる。地域内で一つの競争状態が解消されても、次には同じく再編等によって進出してきた地域金融機関との、より大きな規模での競合関係が待っている。特に再編直後は、金融機関のシェア調整や営業推進に大きな力を割けない状況を好機として、他金融機関が積極的に進出してくるケースもある。

　過去に10行以上存在した都市銀行が、現在3メガグループになっても、競合等により依然として国内業務の収益性に課題を抱えているように、地域金融

機関においても、競合の解消から収益性の向上には、かなりの時間と多数の再編を必要とすると考えられる。

　筆者は貸出金利や収益性の低下を招く根源的な要因は、競合状況よりも「資金需要の小ささ」にあると考えている。特に地域金融機関では、預金残高としての調達に対して、地域で運用できる資金需要の割合が非常に小さい。このため、「調達した資金をそのまま寝かせておくよりは、低金利でも貸出で運用したほうがよい」という考えから、収益性に見合わない貸出を進めてしまう。再編によって預金・貸出金が増加したとしても、この基本的なバランスシートの構造問題は変わらないため、場所と相手を変えた貸出金利競争が続いてしまう。オーバーバンキングは、金融機関の「数」の問題ではなく、資金需要に対する「資金供給力」（＝預金残高）が過剰であることが問題であると考えている。

　このため、貸出金利や収益性の向上には、資金需要の拡大や預金の減少などの「需給ギャップの縮小」が必要であり、これは地域金融機関だけの問題ではなく、金融・財政政策や地方公共団体などの地域活性化策が重要になってくる。こうした観点からすると、再編戦略の検討において、競合状態の緩和については、過大な評価を行うべきではないと考えている。

（5）リスクテイクの拡大

　筆者個人の見解として、地域金融機関の再編においては、「リスクテイクの拡大」の効果が最も大きいのではないか、と考えている。再編によってある程度規模が大きくなることで、新商品の開発や新規出店、新規システム投資など、投資の費用対効果が大きくなり、投資余力を拡大することができる。万が一投資で失敗をした場合のバッファーも大きくなり、単独の金融機関では受け切れなかったリスクのある投資にも、積極的に取り組むことが可能になる。

　経費の削減効果にも類似する部分はあるが、経費の削減効果が統合形態による部分が大きいことに対して、投資やリスクテイクについては、金融グループ全体で成果を共有すれば、その形態には影響を受けない。持株会社で行った投資成果を傘下の各金融機関で共有したり、各金融機関で得られた成功事例を持株会社経由で共有したりするなど、さまざまな方法が考えられる。こうした前向きな投資・リスクテイクを少しずつ積み上げていくことが、中長期的には金融機関間の競争力の差につながっていく。

この新規投資に伴うリスクテイクについては、再編という手段以外にも選択肢はある。業界団体や系統金融機関の中央組織を通じた共同の商品開発や、親密な金融機関間での情報連携、システム共同化金融機関間での新規開発など、さまざまなかたちでの投資がすでに行われている。当然ながら投資形態によって負担度合いと得られる成果が異なり、参加金融機関数が少ないほど投資負担が大きいが、投資の成果も大きい。再編を通した投資は、こうした共同投資のなかでは、最も負担も成果も大きいものになる。

　このため、投資やリスクテイクの拡大については、現状の金融機関単独で可能な範囲、再編によって可能になる範囲、複数地域金融機関の業務提携によって可能な範囲などに区分して、議論することが望ましい。

4. おわりに

　筆者がコンサルティング・プロジェクトを通して、ある地方銀行の頭取と再編を含めた経営戦略について議論をさせていただいた際に、頭取から次のような趣旨のご発言があり、感銘を受けた記憶がある。

　「さまざまな分析を行ったが、当行は、ほかの地域金融機関との合併や経営統合は選択しない考えである。当行が生き残るために営業店を大幅に減らしたり、行員を大幅に削減したりしたとしても、顧客や地域にとっては意味がない。規模は小さくても、顧客にとっていつも身近な存在でありたい。」

　結果としての判断にはさまざまな考えがあるだろうが、この発言には、現在の厳しい環境下において地域金融機関にとって重要なことが集約されているように思う。

　一つ目は、通常時からの経営状況に関する幅広い分析と、それに基づく冷静な判断である。この地方銀行では、中期経営計画に合わせて、収益構造分析やエリア分析を実施し、経営計画の策定に活用している。地域金融機関の再編報道等が過熱し、焦りや迷いもあるなかで、普段からの分析の積み重ねが判断の基礎になっており、迷いのない考えが銀行内で共有されている。

　二つ目は、経営理念に即した判断であり、「地域」と「顧客」を最優先する姿勢である。収益性分析や再編の検討においては、損得勘定が優先されがちであるが、それが経営理念と合致していなければ意味はない。多くの顧客が地域

金融機関に求めているのは、低い金利や高度な金融商品の提案ではなく、安定的な金融サービス提供の「継続」であろう。融資方針の継続、店舗網の継続、担当者の継続など、安心して取引が継続できるということこそが、地域金融機関の力だと考えている。地域の顧客に対する金融サービスを継続するという目的のもとで、再編や経費削減、貸出金利の引上げなどのさまざまな施策の是非が手段として検討されるべきである。

　筆者が、さまざまなコンサルティング・プロジェクトを通して多くの地域金融機関と仕事させていただくたびに、その多様性に驚かされる。財務資料や公表資料では類似性が高いようにみえる地域金融機関でも、コンサルティングを通して詳細なデータを分析し、担当者や経営者と議論するなかで、金融機関ごとの収益構造や経営課題、経営に対する考え方にはさまざまな違いがあることがわかる。多数の地域金融機関で収益・リスク管理制度の高度化や経営計画の検討のご支援をさせていただいたが、結果として、同じ制度設計や同じ計画となった地域金融機関は一つもない。

　こうした多様性こそが地域金融機関の魅力であり、現在のわが国全体に共通する環境変化の課題に対しても、地域金融機関ごとに多様な経営判断があってしかるべきである。そのためには、適切な判断を支える経営管理・経営分析の仕組みと、地域金融機関内で率直に議論できるための経営風土が必要である。

　地域金融機関が自らの経営管理高度化に取り組み、地域顧客を重視したさまざまな経営施策に取り組むことにより、地域金融機関の発展、ひいては地方経済の活性化につながっていくことを祈念している。本書がその一助となれば幸いである。

参考文献

大山剛（2012）『これからのストレステスト』金融財政事情研究会
杉山敏啓（2002）『銀行の次世代経営管理システム』金融財政事情研究会
髙橋昌裕（2014）『ザ・地銀』金融財政事情研究会
谷守正行・吉田康英・小林孝明（2009）『金融機関のための管理会計マネジメント』同文舘出版
東京リスクマネージャー懇談会（2011）『金融リスクマネジメント　バイブル』金融財政事情研究会
藤井健司（2013）『金融リスク管理を変えた10大事件』金融財政事情研究会
三菱東京UFJ銀行円貨資金証券部（2012）『国債のすべて』きんざい
三菱UFJリサーチ＆コンサルティング調査部（2015）『日本経済の中期見通し（2014〜2025年度）』
三菱UFJリサーチ＆コンサルティング調査部（2014）『経済 金融 トレンドに強くなる〈第2版〉』きんざい
目黒謙一・栗原俊典（2014）『金融規制・監督と経営管理』日本経済新聞出版社

著者略歴

五藤 靖人（ごとう やすひと）
三菱UFJリサーチ&コンサルティング株式会社
金融戦略室　チーフコンサルタント

東京大学経済学部卒業、三和総合研究所金融調査室、UFJ総合研究所銀行コンサルティング室、UFJ銀行総合リスク管理部出向等を経て、現職。地域金融機関やメガバンク、政府系金融機関等の金融機関を対象に、収益・リスク管理制度の高度化支援や収益・マーケティング分析、経営戦略の策定支援等のコンサルティング業務に従事する。著書に『実務入門 改訂版 金融の基本教科書』（共著、日本能率協会マネジメントセンター）など。

三菱UFJリサーチ&コンサルティング株式会社
金融戦略室

三菱UFJフィナンシャル・グループの総合シンクタンクとして、コンサルティング、グローバル経営サポート、政策研究・提言、マクロ経済調査、セミナー等を通じた人材育成支援など、多様なサービスを展開する。金融戦略室は「銀行系シンクタンク」ならではの特色を生かし、金融機関向けの専門的な調査・コンサルティング・サービスを提供する。

地域金融機関の将来経営計画

2015年04月10日　第1刷発行

著　者　　五藤 靖人
発行者　　加藤 一浩
印刷所　　文唱堂印刷株式会社

デザイン　　松田行正＋杉本聖士

〒160-8520　東京都新宿区南元町19
発行・販売　株式会社きんざい
編集部　　tel03(3355)1770 fax03(3357)7416
販売受付　tel03(3358)2891 fax03(3358)0037
URL　　　http://www.kinzai.jp/

・本書の内容の一部あるいは全部を無断で複写・複製・転訳載すること、および磁気または光記録媒体、コンピュータネットワーク上等へ入力することは、法律で認められた場合を除き、著作者および出版社の権利の侵害になります。
・落丁・乱丁本はお取替えいたします。定価はカバーに表示してあります。

ISBN978-4-322-12656-3